北京市教育委员会 2020 年度社科计划资助项目"人工智能时代北京人才需求与人力资本形成研究"（SM202010037010）成果之一。

中国技能形成模式与制度构建研究

ZHONGGUO JINENG XINGCHENG MOSHI YU
ZHIDU GOUJIAN YANJIU

李玉珠 ◎ 著

首都经济贸易大学出版社
Capital University of Economics and Business Press
·北 京·

图书在版编目（CIP）数据

中国技能形成模式与制度构建研究/李玉珠著. --北京：首都经济贸易大学
出版社，2020.8

ISBN 978-7-5638-3048-0

Ⅰ. ①中… Ⅱ. ①李… Ⅲ. ①职业技能—能力培养—研究—中国
Ⅳ. ①C975

中国版本图书馆 CIP 数据核字（2020）第 012687 号

中国技能形成模式与制度构建研究
李玉珠 著

责任编辑 洪 敏
封面设计 砚祥志远·激光照排
　　　　　TEL：010-65976003
出版发行 首都经济贸易大学出版社
地　　址 北京市朝阳区红庙（邮编 100026）
电　　话 （010）65976483　65065761　65071505（传真）
网　　址 http：//www. sjmcb. com
E－mail　publish@cueb. edu. cn
经　　销 全国新华书店
照　　排 北京砚祥志远激光照排技术有限公司
印　　刷 北京九州迅驰传媒文化有限公司
开　　本 710 毫米×1000 毫米　1/16
字　　数 245 千字
印　　张 13.5
版　　次 2020 年 8 月第 1 版　2020 年 8 月第 1 次印刷
书　　号 ISBN 978-7-5638-3048-0
定　　价 48.00 元

序

在网络经济兴起以及生产过程逐渐智能化的背景下，今日中国，透支人口红利的经济发展方式不但面临着经济增长乏力的困境，而且还带来了严重的社会后果：在经济层面，低技能依赖型产业的比较优势逐渐消失，技能短缺成为产业升级的主要制约；在社会层面，低技能劳动者逐渐成为新贫困群体的主体，技能更新与产业工人福利获得之间的张力达到了前所未有的强度。面对如此复杂和严峻的挑战，从劳动密集型转向技术密集型，建立创新型国家被公认为是一个基本路径。《中国制造 2025》提出了中国从制造业大国变为制造业强国的宏伟目标。为了打造支撑产业升级创新的技能供给基础，2017 年 6 月 19 日，中共中央、国务院印发的《新时期产业工人队伍建设改革方案》明确提出"构建产业工人技能形成体系"的改革任务，这是党中央文件中第一次使用技能形成体系的概念。

"技能形成"指国家各部门（教育部门、产业部门等）以集体的方式培育社会经济发展所需技能的体系及活动。它是一个社会在学习、开发、创新和提高生产力方面所具有的能力，劳动者获得的技能不单纯是一种个体意义上的、私有的技术和技巧能力，更是一种国家层面的、集体意义上的社会能力。劳动力的技能形成对一个国家的经济增长具有绝对的核心作用，是一个国家经济增长的重要引擎之一。本书在对国际技能形成模式进行研究的基础上，聚焦中国国情，对中国技能形成模式的选择与制度建设具有一定的参考价值，为中国"技能短缺"治理、职业教育的供给侧改革以及产业工人队伍建设提供理论支持。

本书从技能形成的基本理论入手，阐释了技能形成的基本内涵，技能形成理论的发展及研究范畴；探究了国际上典型的技能形成模式，并分析了不同技能形成模式的基本制度建设；分析了不同标准下，技能形成模式的不同分类；在对技能形成模式进行分类的基础上，探究了中国当前主要的技能形成模式的现状与问题；在对中国产业发展状况、职业教育与培训状况、企业生产组织状况进行分析的基础上，对中国不同产业、不同地区、不同企业的技能形成模式选择提出了建议，并针对不同的模式提出了构建中国技能形成制度、优化技能形成制度环境的政策建议。

关于技能形成方面的研究，作者从 2014 年开始着手，在中国属于涉及此领域研究比较早的学者，经过几年的积淀，作者已经对此问题有了自己的初步见解。第一，建立了技能形成制度的分析框架。作者从技能形成的关键问题"谁投入、谁培养、谁评价、谁使用、合作制度状况"五个维度建立了技能形成制度的分析框架。第二，探究了高技能形成模式的一般规律和特点：技能形成模式变迁中利益相关者力量较为均衡，且存在政府、雇主、工会三个共同的关键行动者；技能投资制度均为责任共担且来源稳定的投资制度；技能供应内容均与产业发展需求密切相关；技能评价制度是一种技能水平的认证；技能工人的工资待遇均具有保障；均具有有效的社会合作制度。第三，提出了技能形成模式分类思想，不同的制度环境、生产组织方式与产业类型下，具有不同的技能形成模式。中国幅员辽阔，区域经济发展环境复杂、多样，因此，技能形成模式选择不能一概而论，应进行分类选择、分类发展；制度应该依据与产业模式、生产组织方式、制度环境等适宜技能形成的模式进行匹配建设。但此领域还很深、很广，希望作者能够进行持续研究，有更多、更好的成果出现。

随着工业化进程的快速深入推进，中国已经不再是"世界加工厂"，未来经济发展的重要依托点将是高质量制造、先进技术产品及高效的服务业。为此，国家制定"中国制造 2025"战略，其核心要素是通过先进信息技术推动、以智能制造为标志的工业现代化发展，其顺利实施，需要大量掌握高端技术技能的高素质技能工人，然而，中国目前却面临着技能短缺困境，尤其是一些战略重点行业缺乏高技能工人。职业教育培养的人才在规格和质量上不能满足经济升级发展需要，而企业的"搭便车"行为和员工"跳槽"现象的存在，导致企业培训失效。可以说，中国职业教育与企业培训已经成为经济转型发展的软肋，如何实施有效的职业教育，形成有效的人力资本积累，建立企业与员工的可信任承诺关系，产业工人的技能形成是当前一个重要的现实问题。近几年，虽然中国已有一些学者开始关注此领域，并进行了一定的探索，但仍显不足，期望有更多的学者能够加入技能形成领域的研究中来，为中国的人才培养与成长、人力资本积累、经济发展提供支撑。

本书是作者延续并深化其博士学位论文研究、教育部人文社科项目研究的成果，蕴含着作者关于技能形成的思想火花，希望作者作为一位人力资源管理专业的学者，一位大学教师，继续以社会需求为己任，在教书育人的同时，持续深入进行学术研究，争取更大的成绩。

中国人力资源开发研究会副会长，

中国人才研究会副会长，首都经济贸易大学教授

杨河清

2019 年 9 月 1 日

目 录

CONTENTS

第一章　技能形成的理论分析

技能形成问题，既是一个关乎技术技能人才培养实践的战术问题，也是一个关于技能人才制度构建与完善，进而关乎国家、企业、教育培训合作制度构建与完善的宏观战略问题，具有一定的研究意义与价值。

技能形成的理论分析主要涉及技能形成的内涵、技能形成研究的源起、技能形成的研究范畴、技能形成制度的分析框架等内容。

第一节　技能形成的内涵

一、技能与技能形成的内涵

技能形成是一个源于政治经济学的概念，要对技能形成的理论体系有较为全面的把握，需要从政治经济学的角度对技能做一个准确的判断。政治经济学作为一门社会科学，研究的是人类社会生产关系及其发展的规律。政治经济学的研究主要从国家、经济和社会三个层面考虑。学者一般认为，政治经济学是研究生产力和生产关系的学科，抑或定义为研究政府、利益集团与市场关系的学科。政治经济学认为，生产力的要素是具有劳动技能的劳动者和生产工具，而科学技术在生产力发展中起着决定性作用；社会生产关系是随着物质生产资料、生产力的变化和发展而变化和改变的。因此，政治经济学对技能的研究就集中在技能是如何促进生产力的提高，以及技能是如何形成与演化的等领域。

技能作为应用技术的能力，从教育学的角度看，是人们运用知识和经验顺利完成某种任务的一种活动方式①。在政治经济学家家看来，技能意味着经济收益②，经济收益的主体可以是技能拥有者、企业或者其他市场主体。对技能使用者来说，技能的获得可以提高劳动生产力。政治经济学家一般从两个维度对技能进行划分：第一，技能获得的场所。政治经济学家认为，技能可以通过多种途径获得，并普遍根据其获得途径的不同，将从学校获得的技能和在工作场所获得的技能区分开来。第二，技能是否便于转移。贝克尔根据技能能否转移将技能划分为一般技能和特殊技能，并以此作为其人力资本理论的基础③④。

此外，阿西莫格鲁等指出，许多经济学家将技能的获得和投资视为经济增长的引擎，或至少是经济竞争力的主要贡献者之一⑤，博斯等人认为，技能对国家经济增长绩效具有绝对核心作用⑥。阿西莫格鲁等研究者认为，技能和生产力之间存在密切关系⑦。施特雷克认为，在没有社会保护的情况下，技能是与一个国家生产模式符合的，而不是单纯为追求生产效率而生成或交易，他认为技能是国家生产模式的必然选择⑧。总体来说，这些人将技能作为国家生产力发展的必要条件，并探讨了技能和国家经济竞争力的关系。

结合其他政治经济学家对技能的认识，可以得出技能的特征：第一，技能是一种生产要素，技能的获得可以提高劳动生产力；第二，技能获得意味着经济收益的提高；第三，生产过程中的技能是应对不确定性的能力；第四，技能的获得和提高可以促进国家经济增长。综合而言，从政治经济学的角度看，技能是一种能够给使用者带来经济收益的生产要素。

借鉴政治经济学的研究，本书中的技能内涵，并非仅指个体意义上的私有技

① 顾明远. 教育大辞典 [Z]. 上海. 上海教育出版社，1991：238.

② 凯瑟琳·西伦. 制度是如何演化的：德国、英国、美国和日本的技能政治经济学 [M]. 王星，译. 上海：上海人民出版社，2010：7.

③ BECKER G S. Investment in human capital: A theoretical analysis [J]. The Journal of Political Economy, 1962, 70 (5): 9-49.

④ BECKER G S. Human capital: A theoretical and empirical analysis, with special reference to education [M]. Chicago: The University of Chicago Press, 1993.

⑤ ACEMOGLU D, PISCHKE J S. Beyond Becker: Training in imperfect labour markets [J]. The Economic Journal, 2001, 109 (453): 112-142.

⑥ BOOTH A L, SNOWER D J. Acquiring skills: Market failures, their symptoms and policy responses [M]. Cambridge: Cambridge University Press, 1996.

⑦ ACEMOGLU D, PISCHKE J S. Why do firms train? Theory and evidence [R]. Cambridge: National Bureau of Economic Research, 1996.

⑧ STREECK W. Skills and politics: General and specific [A] //Busemeyer M R, Trampusch C. The political economy of collective skill formation [M], New York: Oxford University Press, 2011.

能，而是一种宏观的、整体意义上的公益物品，是一种集体意义上的社会能力。通俗地讲，是将每个人所具有的个体私有技能看成是一个整体，一种社会的财富。从技能对经济增长和生产力提高的角度讨论，技能是一种整体意义上的，整个社会的能力，包括社会个体的单个技能，但并非单纯社会个体的单个技能。

在这种技能内涵确定的基础上，技能形成不单纯是个体掌握、学习某些技能，更是一个国家、一个社会通过各种职业教育和培训机构而以技能的方式形成的在开发学习、创新和提高生产力方面的能力。概括地说，本文的"技能形成"指国家各部门（教育部门、产业部门等）以集体的方式培育社会经济发展所需技能的体系及活动。技能是一个社会在学习、开发、创新和提高生产力方面所具有的能力，劳动者获得的技能不单纯是一种个体意义上的、私有的技术和技巧能力，更是一种国家层面的、集体意义上的社会能力。

二、职业教育与培训的内涵

（一）职业教育

职业教育是教育的一种类型，一般指职业技能和技术教育。对什么是职业教育，职业教育界尚有不同的认识。《大英百科全书》（1980 年第 15 版）认为："职业教育旨在给人们以培训，使其能从事各种工商职业。"可见，职业教育的传统概念，是指工商技艺方面；《辞海》把职业教育解释为"给予学生从事某种生产劳动所需要的知识技能教育"，与《大英百科全书》的解释意义相近。有学者把职业教育分为广义的概念和狭义的概念。广义的职业教育指按照社会的需要，开发智力，发展个性，培养职业兴趣，训练职业能力；狭义的职业教育，指对全体劳动者在不同水平的普通教育的基础上给予的不同水平的专业技能教育，培养能够掌握特定劳动的基础知识、实用知识和技能技巧人才的教育。前者重点反映教育本身的任务和作用，后者反映教育事业内部的结构和分工①。

（二）职业培训

职业培训指为了开发劳动技能，提高劳动者素质，增强就业能力和实际工作

---

① 魏英敏. 中国伦理学百科全书·职业伦理学卷 [M]. 长春：吉林人民出版社，1993：28-31.

能力，对劳动者进行的有组织、有计划的教育训练活动。广义的职业培训包括各级各类职业教育、技术教育、技术培训以及普通教育中的职业高中教育等，包括所有侧重有关技术和技能学习的技术教育，着重技能训练以便就业的职业教育；狭义的职业培训仅指以"应知""应会"训练为主的短期教育训练活动。中国目前的职业培训体系从培训技能分类有：职业技能开发、职业教育、职业技术培训、职工教育培训等；从培训方式分类有：职业技术学校、技工学校、职业高中、职业培训中心、培训班、技术竞赛等；从管理主体分类有：教育部门、人事部门、企事业单位、社会团体组织实施或管理的职业培训。职业培训既不同于普通教育，也不同于其他方面的培训，如国家机关公务员培训和干部的政策学习等，它的特点在于注重劳动技能的训练和劳动者素质的提高。职业培训一般可分为就业前培训、学徒培训、岗位培训、技术等级培训、转业培训、其他职业培训以及职业学校教育和技工学校教育等不同类型①。

（三）职业教育与培训

在国际上，职业教育也称职业教育与培训。国际上职业教育和培训的概念与中国职业教育、职业培训的综合概念相似，指一切以技能养成为目的的职业教育和各类职业培训。技能形成是一个比较宏观的概念，与通常研究中提及的"职业教育与培训"既有关联，又有不同。职业教育与培训是实现劳动力技能形成的主要方式，但劳动力技能形成还包含了技能结构升级、技能存量积累、技能获得模式演进等更广泛的内容，是一个动态的过程。

三、技能形成和职业教育与培训的关系

（一）技能形成和职业教育与培训

当前，中国职业教育与培训面临的最大问题是"校企低程度合作，产教浅层次融合"，这种状况的出现由职业教育与培训的诸多历史原因与实践原因所导致。而技能形成作为一个新的学术术语，摆脱了人们对"职业教育与培训"所具有的

---

① 苑茜，周冰，沈士仓，等. 现代劳动关系辞典 [M]. 北京：中国劳动社会保障出版社，2000：625-626.

天生偏见，能够以一个更宏观的全新视角来审视技能的养成问题。

1976 年 10 月，时任英国首相的詹姆斯·卡拉汉（James Callaghan）做了一次著名的演讲：他严厉批评了英国学校教育与产业发展"老死不相往来"式的疏松关系，指责学校没有提供产业发展所需要的技能。他采用"技能"概念，将学校教育与英国经济发展联系起来，认为技能形成与发展是教育与经济合作的目的与实质内容①。

菲利普·布朗（Phillip Brown）认为，技能形成作为一个新的学术定义，一方面阐明了自己的独特性：以集体的方式、产业部门和教育部门合作的方式培养技能；它培养的是一种国家层面、集体层面的能力；它一开始就是一种合作的概念，表达的是一种职业教育与产业发展合作的理念②。可见，技能形成和"职业教育与培训"有着密切的相融关系。

进一步考察发现，技能形成方式和职业教育与培训的方式存在密切相关性。西方政治经济学者以及后来的教育学者，通常将技能形成方式分为两种：外部技能形成方式和内部技能形成方式，这是依据技能形成的主体划分的。"前者属于技能生产的外部替代，实现路径主要是通过自由劳动力市场，技能形成的主体是职业院校；后者属于技能的自我生产，主要通过在职或在岗的学习和培训，技能形成的主体是企业，具体采取的形式有学徒培训、岗位实训、厂办技校、定向培养等"③。这种外部培训和内部培训的技能形成方式的划分，不是依据技能供应的地点，比如，厂办技校为自己培养员工，或者为其他企业委托培养员工，都属于内部技能形成方式，内部技能形成方式的投资主体主要是企业。外部技能形成方式的投资主体主要是企业之外的力量，比如，政府、学生。

依据学校与企业的关系、地位以及角色的不同，职业教育与培训可分为学校本位模式和企业本位模式。学校本位模式是学校本位的产教融合方式，内生于学校、以学校为主，由学校制定人才培养目标和计划，并承担大部分培养任务；企业本位模式是企业本位的产教融合方式，内生于企业、以企业为主，技能培训的对象为企业或生产部门的学徒，企业或生产部门是实施学徒培训的主要组织者和

①　许竞. 教育与经济竞争力：诠释和比较中外技能形成制度——以英、德、日及东亚"四小龙"为个案 [D]. 北京师范大学，2008：14.

②　BROWN P. Globalization and the political economy of high skills [J]. Journal of Education and Work，1999，12 (3)：233-251.

③　王星. 劳动安全与技能养成：一种政治经济学的分析 [J]. 江苏社会科学，2009 (5)：107-113.

管理者①。

从技能形成和职业教育与培训的外延来说，二者既涉及教育领域，又涉及生产领域。技能形成制度和职业教育与培训制度均属于教育制度与生产制度交叉的制度。

由此可见，技能形成的内涵和方式与职业教育与培训的内涵和方式存在密切的相关性。从内涵上说，二者的出发点和归宿是推动国家和社会技能的养成，以最终促进国家经济的增长；从形成方式上说，二者的形成方式都无外乎以学校为主体的方式和以企业为主体的方式；从外延上说，二者均是教育与生产的交叉领域。

（二）从技能形成的视角探究职业教育与培训的优势

技能形成和职业教育与培训作为具有同一性的两个概念，分属于两个不同的研究领域，技能形成的研究主要集中于政治经济学中，而职业教育与培训主要集中于教育学中。前文已经阐释，经济发展的全球化趋势对职业教育与培训提出了新的要求，而职业教育与培训的发展需要制度保障，没有制度环境的保障，职业教育与培训的发展无法满足经济发展全球化提出的新要求。在当前职业教育与培训的教育学研究视野中，主要集中于多样化的实践，实践是丰富、庞大的，也是烦琐细微的，实践的这种特性使我们很少涉及对宏观制度的研究，即使涉及了制度研究，也仅局限于教育制度内。职业教育与培训是一种跨界的教育，已经超出了单纯的教育学范畴，仅从教育制度中研究职业教育与培训，并不能找到中国"职业教育与培训"发展不顺畅的根本原因，需要回归职业教育与培训所处的经济、政治、社会背景中，才能找到职业教育与培训发展所需的根本制度。

政治经济学视野中的技能形成制度研究是宏观、全局视野的研究。西方学者对技能形成制度的研究发现：技能形成制度并不是自我独立的制度平衡，而是一个"制度包"，每部分制度安排都需要利益相关者持续的政治支持。技能形成制度受到政府、企业、工会、行会等不同利益集团的影响，不同利益集团在不同历史时期的行动选择，形塑了不同时期技能形成的不同方式和制度。

可以说，政治经济学视野中的技能形成制度研究，为我们跳出教育学科，对职业教育与培训制度进行跨学科的研究提供了新的视野和思路，提供了丰富的、

---

① 叶小明，朱雪梅. 中国高职教育校企合作：模式特征与实践策略 ［J］. 现代教育管理，2011（4）.

值得借鉴的经验。因此，本文从技能形成的视角探究职业教育与培训，将西方政治经济学领域对技能形成制度的研究引入职业教育与培训的研究中，以期通过跨学科的研究，寻找解决职业教育与培训发展的路径。

第二节　技能形成的理论发展与研究范畴

技能形成作为一个跨界的实践问题，一个开放的领域，其研究也具有开放性。这种开放性为其借鉴、吸收其他学科方法（论）精华提供了可能，从而也有可能形成职业教育实践与理论的创新。正如皮埃尔·布迪厄及华康德提出的，"一个领域的思想被证明有可能在另一个领域中开花结果，而且，哪里突破了学科的藩篱，哪里就会取得科学的进展。"①

一、技能形成理论的发展

技能形成理论是西方政治经济学者在研究教育体系与劳动力市场关系过程中发展起来的一种聚焦于国家技能形成的理论，兴起于 20 世纪七八十年代，至今虽然仅有四五十年的历史，但已经具有丰厚的成果、坚实的基础，成为比较政治经济学研究的中心议题②。

最早进行技能形成研究的是美国学者布拉夫曼（H. Braverman）。1974 年，布拉夫曼等在研究中指出："社会分工导致了劳动者技能的不断细化，与之相关的技能培训市场在不同的国家呈现出不同的情形，有些国家培训市场有效、劳动力技能水平较高，有些国家企业间存在'挖墙脚'现象，企业不愿意培训，劳动力市场失效，劳动力技能水平较低。"③ 布拉夫曼对技能形成与"挖墙脚"效应的研究逐渐引起人们的关注，尤其是贝克尔等人。

1987 年，施特莱克（W. Streeck）发表了对德国技能形成的研究，指出："在

---

① ［法］.皮埃尔·布迪厄，［美］华康德.实践与反思——反思社会学导引［M］.李猛，李康，译.北京：中央编译出版社，1998：197.

② STREECK W. Skills and politics：General and specific［A］.//Busemeyer M R, Trampusch C. The political economy of collective skill formation［M］. New York：Oxford University Press, 2011.

③ BRAVERMAN H, Sweezy P M, Foster J B. Labor and monopoly capital：The degradation of work in the twentieth century［M］. New York：Monthly Review Press, 1974：73.

职业教育体系在全国范围内实现统一标准的背景下，相比其他国家，德国企业向员工提供了更多的一般技能培训。"进而，他提出德国立足于企业的职业培训模式形成了异质多样化的生产战略。施特莱克将技能形成与企业的生产战略联系起来，为后来学者将技能形成模式的不同归因于企业生产战略的不同奠定了研究基础。之后，学者开始研究不同国家的技能形成问题，形成了技能形成的研究热潮。

1988 年，芬戈尔德和索斯凯斯的研究将技能形成依据技能水平的高低分为高技能均衡和低技能均衡。他们分析了德国的双元制，得出德国立足于企业的双元制模式，为企业保持竞争优势提供了充足的高技能人才保证。他们将德国定位于"高技能均衡模式"，将英国定位于"低技能均衡模式"。在分析企业生产战略对技能形成影响的基础上，得出了技能形成受国家政治、经济等方面因素的影响[1]，在技能形成中，社会合作者的作用不可或缺，而且不同的技能形成体系也对宏观社会结构和制度安排产生影响[2]。

1988 年，科藤（R. Curtain）以制造业为例，分析了澳大利亚技能形成的发展情况，其面临的机遇与挑战等，并进一步探讨了企业对技能形成的影响及二者之间的关系[3]。

20 世纪 90 年代，阿什顿和宋（J. Ashton, D. N. Sung）等人以东亚四小龙为案例，研究了政府在技能形成中的作用。在东亚四小龙中，政府对技能形成起到了非常重要的作用，引导学校教育和企业技能需求相匹配，并从各方面制定相应的制度，保障了技能形成的发展。研究确定了制定有利于技能形成战略的依据，并把此总结为技能形成的新政治经济学[4][5]。安迪·格林（A. Green）等从国家形成的角度探究了国家与技能形成的关系，国家的政治经济发展与技能形成是相互

[1] ESTEVEZ A M, IVERSEN T, SOSLICE D. Social protection and the formation of skills: a reinterpretation of the welfare state [A].//Hall P A, Soskice D W. Varieties of capitalism: The institutional foundations of comparative advantage [M]. Oxford: Oxford University Press, 2001: 145-183.

[2] ESTEVEZ A, SOSLICE D. An asset theory of social policy preferences [J]. American Political Science Review, 2001, 95 (4): 875-894.

[3] CURTAIN R. Skill formation in manufacturing: Obstacles and opportunities [J]. Asia Pacific Journal of Human Resources, 1988, 26 (4): 7-21.

[4] ASHTON D N, SUNG J. The state, economic development and skill formation: A new East Asian model? [R]. Leicester: Centre for Labour Market Studies, University of Leicester, 1994: 212.

[5] ASHTON D. Education and training for development in East Asia: The political economy of skill formation in East Asian newly industrialised economies [M]. New York: Psychology Press, 1999: 74.

影响、相互制约的①。

2000 年以后，迈耶和苏格从跨国和跨学科的视角对技能形成理论做了较为全面的探讨。他们将技能形成研究分为三个方面：从探讨不同技能形成体系差异的角度分析了不同国家技能形成体系的起源、变迁和制度差异；从技能形成的经济学和社会学的角度分析了技能形成的途径、投资和对教育培训的回归；从个人获得技能和能力的角度分析了技能的学习环境以及测量问题②。

马库斯（M. Maurer）分析了斯里兰卡和孟加拉国纺织服装产业的技能形成制度，指出技能形成制度是一种基于产业制度和教育制度之间的制度，是二者的交叉。他的研究还指出，技能形成不仅受政治、经济等的影响，也受学习者对学历、证书等的追求的影响。也就是说，学习者在一定程度上影响着技能形成的发展历程③。

在这个时期，对技能形成研究最突出的要数凯瑟琳·西伦。她从历史制度主义的角度研究了德国、日本、美国、英国技能形成制度演化历程，演化中雇主、工会、行会、技能依赖型企业的利益冲突，及其对技能形成制度的影响。西伦的研究显示，技能形成并不是一个孤立的制度，而是一个制度包，受劳资关系、用工制度、金融制度等方面的影响，而且这些制度之间形成了相互匹配的关系，不同的技能形成制度模式与不同的劳资关系、用工制度、金融制度相匹配④。

面向 21 世纪，学者的研究已经不再限于技能形成的影响因素，而将视野扩展为高技能形成的条件。例如，1996 年，阿什顿等人提出高技能形成体系的建立需要具备六个必要的制度条件：第一，执政者要共同致力于实现高水平技能形成的目标，以高技能形成为目标，创新生产；第二，教育部门应该使学生具备基本技能，这些基本技能包括：语言、科学、数学、信息技术等；第三，雇主必须为高技能形成而努力；第四，必须具有遏制短期培训主义意识的约束机制，以及严格

①　GREEN A. The reform of post-16 education and training and the lessons from Europe [J]. Journal of Education Policy, 1991, 6 (3): 327-339.

②　MAYER K U, SOLGA H. Skill formation: Interdisciplinary and cross-national perspectives [M]. New York: Cambridge University Press, 2008: 9.

③　MAURER M. Skill formation regimes in South Asia: A comparative study on the path-dependent development of technical and vocational education and training for the garment industry [M]. New York: Peter Lang Pub Incorporated, 2011: 3.

④　［美］凯瑟琳·西伦. 制度是如何演化的：德国、英国、美国和日本的技能政治经济学 [M]. 王星，译. 上海：上海人民出版社，2010.

的问责机制；第五，技能人才，包括学徒和学生，也要为实现高技能而努力；第六，必须有基本制度的保障，使企业内培训成为学校教育的补充。阿什顿等人认为，只有具备了上述条件，才能形成高水平的技能①。

二、技能形成理论研究范畴

(一) 企业与技能培训市场的失败：问题与解释

一些研究者从雇主和个人层面分析了技能形成体系中的问题。这些问题的重要性在于：对政府而言，公共投入的增加是否能够促进社会技能形成，还取决于其形成的场所是否有利，以及技能形成市场是否有效的问题②。传统经济学对技能和职业教育的分析模式主要包括：市场需求—供给分析，成本—效益分析等。传统经济学主要关注的是技能形成过程中的三个方面：技能形成过程中的个体承诺问题、集体行动问题和市场选择。

从图1.1可以看出，在一个完全竞争的劳动力市场中，技术工人的薪酬趋同于其边际产品价值，企业没有动机投资一般技能培训，但是工人却有动机投资一般技能的自我培训。工人有时候能够从职业培训学校获得一般技能的培训，或者进入大学学习更高层次的技能。尽管企业不愿意分担工人学习技能的成本，但是如果能够将培训成本成功高效地转嫁给受训者，那么企业还是乐于给工人提供培训的。

技能形成体系成为稳定的制度所面临的关键挑战是：受训者和企业之间难以达成可信承诺关系，在这种可信的承诺中，学徒制就是一个成功的典范③。这里涉及企业和雇员之间的承诺问题，如何设计一个合同或契约，保证企业和雇员达成可信的承诺关系，西伦认为，解决的办法之一就是建立职业资格认证体系，技能认证体系能够防范企业随意剥削学徒工，因为如果受训工人不通过常规的技能资格标准化测试，企业将会失去其提供培训的许可资格，这一体系还能削弱学徒

① ASHTON D N, GREEN F. Education, training and the global economy [M]. London：Edward Elgar Publishing Limited, 1996：100-105.

② ACEMOGLU D, PISCHKE J S. Why do firms train? theory and evidence [R]. National Bureau of Economic Research, 1996.

③ 凯瑟琳·西伦. 制度是如何演化的——德国、英国、美国和日本的技能政治经济学 [M]. 王星, 译. 上海：上海人民出版社, 2010.

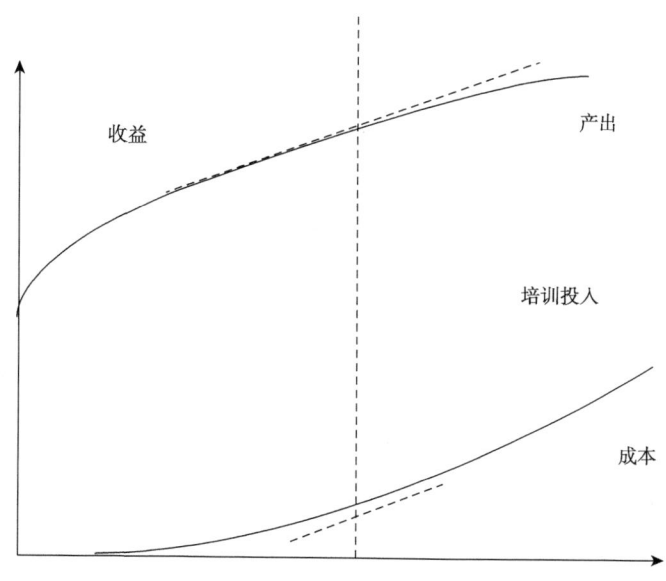

收益

产出

培训投入

成本

边际培训成本=边际生产价值

图 1.1 企业技能培训的投入与产出对比

工跳槽的动机。在集体行动方面，西伦认为，导致培训投资疲软的主要问题是对受训者的资本约束。对这个问题有两个解决办法，对策一，建立供给体系，大量提供高度可转移技能；对策二，企业自我技能培训，免受外部劳动力市场的竞争冲击。

在技能培训市场的选择问题上，前文已经回顾到，一些经济学家将技能形成制度的失效归因于"挖人"，一些企业不愿意承担培训成本而选择搭便车。贝克尔的人力资本理论则认为，不是因为挖人，而挖人反而促进了技能形成制度的形成，技能形成制度失效的根本原因是资本市场约束尤其是信贷约束对受训学员的影响。贝克尔的理论认为，技能可分为一般技能和特殊技能，企业不愿意教给员工一般技能，而更愿意培训其特殊技能，这种技能的适用性单一，离开企业就无法使用。因此，在现实社会中，企业将一般技能推给学校，自己则愿意培养特殊技能[1]。但是阿西莫格鲁等人提出，这一理论有它明显的缺陷：一般技能和特殊

① BECKER G S. Human capital: A theoretical and empirical analysis, with special reference to education [M]. 3d. edition. Chicago: The University of Chicago Press, 1993.

技能的划分不能包括所有的技能类型，一般技能所处的市场环境也是完全竞争的①。这些研究者的理论被称之为"超越贝克尔"理论，他们一致认为，贝克尔的模型并没有找到技能培训投资疲软的根源②③④。贝克尔的假设是两种理想培训市场类型：充分竞争的劳动力市场（一般技能）和非竞争性的劳动力市场（特殊技能），而不完全竞争劳动力市场的特定技能培训问题无法解决。

技能形成理论发展到今日，其研究日益明确，主要分为三个方面。

（1）由布拉夫曼引发的关于技能形成与劳动力培训市场的关系问题，并试图解释劳动力培训市场成功或失效的原因，这一研究领域以贝克尔和阿西莫格鲁等人为代表。

（2）以芬戈尔德、索斯凯斯、阿什顿等人为代表，着重研究技能形成制度间的差异、差异产生的原因，最终探究影响技能形成的因素。芬戈尔德和索斯凯斯认为，一个国家的各种制度构成一种压力网络，单凭某一个制度变量的改变是不可能引起一个国家整体社会制度和经济制度的根本性转变的⑤。施特雷克认为，一个国家占主导地位的技能制度可以依据自身的发展历史以及国家的特殊体制结构，资本和劳动力的运行，尤其是工作组织和生产的真实水平来体现的，即使这个体系显然不是经济组织在交易费用基础之上的产出结果⑥。阿什顿、西伦等人认为，技能形成的关键是处理好政府、教育与培训系统、资本以及劳动力之间的关系，这四个方面分别代表着社会中的四个利益集团。它们在各个国家特定的背景下，在维护和争夺各自利益过程中相互影响，其冲突与合作的结果形成一种特定的制度环境，而技能则是在这种环境中传递、形成的。由于不同国家在面对这些利益冲突过程中的结果明显不同，因此，职业教育与培训的途径及发展往往因

① ACEMOGLU D, PISCHKE J S. Beyond becker: Training in imperfect labor markets [J]. The Economic Journal, 2001, 109 (453): 112-42.

② ESTEVEZ-ABE M, IVERSEN T, SOSKICE D. Social protection and the formation of skills: a reinterpretation of the welfare state [A]. Varieties of capitalism: The institutional foundations of comparative advantage [M]. Oxford: Oxford Linirersity Press, 2001: 145-83.

③ IVERSEN T, SOSKICE D. An asset theory of social policy preferences [J]. American Political Science Review, 2001, 95 (4): 875-94.

④ ACEMOGLU D, PISCHKE J S. The structure of wages and investment in general training [R]. City: National Bureau of Economic Research, 1998.

⑤ FINEGOLD D, SOSKICE D. The failure of training in Britain: analysis and prescription [J]. Oxford Review of Economic Policy, 1988, 4 (3): 21-53.

⑥ STREECK W. National diversity, regime competition and institutional deadlock: Problems in forming a European industrial relations system [J]. Journal of Public Policy, 1992, 12 (4): 301-330.

社会的不同而有所不同①。

（3）高技能形成的条件。除了阿什顿对高技能形成条件的研究之外，2001年，菲利普·布朗也总结了实现高技能形成所需要的因素：第一，政府、雇主与工会共同致力于技能形成，在形成高技能还是低技能、如何形成技能、如何应对技能升级、采取何种方式升级技能等问题之间达成一致意见；第二，经济发展要具备一定的基础，产业、企业要具有创新的能力、变革的潜力，努力提高国家在世界经济竞争中的市场份额，提高竞争力；第三，高技能形成要具有普惠性，要使大部分人都能够从技能形成、技能升级以及终身学习中受益；第四，实现技能供应与需求的匹配；第五，国家的各个经济部门均需采取高技能发展战略，使高技能在国家的行业企业中广泛存在、传播、流动；第六，技能形成的各行动主体之间要进行合作，在社会制度结构中建立信任关系；第七，推行全纳性技能形成政策，提高社会弱势群体在教育、培训、劳动力市场上的参与机会②。

2005 年，英国教育顾问鲍威尔也提出了高技能形成的机制：第一，营造并发展工人终身学习的工作环境；第二，利益相关者齐心协力，共同促进高技能形成，且积极参与技能形成的各种规划和实践；第三，高度重视劳动力市场信息的准确性③。

（二）技能形成的模式

1. 从资本主义多样性角度的模式分类

琳达·克拉克和克里斯托弗·温奇的研究认为，我们在进行相关考察的时候，不仅能深入了解自己的社会，也能看到我们与其他社会的相似和不同之处，从而制定出不同的政策以供选择④。她们总结了一个社会职业技能形成路径的三种选择：现代年轻人普遍追寻的普通教育——高等教育路线；基于学校或学院的"职业路线"以及由雇主主导的国家职业资格体系为基础的学徒制。

鲍威尔等人提出内部劳动力市场（Internal Labor Market）和职业劳动力市场

① ASHTON D, SUNG J. Adopting the market for skill formation: Two contrasting approaches [R]. Leicester: Centre for Labour Market Studies, University of Leicester, 2000: 231.

② BROWN P. Globalisation and the political economy of high skills [J]. Journal of Education and Work, 1999, 12 (3): 233-251.

③ POWELL M. Skill formation and globalization [M]. London: Ashgate Publishing Compony, 2005: 1-3.

④ 琳达·克拉克，克里斯托弗·温奇. 职业教育：国际策略、发展与制度 [M]. 崔海魂，译. 北京：外语教育与研究出版社，2011.

（Occupational Labor Market）的概念，并认为它们的共同点是有完备的技能形成机制[1]。在内部劳动力市场背景下，技能主要是在在岗培训（On Job Training，OJT）的基础上形成的，通常被称为基于工作的技能；而职业劳动力市场下的技能为"基于职业的技能"。他们通过两种模式的划分，对德国、英国、美国、日本的技能形成进行了比较，认为德国的双元制是一种基于职业的技能形成模式，而英国不仅是基于职业，而且是一种基于"职群"（craft）的技能形成模式，并由此分析出英国低技能现状的原因：在学徒制训练之后，学徒工学会的是一种熟练的多技能，能够在职群范围内从事多种职业工作，这些通过学徒制训练的熟练劳动者成立了行会以保障正常的权益。但行会一方面保障了熟练劳动者对保全或修理等熟练技能岗位的独占；另一方面又阻碍了他们技能的提高。从劳动者的角度看，工人与管理的分离，割断了工人向管理层晋升的可能性，同时又未在全社会范围内建立起相应的职业资格制度来保障熟练劳动者的权益，因而员工缺乏进一步提高自身技能的意愿。而对企业来说，由于工会成员对熟练劳动岗位的独占，企业无法通过对一般劳动者进行追加训练将其安置在熟练劳动岗位上，只能从市场上雇佣现有的技能劳动者，由此形成了英国低技能的现状。

阿什顿和宋也把技能形成的途径分为两大类：盎格鲁—撒克逊途径（The Anglo-Saxon approach）和亚洲虎途径（The Asian Tiger approach）[2]。盎格鲁—撒克逊途径最主要的特点是技能的形成是通过市场实现的，政府在这一过程中发挥最小的作用，技能市场全部依赖于对技能的供求关系，代表性国家为美国、英国、加拿大、澳大利亚和新西兰。在这一途径中，政府的作用是支持市场运行，消除市场运转的阻碍，并仅在市场失灵的情况下进入市场，比如失业等。亚洲虎途径是指政府经常采取措施帮助维护劳动力市场的运作，代表性的国家和地区为新加坡、韩国以及中国台湾和香港。这些措施会加速劳动力市场的调整，改变市场运行的一般均衡，可能包括影响获得技能的人从中获得的回报。此外，政府调控是劳动力市场的一个基本组成部分。

1991 年，格林（A. Green）归纳了四类技能竞争模式：德国的"高技能社会"模式，日本的"高技能制造业"模式，以新加坡为代表的"开发型高技

① POWELL M. Skill formation and globalization [M]. London: Ashgate Pub Company, 2005.

② ASHTON D, SUNG J. Adopting the market for skill formation: Two contrasting approaches [R]. Leicester: Centre for Labour Market Studies, University of Leicester, 2000.

能"模式，以英美为特征的"高低技能并存"模式[①]。进而，格林将技能形成制度划分为雇主拉动模式、教育拉动的学院基础模式。从划分中能看出技能形成在不同模式下的特征，前者以工作场所学习体系为基础，后者以学校教育为基础[②]。

阿什顿等人归纳当前世界上存在的四种主要的技能形成模式：市场模式、社团合作主义模式、发展型国家（地区）模式、新市场模式。此外，他们还补充了两种模式："转型模式""文化性模式"[③]。市场模式以英国、美国、加拿大、澳大利亚、新西兰等国为代表；社团合作主义模式以德国、奥地利、芬兰和丹麦为代表；发展型模式主要以亚洲四小龙为代表；新市场模式主要以墨西哥和智利为代表。不同的模式下，技能形成的模式也具有不同的特征。以新加坡等亚洲四小龙的发展型高技能形成模式为例，阿什顿等人的研究认为，发展型模式——亚洲四小龙的重要特征是其产教的密切联合，国家或地区将技能形成政策与经济发展各个时期的特殊需求紧密联系，政府不但控制着技能的劳动力市场供应，而且通过工业和行业发展政策控制着技能的需求。它们将技能需求与技能供应高度联系在一起，以使经济朝着预期轨迹发展，技能劳动力为经济发展阶段的特殊需求，在一定程度上也是被预先确定的。在发展型国家和地区，产教合作的作用非常重要，弥补了单靠市场模式使技能供应与需求难以迅速、有效匹配的弊端。

1999 年，著名政治经济学家凯瑟琳·西伦从政治经济学的角度将技能形成与职业培训制度分成两种类型：一种是市场培训制度；一种是非市场培训制度[④]。市场培训制度以英美为代表，在这种制度环境下，形成了通用式技能形成制度或称替代式技能形成制度。非市场培训制度以德国、瑞士、日本为代表。在非市场制度下，又有两种不同的模式，一种是社团主义模式（solidarism），在这种模式下，形成了社会合作式技能形成制度，以德国为代表，技能培训与教育意在培养

① GREEN A. The reform of post-16 education and training and the lessons from Europe [J]. Journal of Education Policy, 1991, 6 (3): 327-339.

② GREEN A. The reform of post-16 education and training and the lessons from Europe [J]. Journal of Education Policy, 1991, 6 (3): 327-339.

③ ASHTON D, GREEN F, JAMES D, et al. Education and training for development in East Asia: The political economy of skill formation in newly industrialised economies [M]. London; New York: Routledge, 2005: 3-4.

④ THELEN K, KUME I. The rise of nonmarket training regimes: Germany and Japan compared [J]. Journal of Japanese Studies, 1999, 25 (1): 33-64.

可携带的职业技能，雇主超越自身需求，广泛开展较大规模的培训，由企业和工人代表组成的委员会制定国家技能标准，技能培训与教育的内容以国家技能标准为基础。另一种是分裂式模式（segmentalism），在这种模式下，形成了企业内部自给自足式技能形成制度，以日本为代表。职业学校和企业的联系并不密切，职业学校培养通用技能，企业提供自身所需的具体技能，大型企业主要是为了招聘和留住人才而开展培训。

2005 年，鲍威尔等人从内部劳动力市场（Internal Labor Market）和职业劳动力市场（Occupational Labor Market）的概念出发，分析了技能形成的差别①。从他们的分析中，我们依然能够得到不同制度环境下，不同的技能形成模式及其特征。在内部劳动力市场制度下，技能形成以在岗培训模式为主，主要培养专门岗位所需人才；而在职业劳动力市场制度下，技能形成以"基于职业的技能"为主要内容，更强调技能形成中教育的力量。

另外，一些国际组织也对技能形成制度进行了分类。国际劳工组织将技能形成制度划分为合作模式、企业基础模式、国家驱动模式（又可分为需求拉动模式和供给推动模式）；经济合作与发展组织（OECD）将技能形成划分为市场驱动的高技能模式、市场驱动的低技能模式、交互模式、企业基础的交互模式和中介驱动模式②。

表 1.1 是学者对技能形成模式分类研究的总体情况。

表 1.1　学者对技能形成模式研究的分类结果

主要代表人物	技能形成制度模式	代表国家和地区	不同模式的特征
格林	雇主拉动模式	德国	技能形成以企业培训为主
	教育拉动的学院基础模式	新加坡	技能形成以学校教育为主
阿什顿和宋	市场模式	英国、美国、加拿大、澳大利亚、新西兰	市场培训制度
	社团合作主义模式	德国、奥地利、芬兰、丹麦	协作式培训制度

---

① POWELL M. Skill formation and globalization [M]. London：Ashgate Pub Co, 2005.

② SUNG J, TURBIN J, ASHTON D. Towards a framework for the comparative analysis of national systems of skill formation [J]. International Journal of Training and Development, 2000, 4 (1)：8-25.

续表

主要代表人物	技能形成制度模式	代表国家和地区	不同模式的特征
阿什顿和宋	发展型国家（地区）模式	新加坡、韩国以及中国台湾地区、中国香港地区	技能形成政策与经济发展各个时期的特殊需求紧密联系，国家（地区）控制技能劳动力的市场供应，且通过工业发展政策控制技能需求
	新市场模式	墨西哥、智利	
	转型模式		
	文化性模式		
西伦	通用模式或技能替代模式	英国、美国	市场培训制度、"低技能均衡"的发展战略
	社团主义模式	德国	意在培养可携带的职业技能，雇主超越自身需求大规模地开展培训，由企业和工人代表组成的委员会制定国家技能标准，技能培训的内容以国家技能标准为基础
	分裂模式	日本	企业内部自给自足式技能形成与培训的产教合作制度
鲍威尔	内部劳动力市场制度	日本	以在岗培训模式为主，主要培养专门岗位所需人才
	职业劳动力市场制度		以"基于职业的技能"为主要内容，更强调产教合作中教育的力量

2. 以职业教育体系为基础的模式分类

不同的职业教育体系下，也有不同的模式。杰里纳特（W. D. Greinert）把国际职业教育体系分成三种类型，即市场模式、学校模式、混合模式或称双元制模式。类似的分类模式也可以在莱尼（Leney）的《里斯本—哥本哈根—马斯特里赫特联盟伙伴》报告中找到，其采用的主要分类标准是"国家职责"。20 世纪 90 年代，杰里纳特将上述三种模式发展成为三种新类型：科层模式、市场模式、混合模式或称双元制模式。杰里纳特的分类与各国政治管理模式非常接近，这种分类模式与政治学理论有密切的关系，而与职业教育的教和学的联系较少①。

德平格（Deißinger）在对职业教育体系进行划分时，以课程与教学，以及表示社会化进程中的职业资格获取地点为维度进行分类。这是首次将职业教育学的核心内容引入相关讨论的尝试。德平格称之为资格类型，并将其划分为"企业独有""知识导向""职业导向"三种类型②。

布谢梅耶（R. Busemeyerm）等对影响技能形成模式的相关因素进行了总结。他们在对德国、瑞士、奥地利、丹麦和荷兰的职业教育体系进行分析的基础上认为，工业关系、劳资纠纷、福利国家和劳动力市场模式共同影响着技能形成模式的形成和发展③。

迪特·蒂默曼（Dieter Timmermann）依据不同国家的职业教育投入机制，将职业教育体系划分为由国家投入办学的职业教育模式、企业内培训和在职培训、培训中心模式、合作式教育模式④。不同的职业教育模式，代表着不同的制度环境，在国家投入办学的职业教育模式中，教育部门，即全日制的职业学校或综合院校中的二级学院等是技能人才培养的主体，具有统一的教育标准和课程标准，但是其与产业和经济发展的联系不大，技能培训做得并不成功。

在企业内培训和在职培训模式中，技能人才培养的场所主要在企业，企业内培训在一系列工作场所中进行，接受多种岗位的培训，属于通用技能的培训。在职培训一般为单一岗位的培训，属于专门技能培训。这种模式下教育与培训的内容和企业需求密切相关，因此，技能培训做得比较好。

培训中心的模式以拉丁美洲国家为主，当地政府、雇主联合会和工会一起创建了专业化的职业培训机构，共同满足经济发展所需的职业资格要求，培训中心通过提供量身定做的课程重点迎合企业的近期需求，对经济发展的中长期技能需求有所忽视，处于一种短视状态。合作式职业教育模式以德国双元制职业教育体

① PHILIPP GROLLMANN. 职业教育比较研究——方法论的思考［A］.// ［德］菲利克斯·劳耐尔，［澳］鲁珀特·麦克林. 国际职业教育科学研究手册［M］. 赵志群，等，译. 北京：北京师范大学出版社，2014：164.

② PHILIPP GROLLMANN. 职业教育比较研究——方法论的思考［A］.// ［德］菲利克斯·劳耐尔，［澳］鲁珀特·麦克林. 国际职业教育科学研究手册［M］. 赵志群，等，译. 北京：北京师范大学出版社，2014：165.

③ BUSEMEYERM R, TRAMPUSCH C. The political economy of collective skill formation［M］. New York：Oxford University Press，2012：3.

④ DIETER TIMMERMANN. National systems of financing TVET［A］.//Felix Rauner, Rupert Maclean. Handbook of technical and vocational education and training research［M］. Dordrecht：Springer，2008：412.

系为代表，该模式意在培养学生胜任职业工作的能力，并认为这种能力不可能在纯粹的学校环境中获得，只能在企业的职业实践中获得，强调工作场所的学习。因此，这种模式下的产教合作是较为理想的，基本能满足企业的需求，促进学生的发展。

从以上研究可以看出，不同学者对技能形成的不同制度环境与模式进行了研究，对我们进行技能形成的模式与制度研究提供了借鉴。

（三）技能形成的影响因素分析

对技能形成的影响因素，学者从参与者的特征、职责，技能形成的内容、方式、管理、评价等方面进行了研究。

从参与者的特征和职责来说，卡尔斯等研究了影响技能形成效果的组织特征和个人特征。从组织方面说，组织的积极反馈、任务日程表、工作任务的连续性等会对技能形成的效果产生影响；从个人方面说，学生个人的社会经历对技能形成影响较大，社会化的方面和内容影响非技能学习结果，而一般认为很重要的个人动机，对技能形成效果的影响反而不大①。

哈迪普拉伊特诺（Sutarto Hadiprayitno）研究了企业对双元制的接受度及其在双元制中的作用。研究显示，在德国的双元制中，雇主、政府、劳动力代表实现了三方机制的协同合作。其研究引用了施特莱克（Streeck）的观点，即认为德国雇主主要在项目设计、资金支持、管理和监管中起主要作用②。在企业对双元制的接受程度中，哈迪普拉伊特诺研究发现，企业是否积极主动参与双元制，对其接受双元制的影响并不显著，也就是说，在之前没有与教育合作经历的企业中，双元制也能实施；规模较大的、位于城市的企业、国有企业更积极地参与双元制，而规模较小的、位于郊区的企业、私人企业参与双元制的积极性不高。

鲍曼（Ray Bowman）等研究了佛罗里达的一项由企业、当地政府、大学和军队共同实施的合作教育项目，并总结了高技能形成的必备因素：第一，在技能形成创立和初始时期，政府充足的资金保障非常重要；第二，企业领导、学校领导

---

① PARSONS C K, CAYLOR E, SIMMONS H S. Cooperative education work assignments the role of organizational and individual factors in enhancing ABET competencies and co-op workplace well-being [J]. Journal of Engineering Education, 2005, 94 (3): 309-318.

② Sutarto Hadiprayitno. Employers' acceptance of Pendidikan Sistim Ganda (dual system) and their roles in its implementation in the province of Yogykrta, Indonesia [D]. The Ohio State University, 1997.

等的非正式交流也很重要；第三，应明确规定社会中的每个成员都有教育的责任，企业尤其不能推卸责任；第四，有进取心的教师，如果在技能形成中处于领导地位，更能对技能形成的其他团队成员产生积极影响；第五，技能形成的持续发展需要由热心的支持者和关键学校代表组成指导委员会，指导委员会对技能形成的长远发展非常重要①。

哈克特（Rachelle Kisst Haclett）等对影响工程专业学生在技能形成中表现的相关因素进行了分析。结果显示，在基本人种学因素方面，学生在技能形成中的表现与学生的年龄关联较大，与学生的性别、种族关联不大；在学术因素方面，学生所处的年级、作业完成情况与技能形成的表现密切相关，与其所学专业类型关系不大；在合作背景因素方面，学生是否处于团队合作中，是否有薪水，合作的类型等与学生的学业表现密切相关，而公司的规模以及学生是否是第一次参与技能形成培训与其学业表现关系不大；在工作经历因素方面，研究表明，学生在非工程领域的经历与学业表现相关，而先前是否有工程专业的经历与学业表现不相关②。

在技能形成的实践发展过程中，越来越多的研究发现，具有约束、促进机制和制度的实践发展得更好，也越来越走向制度化。

罗伯特（W. Robert）等研究了美国的学徒制，阐释了美国交通运输行业学徒制的优秀成功案例。面对新的形式，美国交通运输行业的学徒制进行了一些改革：在全国范围内认识和促进成功的培训实践，包括超额的努力，以使新工人胜任行业工作；组织区域级别的合作，以支持培训的持续发展；为学徒制和培训建立的国家框架，包括交通维修职业的技能标准。研究以美国交通运输行业学徒制为案例，总结出任何国家培训制度的设计，都需要具有严格性和一定的弹性。严格性是指严格的伸缩目标，在这个伸缩范围内，目标达成是允许的，在伸缩范围之外，是明令禁止的，以提高培训的质量；充分的弹性可以满足不同地区的需求③。

罗杰斯（Rogers）指出，一项制度改革可否顺利实施，与改革的相对优势、兼容能力、复杂性、可实施性和可观察性密切相关。相对优势强调经济利益和社

---

① BOWMAN R, DAWSON - JACKSON C. Development of a business - education partnership to reform secondary education [J]. Education, 1994, 114（3）：464-469.

② HACLETT R K, MARTIN G R, ROSSELLI D P. Factors related to performance ratings of engineering students in cooperative education placements [J]. Journal of Engineering Education, 1998, 87（4）：455-458.

③ GLOVER R W, CLOPTON L, MCCOLLUM M, et al. Building an apprenticeship and training system for maintenance occupations in the American transit industry [J]. Education & Training, 2007, 49（6）：474-488.

会地位；兼容性是一项改革与既有价值观点、经验的一致性以及与未来改革潜在采纳者的需求的兼容性；复杂性是改革被理解和应用的相对难度；可实施性是改革最低限度的实施力；可观察性是改革的结果对他人的可见度。罗杰斯总结说，改革的相对优势越高，兼容力、可实施性和可观察性越高，越容易被接受。相反复杂性越高，越不容易被接受。职业教育改革的成功与否也与其上述特征相关，技能形成制度的构建也与上述特征密切相关①。

从以上研究可以发现，成功的技能形成制度具有以下特征：参与方，包括企业、学校、学生主体的积极努力，尤其是企业作为主体之一的作用不可或缺；合理的管理机构和人员，并切实发挥作用；充足的资金支持，尤其是学生的实习、工作的薪酬要有保障；各方职责的制度规定和要求，合作者之间高度的信任与合作等。

（四）技能形成的制度环境

制度环境是指一系列作为社会基础的基本的政治、经济、社会、文化以及自然环境等。在技能形成的制度环境方面，学者主要研究了历史、文化背景、社会基础等方面，其中以德国的托马斯·戴森格（Thomas Deissinger）、希尔克·赫尔温（Silke Hellwig）和英国的巴里·尼汉（Barry Nyhan）为代表。

德国康斯坦茨大学经济学院托马斯·戴森格和希尔克·赫尔温研究了德国双元制的历史和文化背景，认为德国的双元制是一种基于两项原则的以制度为基础的培训方式②。两项原则形成双元制学习培训哲学的主要内容。第一大原则是双元的学习场所，例如，双元制的在职和脱产培训都是由职业学校和培训企业共同实施的，由此形成了一种培训文化，这种培训文化认为，职业培训不单纯是一种雇佣形式，也是一种教育形式。第二个原则更为有效，即职业原则。职业原则象征整体的能力观，而不是单纯的职业领域的能力，包含了350多种职业认证体系。350多种职业认证体系能够得到双元制的完美培训，并且具有国家职业培训的认证标准。因此，德国的职业原则不仅与教育质量相关，还与劳动力技能认证制度相关。学习者获得的证书是某种职业能力的象征，也是高等教育的象征。职业培

---

① Sutarto Hadiprayitno M S. Employers' acceptance of Pendidikan Sistim Ganda (dual system) and their roles in its implementation in the province of Yogyakrta, Indonesia [D]. The Ohio State University, 1997.

② DEISSINGER T, HELLWIG S. Apprenticeships in germany modernising the dual system [J]. Education & Training, 2005, 47 (4/5)：312-324.

训基于一种"架构图"的标准，这种标准由国家政府颁布，使得职业培训不再单纯是一个人工作范围内的事情，培训的技能和知识的数量、质量受监督，并被确认是有效的。

巴里·尼汉研究了爱尔兰学徒制创建的社会基础，在最初爱尔兰发展学徒制的时候，很多评论说爱尔兰的制度不适合学徒制的发展，因为它缺乏合作的传统文化，但是事实上爱尔兰创造了一种工业文化氛围，为学徒制提供了更好地发挥作用的社会基础①。研究阐释了爱尔兰独立以后，尽管很多政策制定者都在不同时期尝试建立制度体系，打破传统，但都因为缺乏经济、社会、教育者关于发展路径的一致协议而受阻。但是州政府对学徒制的介入，对积极劳动政策的采纳，在一定程度上推动了爱尔兰学徒制的发展。后来爱尔兰出台了《工业培训法》，法律赋予雇主及其他学徒制参与者各种权利与义务，并制定了各种制度：为支付培训的企业提供税收补助金制度、企业进入标准、雇佣合同制度、雇主教授学徒的行为约束、学徒学分记录制度等。爱尔兰以一种更宽广的心态制定工业和社会政策，学习德国等国家的产业和行业组织合作方式。巴里·尼汉认为，学徒制应该是基于标准的，有精确的应获能力水平的标准规范和课程标准，而不仅仅是关于学徒制时间的规定，应该强制性要求未来产业工人都具有国家职业资格证书，应该根据模块化的课程使在职培训与脱产学习达到平衡。

赫尔加（Lotze Christinf Helga）和汉冈·莱曼（Wolfgang L. Lehmann）在博士论文中，也涉及了技能形成的历史背景和发展文化的问题。

---

① NYHAN B. Creating the social foundations for apprenticeship in Ireland [J]. Journal of Education Industrial Training, 2009, 33（5）: 457-469.

第二章　技能形成模式的分类

从学者对技能形成模式的多样性研究中可以看出，技能形成的不同阶段、不同制度环境下，适用的技能形成模式不同。我国的产业丰富，产业发展模式、企业生产组织模式多样，这种多样性必定不是一种技能形成模式所能满足的。因此，对技能形成模式进行分类研究，并研究每种模式适用的条件、发展所需的制度环境，才能根据我国产业和企业发展的多样性，选择适合的技能形成模式。

第一节　国家政治经济制度与技能形成模式分类

技能形成的主要特征就是与经济社会紧密联系，技能形成的核心功能是提供经济社会运行所需的职业知识和技能。在工业革命爆发前，技能形成以传统学徒制最为普遍，手工作坊是技艺传授的重要场所，工艺对人的要求集中体现在师徒关系当中。工业革命初期，经济体系需要劳动力掌握一定的知识与技能，在早期的德国，手工业作为重要的熟练工人提供场所，出身于手工业的劳动工人由于质量高并且廉价，迅速成为企业快速发展的基础。在英国，随着自由资产阶级力量的壮大和《手工业法》的废止，优秀的年轻工人不愿意进入 7 年制的学徒培训体系，在自由主义的冲击下旧的学徒体系土崩瓦解。

经济发展的实质是新结构和旧有结构的转移变迁，在经济发展时期一般表现为：第一，大规模的物质技术更新。新的技术体系取代旧的技术体系，必然意味着传统的生产工具、装备、技术规范以及组织形式被取代，开始是某一个地域或部门，而后逐步扩大到国民经济的一切部门和地域。第二，集中大量的投资。大规模的物质技术更新，必然要伴随着集中的投资。第三，惯性的突破。由旧的结构转向新的结构，是一场经济体制的深刻变革。在原有旧结构下形成的某种习惯势力必然受到强烈的冲击，就是惯性的突破。惯性包括行为的惯性、组织的惯性、观念的惯性等方面。突破旧的惯性制度，往往是激烈的，有时甚至是痛苦的①。第四，经济发展的实质包括动荡的可能性。在结构转换过程中，由于旧的经济秩序不可能立即被打破，新的经济秩序也不可能迅速建立，旧的习惯更不容易在短期内消失，因此，在经济发展过程中很容易出现波动，在社会乃至心理上产生失衡，这就是动荡的可能性。从上面的分析可以看出，技能形成与社会政治经济制度存在紧密的联系。

一、技能形成与国家政治经济制度的关系

（一）技能形成随经济的发展而变迁

制度作为社会中个人所遵循的行为规则，可以被设计为个人应对不确定性和增加个人效用的手段②。的确，特定的制度安排至关重要，但是它随着社会经济的变化而变化，人们会为了提高经济效率等在不同的制度变迁路径面前做出选择，这是制度变迁发生的前提和基础。凯瑟琳·西伦通过研究英国、德国、美国、日本的技能形成体系发现，制度再制的路径通常与制度转型紧密相关，这种制度转型将过去延续的制度纳入政治和经济环境的同步变迁过程中③。社会经济结构和制度等形塑了国家技能形成体系的走向。例如，在德国过去150余年的发展过程中（1869《工业行为手册》的颁布至今），独立手工业和新工业的斗争贯穿了整个德国职业教育发展的历史和经济发展史。在美国，技能形成最初也是企业获取技能的有效手段，但是随着技术的进步和管理制度的变革，美国的企业逐步实行了去技能化战略，出现了工业化社会中最初的"机器换人"，在这种情况下，工人面临的失业压力比较大，雇主和工人的矛盾冲突也比较激烈，劳资冲突引起大量的工人运动，而每次工人运动中，不管是雇主取得胜利，还是工人取得胜利，最终都采取了最大化自身利益的措施，使得雇主和工人之间没有形成跨阶级的联合。在这种情况下，学徒制日趋走向衰落，成为雇主压榨工人的工具，技能形成没有成为支撑美国经济发展的有力武器。

---

① 范先佐. 教育经济学 [M]. 北京：人民教育出版社，1999：66.
② 科斯，诺思，阿尔钦. 财产权利与制度变迁——产权学派与新制度学派译文集 [M]. 刘守英，等译. 上海：上海三联书店，上海人民出版社，1994.
③ THELEN K A. How institutions evolve [M]. Cambridge：The University of Cambridge Press，2004.

　　楼世洲将我国近代职业教育制度的发展总结为三个大的过程：实业学堂的兴办—实业教育制度的确立—职业教育制度的确立，而我国工业化是沿着现代工业移植—手工业改造—区域产业集聚的道路演变的，并认为我国近代职业教育制度的嬗变与近代工业化进程之间有明显的"路径依赖"关系①。总之，技能形成与工业的互动关系是多方面的，如宏观上工业发展影响职业教育的发展水平和发展规模；中观层面上反映为职业教育办学模式的多元化发展，学校职业教育与企业培训的互补；微观层面上则是职业教育对劳动力技能水平的影响以及生产率的提高等。社会经济结构和制度等形塑了国家技能形成体系的走向。

（二）技能形成与经济发展存在路径依赖关系

　　新制度经济学家从各国历史发展和比较的过程中探求不同国家制度变迁的不同过程，从渐进的、具体的历史事件中寻找稳定、均衡的制度安排如何失去均衡，丧失稳定，制度变迁的根源以及规律。历史制度主义从决定制度产生的那些渐进的、基础性事件中寻找制度的根源，以制度为手段去研究历史②。历史制度主义更为关注历史发展过程，强调"路径依赖"现象在历史发展中的作用，历史制度主义者认为，所有看上去偶然的历史事件，都不是纯粹偶然发生的结果，其背后都有深厚的历史因素的影响，具有丰富的发生背景。整个历史结构因素，包括制度构成因素等都只是在当时的历史背景下产生的，要结合当时的历史条件研究才具有借鉴意义。"制度在长时期的历史发展过程中，不可能是静止不变的，制度的外部世界是不断变化的，制度不可能只通过初创时所涉及的生产路径而得以存续，面对其所嵌入的政治和经济环境的变化，制度更多是通过积极调整以适应这些变化。"③

　　依据这种观点，一个国家占主导地位的技能形成制度，也是依据其自身的发展历史以及当前的特殊结构而运行的。"技能形成和发展不是一个无拘束的、随机的选择，而是受到包括历史和现实状态下政治经济学等的体制内容在内的因素

---

① 楼世洲．我国近代工业化进程和职业教育制度嬗变的历史考察［J］．教育学报，2007，3（1）：82-88.

② PETERS B G. Institutional theory in political science：The new institutionalism［M］. London：Bloomsbury Publishing PLC，2011：69.

③ 刘荣民．国际比较视野下国家技能形成体系构成要素及其关系研究［D］．北京师范大学，2014：16.

影响和决定的。"① 我们探究当前技能形成制度构成的原因，就要回到技能形成的历史长河中。

20 世纪 80 年代以后，经济学家大卫·保罗和阿瑟用路径依赖的方法研究技术的变迁，此后，多数制度经济学家认为，制度的变迁和演化受到制度遗产、集团的约束力、有限理性等因素的制约。在技能形成方面，一个国家的技能形成体系的变迁和演化受到经济发展水平，传统的经济结构和经济发展方式，社会结构等方面的影响。一旦在过去做出某种选择，就会对未来的路径和选择有明显的影响，惯性的力量会使得这一选择带来的后果不断自我强化，并且改变起来更加困难。

（三）技能形成与经济社会制度相互匹配

林毅夫在《关于制度变迁的经济学理论：诱致性变迁与强制性变迁》中指出，制度移植可能比技术移植更困难，因为一个制度安排的效率极大地依赖于其他有关制度安排的存在。世界范围内，过去对德国"双元制"的移植大部分都不成功，例如，研究显示，在美国的教育和社会体系中，不存在像德国那样的促进企业投资职业培训的制度基础②。在法国，要学习德国的双元制职业教育模式至少需要改变该国以下方面：对学校职业教育的大改造，寻求更多的企业支持，建立企业和学校职业教育的联系，以及通过规范资格证书制度和对技能等级进行评价来规范劳动力市场等③。布罗斯菲尔德提出要学习德国的双元制模式，至少需要具备以下条件：①实践导向的企业内培训和理论导向的学校职业学习框架；②国家、雇员、雇主在组织培训方面的融合；③职业上升途径的制度化环境④。

托马斯·戴森格通过对比英国和德国现代职业教育体系的演化发现，经济的组织形式和技能的供给制度密切相关⑤。在一个社会经济发展的过程中，必然伴

① BUSEMEYER M R, TRAMPUSCH C（Eds.）. The political economy of collective skill formation ［M］. Oxford：Oxford University Press，2011：2.

② HARHOFF D, KANE T J. Is the German apprenticeship system a panacea for the US labor market? ［J］. Journal of Population Economics，1997，10（2）：171-196.

③ GÉHIN J P, MÉHAUT P. The German dual system：A model for Europe? ［J］. The German Journal of Industrial Relations，1995（22）：64-81.

④ BLOSSFELD H-P. Is the German dual system a model for a modern vocational training system? A cross-national comparison of how different systems of vocational training deal with the changing occupational structure ［J］. International Journal of Comparative Sociology，1992，33（3-4）：168-81.

⑤ DEISSINGER T. The evolution of the modern vocational training systems in England and Germany：A comparative view ［J］. Compare，1994，24（1）：17-36.

随着经济的增长和社会的进步。我国从计划经济步入社会主义市场经济的过程中，计划经济的"制度遗产"极大地影响了我国社会主义市场经济的走向。与此同时，传统的基于学校的技能供给体系遇到了极大的挑战，但是这一体系在调整的过程中，一方面新的体系依赖于过去以职业学校和厂办技校为主的基础；另一方面又必须与经济的市场化相协调。现实情况下，旧有的技能供给体系已经不能满足经济快速发展和产业结构转型对高技能的需求，经济快速发展和转型时期的产业结构也反过来要求技能供给体系做出必要的改变，这些改变包括打破过去的中职—高职中断的教育体系，通过更高质量的职业教育和技能培训培养符合产业要求的人才；产业集聚带来行业协会的诞生和发展，行业协会在行业的发展和技能的供给方面发挥更大的作用；产业结构的升级要求职业学校淘汰落后的课程和不必要的技能，并为新的产业需求提供足够的新技能等。

（四）技能形成中的利益冲突与平衡

历史制度主义认为，一种制度的"平衡"状态被打破或者被干扰之时，就是制度变迁之时。制度变迁就是打破原有的制度"平衡"，而这种制度"平衡"的被干扰或者被打破总是与环境有关，制度变化依赖于环境变化，他们强调权力在制度实施、制度发展过程中的非均衡状态①。历史制度主义特别关注制度在不同的社会成员或者社会组织中分配权力的状况，关注这种权力分配是均衡的，还是非均衡的，不同的利益相关者有不同社会组织的不同行动选择，以及不同的行动选择是如何形成均衡的利益分配或者非均衡的利益分配的。

因循历史制度主义对制度变迁中利益相关者（不同的社会组织）的关注，对技能形成制度变迁的关注不能忽视其中的利益相关者。学者们在关于技能形成制度研究中发现，在技能形成制度的演化与变迁中，其利益相关者或者说关键行动者包括政府、雇主及雇主组织、工会、学徒、行会、技能密集型企业等。当然，并不是说这些利益相关者都存在于每个具体国家的技能形成制度中，不同国家的利益相关者会有所差异，但主体的利益相关者不会缺席，如政府、企业雇主、工会及学徒。

因此，在技能形成制度演化的历史过程中，应着重关注政府、雇主及雇主组

---

① 赵晖，祝灵君. 从新制度主义看历史制度主义及其基本特点 [J]. 社会科学研究，2003（4）：24-29.

织、工会、学徒、行会、技能密集型企业等利益相关者，在回溯技能形成制度的演化过程中，分析这些利益相关者的行动选择，以及不同利益相关者不同行动选择而带来的利益冲突，不同的国家又是如何平衡这些利益冲突的。

正是不同的技能形成演变历史，以及不同的利益相关者、不同的行动选择以及不同的利益冲突的平衡方式，造成了各国技能形成制度的差异。

二、多样的政治经济制度与技能形成模式

在国际上，各国的政治经济制度及其环境具有非常大的差异，有研究将资本主义国家之间的差异称为"资本主义的多样性"或者"异质性资本主义"。在技能形成方面，比较典型的有：协调市场经济国家、自由市场经济国家、国家主导市场经济国家等，形成了技能形成的社会合作模式、替代模式、国家主导模式、分裂模式。

（一）社会合作模式

社会合作模式的典型特征是，在技能形成方面，国家的各政府机关，行业（产业）组织，工会等，都积极为国家的技能形成与积累贡献力量，在技能形成的各利益相关者之间，比如，雇主、工会、学徒、工人、行会等之间形成了可信任的承诺关系。

在协调市场经济国家，密集而且强有力的工业团体代表（如贸易和企业协会）、大小公司、工业团体、职业学校之间，非正式的、非建制化的联结所形成的"国家资本"（national capitals）和"集体技能形成体系"（collective skill formation system）是最重要的特征。在这种组织形式下，企业无须担心在研发、技能培养以及长期的财务投入方面的风险，建立在集体主义基础上的生产体制无须担心来自同行业的竞争，事实上，企业间建立了一种"非竞争性的联系"（uncompetitive links between companies）①。生产制度和企业间联系的支撑，使得企业能够在生产条件满足时，维持一种"异质多样化"的生产策略，朝着高技能、高附加值的产业方向改进。相比于自由市场经济企业的生产策略是基于市场竞争，

---

① TÜSELMANN H-J. The new German model of employee relations. Flexible collectivism or Anglo-Saxonisation? [J]. International Journal of Manpower, 2001, 22 (6): 544-559.

而协调市场经济国家的生产策略更多地来说是各方面互动的结果，雇主没有一个完全自由的劳动力市场，而企业的竞争策略在于高品质和高附加值的产品，这种生产策略需要高技术工人的支持，这个时候，如德国的双元制体系便有了用武之地，并且在这样的社会经济结构中与时俱进。正如凯瑟琳·西伦对德国职业教育体系的研究证明，德国的技能形成不仅依靠强有力的工会组织和行业协会，还包括包含个体在内的平等的集体协商制度①（见图2.1）。

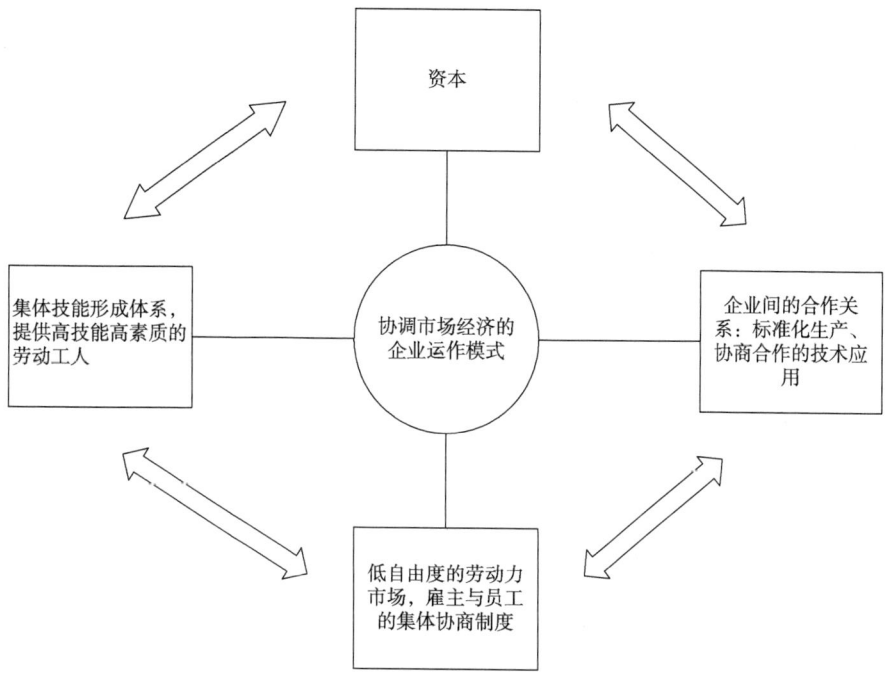

图 2.1　协调市场经济的企业运作模式（经整理）

资料来源：HALL P A，SOSKICE D W. Varieties of capitalism：The institutional foundations of comparative advantage [M]. Oxford：Oxford University Press，2001.

（二）技能替代模式

20 世纪 80 年代，在经济发展的过程中，政府发现公共物品无法通过市场的

①　THELEN K. Varieties of labor politics in the developed democracies [A].// Hall P A，SOSKICE D W. VARIETIES of capitalism：The institutional foundations of comparative advantage [M]. Oxford：Oxford University Press，2001：71-103.

调节来实现，而政府的协调作用到底发挥到何种程度备受争议，因为，凯恩斯主义指导下的经济发展面临"滞涨"① 等全新的问题。在霍尔和大卫·索斯凯斯开创性的理论当中，社会合作伙伴、技能形成以及生产体制被看作是不同国家经济体制差异的重要因素，教育体系和技能制度前所未有地受到政治经济学研究领域的普遍重视。

在自由市场经济国家，企业、政府和资本之间没有形成一个紧密的互动关系，政府的介入程度远低于协调市场经济国家。体现在技能制度方面有三点：第一，企业不希望技术工人参与到企业的管理和生产策略的制定当中，成为技能在企业里地位低下的基础，然而，企业又不得不从市场获得足够多的技能和稀缺的高质量技能人才以解决在面临市场竞争时的问题。第二，由于在自由市场经济国家，相比于对产品和技能的投入，企业更倾向于降低包括培训成本在内的生产成本，而非提高产品质量或者改进生产战略来提高产品竞争力。第三，由于缺乏劳资关系的谈判通道，因此，在充分就业和通货膨胀面前政府显得更为被动②。

对自由市场经济的研究还发现：第一，企业间的联系主要是通过市场竞争实现的，因此，为适应市场的快速变化，企业的生产方式更为弹性化，这是雇主在面对工会时有更多话语权的原因之一。第二，由于企业没有被要求为雇员提供足够的技能训练和长远的福利制度，因此雇主在员工及员工组织面前具有更多的砝码来制定有利于雇主的劳动规则，以至于雇主能够在内部劳动力市场中改变工会的结构③。第三，由于自由市场经济大多采用规模生产和福特主义生产方式，因此技术工人的岗位数量容易受到市场的影响，工人与企业间的联系是一种不稳定的承诺关系，并且这样的生产方式对工人又有较低的技能要求（见图2.2）。

---

① 经典经济学理论认为，高通货膨胀率和高失业率是不可能并存的，但是在20世纪80年代前后的一次经济危机中，先进工业国家出现高通货膨胀率和高失业率并存的事实，经济学家将这种现象称为"滞涨"，在这种情况下，政府不得不出面调整经济政策以维持就业和经济增长。

② BREEN R. Explaining cross-national variation in youth unemployment market and institutional factors [J]. European Sociological Review, 2005, 21 (2): 125-34.

③ THELEN K. Varieties of labor politics in the developed democracies [A].// Hall P A, Soskice D W. Varieties of capitalism: The institutional foundations of comparative advantage [M]. Oxford: Oxford University Press, 2001: 71-103.

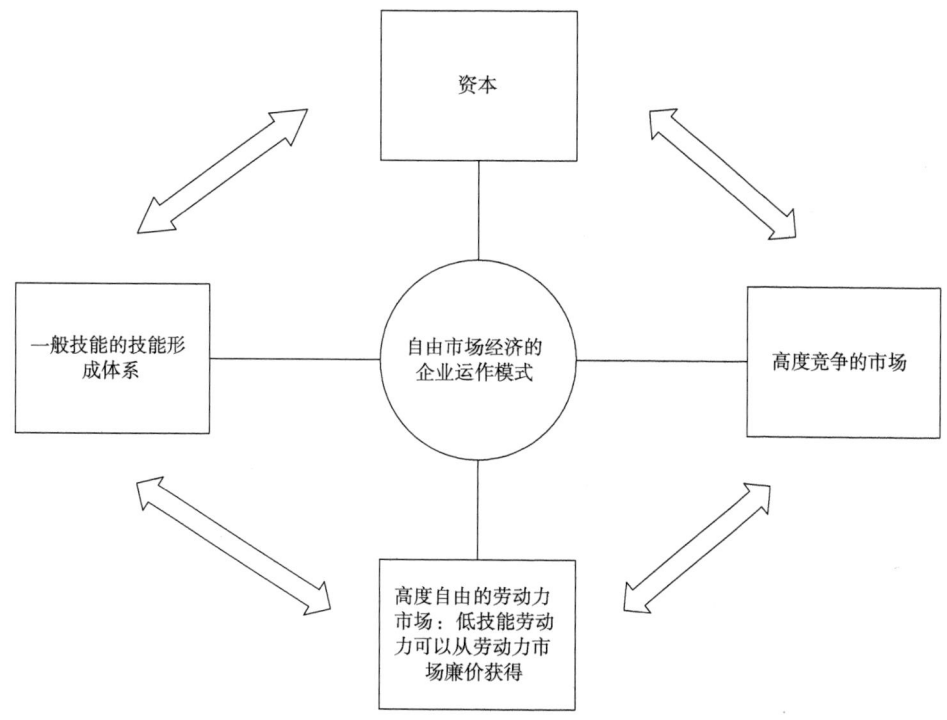

图 2.2　自由市场经济的企业运作模式（经整理）

资料来源：HALL P A，SOSKICE D W. Varieties of capitalism：The institutional foundations of comparative advantage ［M］. Oxford：Oxford University Press，2001.

（三）国家主导模式

国家主导模式也是其所处的宏观政治经济制度的产物，在国家主导模式中，发展型国家控制着有技能的劳动力市场的供应，也通过工业和行业发展政策，控制着技能的需求，将技能供应与技能需求高度结合在一起，以适应经济发展的预期轨迹①。

在国家主导模式中，经济的升级与转型最先发生在新企业，政府倡导新企业生产高附加值的商品，减少对劳动力的依赖，减少劳动力密集型的生产方式②。

① ASHTON D，GREEN F，JAMES D，et al. Education and training for development in East Asia ［M］. London and New York：Psychology Press，1999：3.

② ASHTON D，SUNG J. The state，economic development and skill formation：A new east asian model? ［R］. Centre For Labor Market Studies，University of Leicester，1994：8.

对于既有的基于低劳动力成本而生产低附加值的企业，包括跨国公司，政府对其进行游说，说服其进行升级，以生产高附加值的产品。为了迫使企业实施高附加值的生产战略，国家主导模式的政府会实施提高工人工资的计划，为提高职工技能而实施培训，大力发展教育事业①。

(四) 分裂模式

技能形成的分裂模式，顾名思义，在技能培养的各方面是分裂的，职业学校培养通用技能，企业提供自身所需的具体技能，大型企业主要是为了招聘和留住人才而开展培训，形成企业内部自给自足式技能形成模式。在这种模式下，有比较发达的职业教育或者高等教育，也有比较坚实的企业内培训，但职业教育或者高等教育与企业内培训的联系并不密切，各自分工比较明确、职责比较清晰，各自完成各自的培养任务，二者的合作和联系比较少，关系并不密切。

当然，这种模式有其弊端，如果职业院校和企业的联系不密切，可能导致职业院校培养的人才不能完全符合企业的需求。这也是在分裂模式中，职业院校或大学一般以培养通用技能为主的原因。企业和行业的特殊技能由企业自己负责培训，由于终身雇佣制或内部劳动力市场制度所致，企业的培训投资面临的风险并不高，企业具有投资员工培训、替代技能的愿望和积极性，企业内培训比较发达。

第二节　产业技能需求与技能形成模式分类

不同的产业发展所需要的人才类型是不同的，不同的人才类型的技能结构与水平等需求也是迥异的，技能形成最终的目标是满足产业发展对人才的需求，因此，我们有必要依据产业的技能需求对技能形成模式进行分类。

---

① WONG S T. Education and human resource development [A].//TOH M H, SOON T W, TAN K Y, et al. Challenge and response: Thirty years of the economic development board [M]. Singapore: Times Academic Press, 1993: 47.

一、产业分类与产业结构

（一）产业与产业分类

产业是伴随社会分工发展而出现的，按照马克思从物质生产的角度对社会分工的分类方法，农业、畜牧业、手工业和商业等产业是一般分工的结果；在一般产业分类的基础上，产业内部的持续细分属于特殊的分工；个别的分工是指企业、工厂内部的分工①。因此，从分工的视角分析，产业是分工的产物。随着分工的深入，产业不断细分，产业发展也呈现出更多特点②。

产业分类一般是在社会经济发展、经济结构变化、物质财富增加的情况下，促使国家对本国产业进行分析产生的，对象是国民经济结构，内容是人类生产活动。一般情况下，产业分类以生产过程与消费过程是否统一为标准，或者以生产者离消费者距离的远近为标准，或者以产品是否有形为标准。这种分类常被用作判断一个国家经济发达程度或工业化程度的标准，比如，用劳动力在整个产业分类中所占的比重衡量一国的经济发展水平，或者用三大产业间的变化衡量一国的发展速度。

（二）职业结构与产业结构

每个产业、行业按照一定的技术要求完成一种或多种产品生产，从原材料的采集、中间产品的生产以及最终产品的出现，形成了一系列的生产环节，这些环节即为社会分工体系中的环节，每个环节均有一定的职责或任务，与此相对应的就是职业。劳动分工使得在不同工作环节和职业岗位上配备一定数量的劳动者，由此形成的劳动力配置比例关系就是劳动力的职业结构。

不同产业、行业的性质对内部某种占据主导型的从业人员的比例要求不同，从而也影响了产业内从业人员的职业结构。例如，农林类职业人员与第一产业，生产操作人员与制造业。产业结构的调整升级也必然会带来相应的职业变化，如制造业的升级对劳动者技术要求的提高，以及产业价值链升级对研发人员和销售

① 苏东水. 产业经济学 [M] 北京：高等教育出版社，2000：3-6.
② 魏明. 产业集聚区职业教育专业集群研究 [D]. 北京师范大学，2016：22.

服务人员的数量要求增多，同时伴随着其他大量新型职业的产业，都会引起职业结构发生改变①。当然，职业结构对产业结构的反作用力表现为职业结构阻碍或促进产业的转型升级。在一定程度上说，职业具有稳定性和延续性等特征，劳动力掌握了某种知识技能从而成为某种职业的劳动者，在一定时期内应该是相对稳定的，同时也有利于个人职业经验的积累和岗位技能水平的提高，对维持社会的稳定也具有一定的作用。但随着分工的深入发展和技术进步等因素的影响，引起个人职业转换的发生。在职业转换过程中，原有的职业岗位常与个人的社会地位乃至与更深层次的社会心理等因素相联系，这些因素具有一定的滞后性，而且职业转换的发生又需要劳动者进行人力资本的再投资②，不仅需要物质、资金方面的投入，也需要时间及精神等方面的投入，从而给职业转换造成更多的阻力，不利于产业的发展。

不同产业类型与不同产业结构的技能需求是不同的，因此，我们可以依据产业分类对技能形成模式进行分类。

（三）产业分类

《全部经济活动的国际标准产业分类索引》介绍了国际标准产业分类法。产业共分为十个大项：农业、狩猎业、林业和渔业；矿业和采石业；制造业；电力业、煤气业、供水业；建筑业；批发与零售业、餐馆和旅店业；运输业、仓储业和邮电业；金融业、不动产业、保险业和商业性服务业；社会团体、社会及个人的服务业；不能分类的其他活动。

有学者按产业链涉及的内容分类：供应链——采购、运输、储存、配送；销售链——总销、一级分销、二级分销……批发、零售；代理链——总代理、分代理、代理；生产链——零件、部件、总装链；管理链——总部、地区总部、生产基地。

钱纳里—泰勒在考察生产规模较大和经济比较发达国家的制造业内部结构的转换和原因时，为了研究的需要，将不同经济发展时期对经济发展起主要作用的制造业部门划分为初期产业、中期产业和后期产业。初期产业包括食品、皮革、纺织等部门，其产品主要满足基本生活需求，具有最终产品性质，且需求的收入

---

① 魏明. 产业集聚区职业教育专业集群研究［D］. 北京师范大学，2016：192.
② 陈凌，张原. 职业——产业就业结构变迁规律研究——来自中国 1982—2000 年数据的实证分析［J］. 技术经济，2007（9）：1-8.

弹性低，生产技术简单；中期产业包括非金属矿产品、橡胶制品、木材和木材制品、石油化工、煤炭制品等，既包括中间产品又包括最终产品，其产品需求收入弹性高，增长较快；后期产业包括印刷出版、粗钢、纸制品、金属制品、机械制造等部门，其产品需求收入弹性很高，产业关联效应强，增长速度超过 GDP 的增长速度。

以上分类是按照对经济发展的研究需要进行的，这些分类方法不能很好地看出产业对技能需求的差异，而王树林的分类方法为我们考察产业类型的技能需求提供了参考。

王树林在《21 世纪的主导产业第四产业》一书中，对产业进行了如下分类：第一、第二、第三产业是物质产品再生产部门；第一、第二产业是生产部门。典型区别是：第一产业包含了一个生命在生产过程，特别是动植物的生命再生长过程；第三产业是分配、流通、消费部门。第四产业是精神产品再生产部门。具体而言，生命产品再生产部门：农业、狩猎业、林业和渔业等；人工产品再生产部门：采矿业、制造业、建筑业等；物质性网络服务部门：商业、金融业、运输业、通信业、仓储业等；精神产品再生产部门：科学研究行业、信息服务行业、咨询服务行业、新闻出版行业、广播电视电影行业、文化行业、法律服务行业等。

二、产业技能需求与技能形成模式

（一）产业技能需求

依据王树林的分类，产业可以划分为生命产品再生产部门、人工产品再生产部门、物质性网络服务部门、精神产品再生产部门。对四类产业所需要的人才进行分析发现，生命产品再生产部门需要中等的一般技能水平，而有些产业对手工技能要求较高，有些产业对专业技能要求较高，人才需求数量一般比较大；人工产品再生产部门对一般技能具有较高的要求，要求人才知识领域比较宽，具有复合技能和创新技能，人才需求数量为中等需求；物质性网络服务部门对一般技能具有较高的要求，对专业技能的深度要求比较高，需要复合技能，人才需求数量也为中等；精神产品再生产部门要求从业人员具有中等技能水平，但对从业人员的基本文化素养要求比较高，人才需求数量比较大（见表 2.1）。

表 2.1   不同产业类别所需人才的技能水平与技能形成场所

产业类别	典型行业	技能水平	技能形成场所
生命产品再生产部门	农业	中等一般技能、较高手工技能、专业技能	中高等职业院校、企业
人工产品再生产部门	制造业	较高水平、较宽领域、复合技能、创新技能	高等职业院校、企业
物质性网络服务部门	通信业	较高水平、复合技能、深化技能	高等职业院校、企业
精神产品再生产部门	文化行业	中等技能水平、较高文化素养	高等职业院校 高职特色专业

王树林的产业分类方法和人才需求的分析，可以对应教育领域的专业发展，不同专业的技能形成也存在差异，分析结论正好印证了不同的产业技能需求应该具有不同的技能形成模式。

（二）技能形成模式

依据这种产业分类方式，教育领域的专业可以分为生命产品再生产类专业、人工产品再生产类专业、物质性网络服务类专业、精神产品再生产类专业。那么对应的技能形成模式则为：生命产品再生产类技能形成模式、人工产品再生产类技能形成模式、物质性网络服务类技能形成模式、精神产品再生产类技能形成模式。

1. 生命产品再生产类技能形成模式

生命产品再生产类技能形成模式，是指生命产品再生产类技能人才的技能养成模式。这类人才一般需要中高等职业院校的培养和企业的实训，在这类技能形成模式中，技能培养的重点是学生的服务能力和专业技能。服务的对象是有生命的个体及个体组成的社会，主要是对有生命的个体的管理和服务；专业技能主要是从事这个职业的专业知识，这两种能力的培养需要职业院校和企业的合作。

2. 人工产品再生产类技能形成模式

人工产品再生产类技能形成模式，是指人工产品再生产类技能人才的技能养成模式。这类人才一般需要高等专业院校的培养，在这类技能形成模式中，技能培养的重点是高等专业院校的高质量的通识教育、专业教育与企业的真实项目实践，这类人才的培养需要较好的专业院校的基础和丰富的企业实践锻炼。

3. 物质性网络服务类技能形成模式

物质性网络服务类技能形成模式，是指物质性网络服务类技能人才的技能养成模式。这类人才一般需要高等专业院校的深度培养，在这类技能形成模式中，技能培养的重点是高等专业院校高质量、深度、精准的专业教育与企业的真实项目锻炼。

4. 精神产品再生产类技能形成模式

精神产品再生产类技能形成模式，是指精神产品再生产类技能人才的技能养成模式。这类人才一般需要中高等职业院校的基本文化素养教育和体验式实践或培训。在这类技能形成模式中，技能培养的重点是学生文化素养的养成。

第三节　技能培养主体与技能形成模式分类

不同技能培养主体的技能形成模式存在差异。

一、技能培养主体

技能培养主体的分类依据主要是技能投资主体和技能培养实施主体。

（一）技能投资主体

在经济学界，技能投资主体一般分为两类：一是企业，称为企业投资；二是企业之外的其他力量，可以综合为国家和社会投资。企业投资是企业自己投资员工的培训、自己建立培训基地或者厂办技校等；国家和社会投资，是指企业不承担员工培训的职责，员工技能养成和培训依靠国家投资或者社会其他途径的投资来实现。

（二）技能培养实施主体

技能培养的实施主体是指技能究竟是由谁培养的，技能培养实施主体主要有学校、企业和校企双主体三类。学校主体指承担职业教育与培训的职业院校和专业院校；企业指企业的培训中心或者跨企业的培训中心；校企双主体是指学校和企业共同承担技能培养的责任，例如，德国的双元制。

二、技能形成模式分类

（一）内部技能形成与外部技能形成

依据技能投资主体标准进行分类，技能形成模式具有两种分类方式：内部技能形成与外部技能形成。

外部和内部技能形成方式的划分，主要依据技能投资的主体，次要标准是技能供应的地点。内部技能形成模式的技能投资主体是企业，企业建立培训中心为自己培养人才，比如，厂办技校为自己培养员工，或者为其他企业委托培养员工；外部技能形成模式的技能投资主体是企业之外的力量，比如，政府、学校，政府办学、学校兴学为企业培养所需要的人才。

（二）职业学校教育、企业培训与校企合作

依据技能培养实施主体的分类，技能形成模式可以分为职业学校教育、企业培训与校企合作三种模式。

1. 职业学校教育

职业学校教育是指由学校承担的让受教育者获得某种职业或生产劳动所需要的职业知识、技能和职业道德的教育。职业学校包括：各种职业技术学校、技工学校、职业高中（职业中学）等。职业学校教育是学历性的教育，分为初等、中等和高等职业学校教育。职业学校教育的目的是培养应用型人才和具有一定文化水平和专业知识技能的劳动者，与普通教育和成人教育相比较，职业学校教育侧重于实践技能和实际工作能力的培养。

职业学校教育技能培养的主体是学校，职业学校负责人才培养目标的设定、课程设计、教学实施、教学评价等。但是这种技能形成模式应该与企业紧密相连，人才培养目标的设定应该紧跟企业需求、课程的设计应该依据产业或企业的职业需求、岗位需求，教学实施应该偏重于实践教学，让学生得到实践锻炼，在实践中提升技能。职业学校教育如果与企业联系不紧密，很容易造成培养的人才不能满足企业需求，毕业即失业的问题。

为此，职业学校教育要注意六个问题。

（1）职业学校要服务企业。职业学校办学的目的之一是培养企业所需要的技能型人才，要把服务企业作为办学方针，多方位、深层次了解企业的需求，找到与企业合作的利益点，建立多形式、全方位和深层次的合作。在办学模式上，要适应产业发展；在培养模式上，要适应企业需求；在教学模式上，要符合职业能力要求；在评价模式上，要体现企业标准。为企业服务是职业学校的根基，不为企业服务的职业学校难以生存和发展。

（2）培养目标要符合企业多样需求。培养目标的确立要以就业为导向，从企业生产实际出发，以学生为本位，满足企业多样化的用人要求，符合岗位素质标准，培养具有良好的思想道德，掌握必要的文化基础知识，熟练的职业技能和持续发展能力的高素质技能型、技术型人才，让学生能够顺利就业，能胜任岗位需要，满足企业的需要。职业学校既要培养通用性的技能型人才，也要培养准专业性的技能型人才，要同时担负起通用性人力资本与专业性人力资本形成的任务。也就是说，既要对学生进行一般知识技能的传授，又要对一些有发展潜力的学生进行专业化的教育，使其成为具有专门领域的较高专业技术知识水平和精湛操作技艺，能够解决企业技术难题的高技能人才。

（3）专业设置、课程开发要适应岗位或岗位群需求。专业设置和课程开发是职业学校建设的基础工作，关系着学校的生存和发展，影响着教学设施设备、师资队伍、教学文件和教学资料等教育资源的配置，制约着教育教学的目标、要求、内容、过程和结果，是教学工作的逻辑起点，也是校企合作的核心内容。学校要根据产业发展动态，根据行业、企业、社会用人标准和劳动力就业市场的需求，及时调整专业设置和方向，建立专业设置的动态机制，开发体现新知识、新技术、新水平、新工艺、新材料的课程，促使专业设置、课程开发与经济社会发展相适应。职业学校要以岗位职业能力标准为依据，开发与生产实际紧密结合的课程和教材，要针对职业岗位群设置专业，既要体现具体的岗位需要，又要避免职业能力和应用范围太窄，不利于学生就业和转岗。

（4）教学模式改革要突出实践性。教学模式改革要以职业能力为导向，改革教学内容、教学方法和教学手段，强调与生产实践的紧密结合，突出学生的动手能力培养和职业技能训练，重视实践性教学环节，加大实习、实训的比例，实现"做中学，学中做"，促进高质量的专业性人力资本的形成。

（5）专业教师队伍要适合技能型人才培养。没有高素质的教师，不可能培养出高水平的技能人才，不可能实现高效的技能型人力资本的形成与积累。职业学校要建立专兼职结合、结构合理、数量充足的"双师型"教师队伍；要使职业学校的专业教师具备较丰富的实践经验、较高技能和较深层次理论水平、较强科研能力，做到既懂教学，又懂技术，并能实践；要建立相对稳定的兼职教师队伍，从企业聘任能工巧匠、专业技术人员到学校任教，参与专业建设、课程开发和教学、质量评价等工作。

（6）教学设施、设备要接近或达到岗位标准。职业学校要培养符合企业需求的技能人才，需要拥有接近或达到岗位标准的教学场所，要有与专业相应的教学设备、实验室、实训基地，以及进行实训教学、信息化教学等需要的教学设施，给学生提供一个与实际岗位相近的技能训练空间，使其在校期间能完成就业岗位所需的岗位能力训练。

2. 企业培训

企业培训是指企业作为主体开展的一种为提高人员素质、技能、能力、工作绩效而实施的有计划、有系统的培养和训练活动。企业培训的目标在于使员工的知识、技能、工作方法、工作态度以及工作的价值观得到改善和提高，从而发挥出最大的潜力提高个人和组织的业绩，推动组织和个人的不断进步，实现组织和个人的双重发展。企业培训是推动企业不断发展的重要手段之一，市场上常见的企业培训形式包括企业内训、企业公开课、网络远程授课。

企业培训是一种较好的技能形成模式，企业了解自己的技能需求，具有良好的师资和实践资源，有利于技能的培养与形成。但是，企业培训要求具有良好的劳动力市场秩序和劳动制度，如果没有良好的劳动力市场秩序，企业培训会遇到"挖人效应"和"跳槽现象"的严重问题，承担企业培训的企业要面临巨大的培训风险，这是很多国家企业不愿意承担技能培训的原因之一。

面临这种问题，需要更好的匹配制度进行保障，这是本书涉及的重要内容。

3. 校企合作

校企合作是指技能培养由学校和企业共同实施，学校和企业成为技能培养的双主体。校企合作是充分利用学校与企业的资源优势，理论与生产相结合，培养适合经济发展需要的人才的培养模式[①]。校企合作主要是应企业人才实际需求状况而产生的，并按照企业部门和学校的安排实施的、交替进行课堂教学和企业实

---

① 钱爱萍. "校企合作"模式的研究与实施——机械基础在生产中的应用 [J]. 中国科技信息，2006（14）：287-288.

际操作培训的教育模式①。校企合作教育是一种以市场和社会需求为导向的运行机制，是学校和企业双方共同参与的人才培养过程，以培养学生的全面素质、综合能力和就业竞争力为重点，利用学校和企业两种不同的教育环境和教育资源，课堂教学与学生参加实际工作有机结合，培养适合不同用人单位需要的应用型人才的教学模式②。

在校企合作中，企业和学校的职责分工明确，责任清晰。

（1）企业的职责界定。企业作为职业教育的育人主体之一，应承担相应的职业教育责任。试点企业应成立技能培训中心并配备一定的人员，具体负责产教合作；应保障学徒工的基本权利，严格执行育人用人交互衔接制度；应将技术人员承担的教学任务纳入员工考核并作为晋升专业技术职务的条件，对经过考核合格的学徒和技能人才应予以较为长期稳定的职业激励保障和合理的工资增长保障。

（2）学校的职责界定。学校应做好技能人才培养的基础性、支持性工作，坚持企业需求与学生发展需求相结合，坚持校企合作和工学结合的办学模式，坚持专业分类发展和多样化培养模式，改革课程、教学、管理方式，构建适合学徒制的管理和评价制度，并创造各种条件以保障试点实施。

校企合作是职业学校与企业的必然选择，是培养技能型人才的必然要求。在校企合作中，职业学校与企业之间形成了影响与被影响、服务与被服务的关系。因而，服务企业是职业学校的应然责任，主要体现在为企业培养技能型人才，为企业提供职业培训或继续教育，参与企业的技术服务、技术改造、产品研发或科技攻关。

---

① 黄亚妮. 高职教育校企合作模式初探 [J]. 教育发展研究，2006（10）：68–73.
② 孙伟宏. 探索校企合作模式培养优秀技能人才 [J]. 教育发展研究，2006（7）：23–25.

第三章　政治经济制度与技能形成模式

在西方，虽然同样是资本主义国家，但因为其具体的政治经济制度和环境不同，其技能形成模式存在巨大差异。

第一节　德国的社会自治与技能形成的社会合作模式

19 世纪末 20 世纪初以来，德国的技能形成体系以其独特的双元制赢得了世人的瞩目。德国技能形成体系并不是"完整一块"被全部创立起来的，而是在 19 世纪末的一个主干框架的基础上，通过持续不断的修复完善、层层演化而成的。在德国技能形成体系的演化过程中，伴随着各种利益冲突，而这些利益冲突又形塑了德国技能形成体系的制度构成。德国技能形成体系的制度构成，是在历史演化与利益冲突的基础上由社会建构的，其演化过程、利益相关者的利益冲突及最终的制度构成，为思考我国技能形成提供了新视角，颇具研究价值。

一、德国技能形成模式中的社会自治

在德国有一个重要的概念——社会自治，这意味着政府的职责下放给一些社会组织，让其自己处理自己的事务，只要社会组织不违反重大的一般利益。德国的社会合作传统在技能形成领域也非常强大，社会合作者共同致力于技能形成的持续发展。例如，行业协会的影响力不在于限制学徒培训以保持技术工人的工资，而是致力于培训体系在数量和质量上的持续扩大或提高。在德国，像行业协会一样的社会合作者不是一枝独秀，表 3.1 列举了 2007 年德国《联邦职业教育法》中所提到的社会合作者及其职责。

表 3.1　德国有关技能形成的主管机构

社会合作者	职责
手工业协会	手工业条例界定的手工类职业的职业教育主管机构
工商业联合会	非手工业工商类职业的职业教育主管机构
农业协会	农业中包括农村家庭经济类职业的职业教育主管机构
律师协会、专利律师协会和公证员协会	法律事务领域里专业职员的职业教育主管机构
经济审计员协会和税务咨询员协会	经济审计和税务咨询领域里专业职员的职业教育主管机构
医生协会、牙医协会、兽医协会及药剂师协会	卫生健康服务领域里专业职员的职业教育主管机构

资料来源：德国《联邦职业教育法》2007 年 4 月 1 日版；姜大源．当代世界职业教育发展趋势研究 [M]．北京：电子工业出版社，2012：512．

除了社会合作者，联邦非法定福利工作组、联邦雇主联合会、联邦国民服务联合会、德国工会联合会、德国教育联合会、德国学生联合会、联邦私立学校联合会等都是职业教育中的社会合作者，他们在技能形成的实践领域发挥自身的职责①。

在技能形成的资助来源中，国家以项目的形式资助技能形成的发展，行业企业、雇主联合会、商会以各种方式招募会员，以创造更多的培训岗位，这些形式包括：公开呼吁、写信给成员、与联邦劳动部就学徒制问题达成合作等，有些社会合作组织还会为雇主构建"企业职业教育投资的未来前景"。在企业层面，主要是企业对技能形成的直接投资，以及学徒通过接受较低学徒工资的形式投资培训，简要情况参照表 3.2。

表 3.2　社会合作者在技能形成资金来源中的作用

技能形成资金来源	
国家层面	政府以项目形式资助
行业层面	行业协会、雇主联合会、商会等以各种形式招募会员，以创造更多的培训岗位。其直接资助形式为行业基金、行业协会基金

---

① STREECK W, HILBERT J, Van KEVELAER K, et al. The role of the social partners in vocational training and further training in the Federal Republic of Germany [M]. Berlin：CEDEFOP-European Centre for the Development of Vocational Training，1987.

续表

技能形成资金来源	
地区层面	地区政府、地区层面的雇主联合会、协会等社会合作组织，负责地区层面的职业教育产教合作的资金来源问题。地区政府负责职业学校的投资，另外还有地区基金等资助形式
企业层面	企业直接投资，学徒接受较低的学徒津贴

社会合作者在技能形成实施与管理方面的职责，也能够体现出德国的社会自治特征。例如，在技能学习与培训的质量测评和考核方面，联邦职业教育与培训研究所（BIBB）提出关于各个职业通用的考试程序，具体的考试由地区层面的联合委员会实施，联合委员会建立由相同数量的雇主代表、雇员代表和教师代表组成的考试委员会，不同行业内容不同，考试委员会决定该行业具体的考试内容。培训企业是否合格也由地区层面的联合会决定，联合会的职责是维持培训合同的框架、确定培训时间的长短，并仲裁学徒与企业的相关冲突等。另外，企业技能形成和学校技能形成的协调工作也是地区层面联合会的职责。在行业层面，社会合作组织的作用是建立和管理企业外培训中心和企业教师的培训。在企业层面，除了企业的具体职责外，工会也拥有法定的协商权利，在大企业，工会一般会追求高标准的培训，以促进各方利益的达成（见表3.3）。

表3.3 社会合作者的技能实施和管理职责

技能形成实施和管理职责	
国家层面	有限责任，联邦职业教育与培训研究所中央委员会提出各职业通用的考试程序
行业层面	建立和管理企业外培训中心和企业教师的培训
地方层面	地方联合会组建考试委员会，负责制定和实施各行业职业教育的技能考核内容，维持培训合同框架，仲裁学徒与企业的冲突等
企业层面	实施本企业的职业教育，工会拥有法定的协商权利，一般在大企业实施高标准的培训

社会合作者在职业教育监管和控制方面的职责也体现了社会自治性。国家层面的监管和控制主要是由联邦职业教育与培训研究所提供的年度职业教育发展报告完成，此报告会对年度职业教育体系的表现和适应性做出评价，包括职业教育政策、职业教育市场的地区趋势、职业教育的内容和结构等方面的职业教育数量和质量数据。报告会作为评价近期项目的工具，同时也是未来职业教育决策的参考。当然雇主联合会或者协会等也有自己的研究机构，以提供补充或替代性的数

据，尤其是工会，获得大学或者独立研究机构的研究数据。这些研究机构由于不属于联邦职业教育与培训研究所等国家机关，因此，其研究具有相对的中立性，可以看到更多的职业教育问题。这些独立的研究机构的报告可以使社会合作者有机会注意加强或者减弱职业培训。更重要的是，这些报告可以给社会合作者提供支持或反对其他利益集团的决定的相关支持。不管是联邦政府的报告还是这些独立研究机构的报告，在对职业教育体系做出评价时，都有固定的制度程序。

社会合作者在行业层面的监管责任主要是监管职业培训规则的实施情况，行业协会和雇主联合会与企业保持着密切的联系，并且通告企业实施培训中的问题，以及培训变革的必要性。

社会合作者在地方层面的监管权力主要是通过在联合会中的协商权利实现的。德国《联邦职业教育法》规定联合会具有监管和咨询的作用，因此，联合会会雇佣全职的咨询人员，以确保培训企业按照培训规则实施培训。社会合作者还会对企业进行考核，考核企业是否遵循职业培训计划或者提供免费的学习材料等。

社会合作者在企业层面的监管作用主要通过工会实现，工会具有参与企业职业教育的管理权利，这种作用是通过集体协商权利实现的（见表3.4）。

表 3.4　社会合作者在职业教育监管和控制中的职责

社会合作者的监管与控制职责	
国家层面	由联邦职业教育与培训研究所发布年度职业教育发展报告，行业协会、雇主联合会、工会也会形成自己的、独立的职业教育研究报告，为评价职业教育体系和未来决策提供参考
行业层面	监管企业职业教育规则的实施情况
地方层面	雇用全职的职业教育咨询员，监管职业教育实施中的各种问题，尤其是职业教育规则的实施情况，考核企业是否遵循职业培训计划或者提供免费的学习材料等
企业层面	工会的监管作用

德国的技能形成中被非常复杂的制度体系和各种不同的行动者和次体系所组织和管理。这种复杂的制度体系、不同的行动者和次体系，形成了协同合作的关系。

在德国，这种协同合作关系的实现，是通过集体协商制度完成的，德国职业教育领域的协商制度详细、具体，覆盖大量的项目，除了技术工人的工资之外，还包括工作时间、学徒津贴的支付系统、就业保护和工作场所的工会权利等。

二、德国技能形成体系及匹配制度

(一) 德国技能形成体系

正式约束是指人们有意识创造的一系列政策法则，包括政治规则、经济规则和文化教育规则，以及由一系列规则构成的等级结构，是正式的或有形的成文制度。对德国学徒制的发展和演化历程进行研究，发现德国学徒制的正式约束主要包括企业严格的学徒选拔制度、责任共担的技能投资制度、优势互补的技能供应制度、有效的技能评价制度等。

1. 企业严格的学徒选拔制度

在德国，企业具有严格、有效的学徒选拔制度。企业希望得到最好的学徒，因此企业密切关注学徒在学校的表现，并会严格实施学徒选拔测试：面试、笔试等。经过初选的学徒，进入1~3个月的试用期，试用期合格才能真正成为企业学徒[1]。企业不会雇佣学习成绩太差的学徒，企业认为学徒学习成绩太差，不但不能完成一些事务性的工作，而且没有发展潜力[2]。在一些企业，除了学习成绩之外，还有许多其他学徒选拔标准，如动机、兴趣、兼职工作经历等。

正是由于企业严格的学徒选拔制度，在德国，学生对待学徒制的态度非常重视，会为之付出艰辛努力。学徒选拔制度就像一场锦标赛，激励学生在学校努力学习。

2. 责任共担的学徒培训投资

在德国技能形成的过程中，企业、政府、学徒三方，经过多次的博弈、合作，最终形成了责任共担的技能投资制度。

德国企业是技能形成的投资主体，一旦签订培训合同，主要的学徒培训投资责任都由企业承担，不仅包括培训津贴，还包括所有直接和间接的培训成本：培

① SOSKICE D. Reconciling markets and institutions: The German apprenticeship system [A]. //LYNCH LISA M. Training and the private sector: intern ational comparison [M]. Chicago: University of Chicago Press, 1994: 32.

② GROLLMANN P, RAUNER F. Exploring innovative apprenticeship: Quality and costs [J]. Education&Training, 2007, 49 (6): 431-446.

训人员经费、设备费、培训管理费、社会保险费等①。承担这种成本的企业主要是大中型生产企业，及经营服务企业。小型企业则以支付跨企业培训中心各种费用的形式承担构建培训中心、购置设备等成本，当然，也要承担培训教师和学徒的工资成本。

德国学徒制既不属于学校教育领域，也不属于就业市场领域，这样一个明显分离的次体系，如果没有国家的支持，很难弥合学徒的期望和劳动力市场之间的摩擦②。因此，德国通过州政府、联邦劳动局、联邦职教所等部门对各类职业学校、跨企业培训中心等提供资助。其中，德国政府大部分职业教育公共经费均用于对职业学校的投资，而且联邦政府会发起并资助一些促进企业培训的项目③，并设立了中央基金、劳资双方基金、特殊基金等，以支持企业培训。另外，国家会从税款中扣除企业用于培训的部分费用，这种优惠税款有：专门扣除款、及时扣除款、固定扣除款、补偿款和社会福利优惠款等。

德国学徒均具有较好的学习成绩，而其得到的学徒津贴却很低，在长期的学徒期内，德国的学徒工资远比德国的成人工资低，也比英国和澳大利亚的学徒工资低④。因此，从某种程度上说，学徒承担了相当一部分培训成本。

3. 优势互补的学徒培训教育体系

教育体系是指互相联系的各种教育机构的整体或教育大系统中的各种教育要素的有序组合⑤。既然是有序的组合，就不仅涉及教育的要素，还要涉及教育要素之间的关系⑥。具体到学徒培训教育体系，既包含职业教育的各级各类教育机构，又包含其在整个教育系统中的位置，即职业教育与其他教育，如普通教育与高等教育的关系。

---

① DEHEN P. Die deutschen Industrie werkschulen in wohlfahrts-wirtschafts-und bildungsgeschichtlicher Beleuchtung [M]. A Huber, 1928: 264-270.

② THELEN K, BUSEMEYER M R. Institutional change in German vocational training: from collectivism toward segmentalism [A].//BUSEMEYER M R, TRAMPUSCH C. The political economy of collective skill formation [M]. Oxford University Press, 2012: 68-100.

③ [美]凯瑟琳·西伦. 制度是如何演化的：德国、英国、美国和日本的技能政治经济学 [M]. 王星，译. 上海：上海人民出版社，2010：64-66.

④ THELEN K, BUSEMEYER M R. Institutional change in German vocational training: From collectivism toward segmentalism [A].//BUSEMEYER M R, Trampusch C. The political economy of collective skill formation [M]. Oxford University Press, 2012: 68-100.

⑤ 百度百科. 教育体系 [EB/OL]. http://baike.baidu.com/view/3994096.htm. 2018-09-30.

⑥ 和震，李玉珠 基于《国际教育标准分类法（2011）》构建我国现代职业教育体系 [J]. 首都师范大学学报，2014（3）：127-135.

德国提供学徒培训的教育机构包括：企业、职业教育学校以及跨企业培训中心，其中，以教育企业和职业学校为主①。

德国的学校职业教育主要指职业学校提供的教育，包括职业专业学校、职业提高学校、专科高中、专业文法学校、护士学校、高等专科学校、行业与技术学校等。各学校依据学生的水平，提供不同的职业教育。具体情况见图3.1。

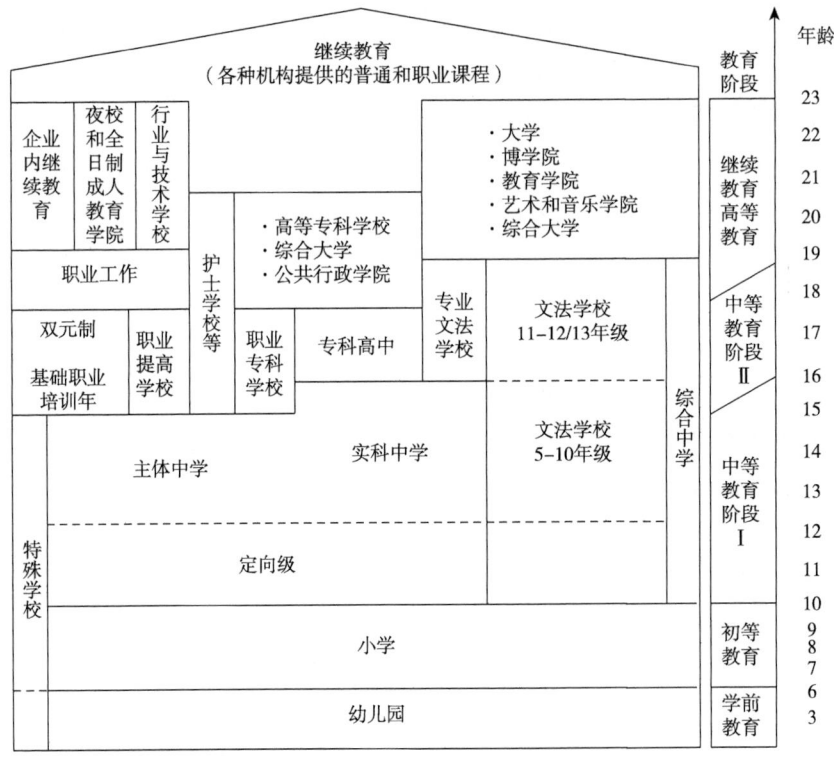

图 3.1　德国职业教育体系图

资料来源：关晶. 西方学徒制研究 [D]. 华东师范大学，2010：67.

学生在完成主体中学、实科中学、文法学校教育之后，如果不进入全日制学校的话，就要进入非全日制的职业学校。在完成中等教育阶段Ⅰ之后，如果不进入文法学校继续学习，就可以进入双元制，进行基础职业培训的学习，或者进入职业提高学校、护士学校、职业专科学校、专科高中、专业文法学校等接受职业

---

①　姜大源. 世界职业教育课程改革的基本走势及其启示——职业教育课程开发漫谈 [J]. 中国职业技术教育，2008（27）：7-13.

教育，之后还可以进入更高层次的高等专科学校、综合大学、行业与技术学校等学习。

从教学内容上说，德国的职业学校除传授与职业相关的专业理论知识外，还传授政治、语文、体育、外语等普通文化知识①。具体的任务包括：继续普通教育（教授普通文化课课程）、养成教育（学生道德规范、职业规范的养成）、职业教育（职业专业理论教育、部分技能训练）等。总之，职业学校教育作为德国双元学徒制模式中的一元，主要发挥学校集体学习、接受学习的优势，进行基础理论、规范方面的教育。

德国还具有高质量的企业职业教育，主要是在企业进行的技术技能培训。提供培训的企业，被称为"教育企业"，教育企业严格按照企业的需求招收学徒，企业根据生产计划、生产组织结构的变化、新产品的开发和新工艺的采用及有关企业的规章和工资政策的变化制订人员需求计划，并推算未来五年内企业对技术后备力量的需求量，最后决定本年度学徒招生数量。在这种背景下，学徒学习的技能可以满足行业企业的需求。

德国小企业由于没有能力自己培训学徒，便会建立跨企业培训中心。按照培训内容，跨企业培训中心应该属于企业培训机构，为中小企业提供培训。德国中小企业数量很多，在设备、经费和培训人员等方面明显存在不足，很难保证全面传授《职业培训条例》规定的内容，尤其是高新技术方面的教学内容，因此，建立了跨企业培训中心。这种培训多在生产岗位上进行，把职业教育的第一学年变成职业教育基础年，以平衡各企业间培训质量的差异，弥补一些落后地区培训岗位不足的问题。另外，行会要参与跨企业培训中心教学内容的制定②。

德国双元制的职业教育体系与教育体系中其他子系统有着密切的联系，如普通中学、高等院校等。普通中学的毕业生，如果不继续参加普通教育，可以选择进入双元制的学徒培训。值得一提的是，在德国，双元制的学徒培训与高等教育是相互衔接的。近年来，很多持有高等教育入学资格的学生首先选择进入双元制的学徒培训，完成学徒培训后，再继续完成高等教育。这些学生被称为双资格的持有者。

---

① ［英］K 金. 教育大百科全书·职业技术教育［M］. 张斌贤，和震，译审. 重庆：西南师范大学出版社，2011：157.

② 国家教委职业技术教育中心研究所. 历史与现状——德国双元制职业教育［M］. 北京：经济科学出版社，1998：128.

从图 3.2 可以看出，德国的双元制技能供应体系与普通中等教育和高等教育是相互衔接、相互联系的。正如托马斯·戴森格所言，在德国，学术生涯发展途径和非学术职业发展途径尽管彼此"分离"，但又相互联系、相互影响、相互依赖，这种关系使德国的"职业发展轨迹"比其他国家都稳定①。

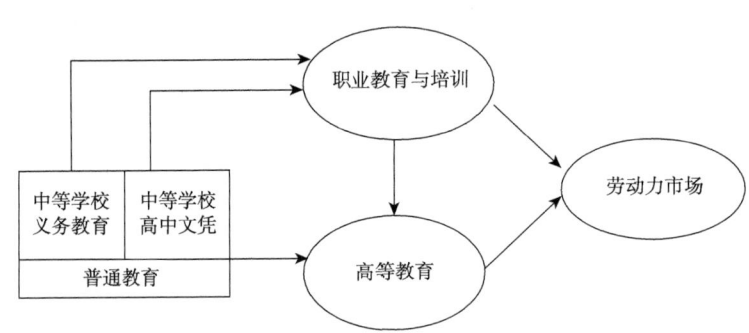

图 3.2　德国教育双循环体系

资料来源：PILZ M. Why abiturienten do an apprenticeship before going to university：The role of 'double qualifications' in Germany ［J］. Oxford Review of Education，2009，35（2）：187-204.

另外，德国学徒制培训内容标准化程度非常高，而且大部分技能为行业内的可迁移技能。这既保障了技能学习的公平性，又吸引了众多学徒。

4. 有效的技能评价制度

德国的技能资格证书为学徒打开了通往未来之路，成为技工晋升为独立师傅的必需条件。技能资格认证制度对完成培训的学徒是一种保障，使其能够以自己过硬的技能，在公司得到相应的职位，并且赋予技工争取自己权益的力量，比如，当技工受到不正当骚扰时，可以提出控诉，不用担心会因为控诉而使自己的境况更差。技能资格认证的价值还在于能够让企业得到关于学徒可信任的工作能力的信息。德国劳动力在就业资格上的高度标准化，使得德国的雇主对各种学徒项目的技能训练内容了如指掌，且一旦学徒成功获得职业资格证书，雇主对学徒的技能掌握情况也尽可放心②。

更为突出的是，德国的技能资格认证制度是一种第三方评价制度。资格认证

---

① DEISSINGER T. Cultural patterns underlying apprenticeship：Germany and the UK ［A］. Lang P. Diveregence and convergence in education and work ［M］. Bern，Switzerland：2008：34-55.

② DEISSINGER T. Vocational education and training-VET system ［J］. International Encyclopedia of Education，2010（8）：448-454.

的具体职责由行业协会、雇主联合会、工商会以及手工业协会等社会合作者组成的考试委员会实施，委员会由平等数量的雇主、雇员和职业学校教师代表组成。考试委员会的代表在选举推荐的基础上产生，委员要经过培训和考核并取得相应的资格证书后才能上岗，每届委员任期一般为 5 年。这种第三方的技能职业资格认证制度可以反映各方利益诉求，以达成共识，保障考试的公平性。

（二）德国学徒制的匹配制度

从历史上看，对于一个领域中特定制度的安排，如果在相邻领域中存在一套与之兼容或匹配的制度安排，那么将会"提高制度的回报"。也就是说，在某一领域内，不同制度之间呈现出一种相互匹配的状态，具有整体性和协调性，只有相互匹配，制度安排才是富有生命力的。这些匹配制度就成为一个制度实施的保障条件。在德国的学徒制实施过程中，与其正式约束和非正式约束相互匹配的制度包括内部劳动力市场制度、技能工资制度、工资协商制度、多方支持的社会合作制度，这些匹配制度成为学徒制长期、有效运行不可或缺的保障。

1. 内部劳动力市场制度

德国的劳动力市场更多地属于内部劳动力市场，这可以从德国企业员工在同一企业的任期时间长度来判断。从表 3.5 可以看出，德国企业员工的任期要比美国长，无论是哪个年龄组，无论是任期相对较短的 3~5 年，还是任期较长的 5~10 年，德国工人的任期都比美国要长。就业的稳定性是雇主和技工共同的追求，而且进入德国技能劳动力市场的途径是学徒制，这保障了学徒制的吸引力[①]。

表 3.5　德国和美国 20 岁以上从业者在同一企业或单位任期对比　　　　%

年龄分组（岁）	国家	任期（年）	
		3~5	5~10
20~24	美国	29.4	19.4
	德国	37.9	50.1
25~29	美国	33.3	36.7
	德国	44.9	62.2

---

① 姜大源. 当代世界职业教育发展趋势研究［M］. 北京：电子工业出版社，2012：500.

续表

年龄分组（岁）	国家	任期（年）	
		3~5	5~10
30~34	美国	33.0	48.4
	德国	38.6	72.3
35~39	美国	28.1	47.5
	德国	45.7	83.5

德国的内部劳动力市场是学徒制实施的关键，保障了企业，尤其是大中型企业能够留住自己培训的学徒。学徒为进入企业的内部劳动力市场，也积极参加学徒制，这种内部劳动力市场制度，使得企业和学徒之间能够建立可信任的承诺关系，并形成一种均衡：雇主提供高质量的学徒培训，学徒为获得更好的学徒岗位而努力使自己具有较高的学习成绩，这种较高的学术基础能力，又降低了企业的培训成本。

2. 技能工资制度

技能工资是对员工所具有的各种在工作中能够应用的技能进行考核并发放薪酬的一种工资制度。技能工资的导向性很明确，即员工拥有的技能越多，获得的薪酬越多[1]。在德国，技能资格认证制度和强大的技能培训体系，为其技能工资制度的实施带来了便利。

德国的技能工资等级差距，以及政府对技能的资助，鼓励大部分德国工人通过进一步的教育和培训提高自己的技能。工人积极参与教育培训以获得技术管理工人或技术员资格，从而提高自己的工资[2]。

尽管在德国技能形成体系演化过程中，技能工资等级差距的扩大和缩小一直存在着争议，甚至冲突，但德国采用的技能工资形式，充分尊重了技术工人的技术地位，保障了其根本利益，使得优秀的技术工人工资待遇不比管理人员差，鼓励了技术工人自我提升和学习技术的积极性。

3. 工资集体协商制度

德国工资集体协商由雇主协会和工会在行业层面进行，在行业内，各企业的

---

① SOSKICE D. Reconciling markets and institutions：The German apprenticeship system ［A］.//Training and the private sector ［M］. Chicago：University of Chicago Press，1994：32.

② 杨伟国，代懋. 中国技能短缺治理 ［M］. 上海：复旦大学出版社，2011：113.

基本工资几乎相同①。这种集体协商制度，使企业采用低工资战略或者依靠自由的应用外部劳动力市场以协调企业工人的技能构成规格和水平，变得非常困难。除此之外，企业通过频繁裁员以实现劳动力的流动性也是受法律限制的。工会被赋予一定的法律权力，以推迟裁员，或者强加大量的费用给试图裁员的企业，如果非要裁员，雇主必须在法律上与工会达成"社会计划"的协议，协议中需要详细说明裁员的补偿金、再培训计划和重新安置的可能。

同样，工资协商制度的存在，使德国企业很难利用高工资挖人。工会不支持企业采用高工资挖人，那样会削弱工会在工资谈判方面的能力，尤其是工会向企业施压以培训现有员工的能力。

工资协商制度保障了企业共同承担职业培训的职责，避免了因承担职业培训职责与否，给企业带来的不公平利益，使参与职业培训成为德国企业的常态。

4. 多方支持的社会合作制度

德国学徒制，就像现代社会所有大的制度一样，被非常复杂的制度体系和各种不同的行动者和次体系所组织和管理。这种复杂的制度体系、不同的行动者和次体系，在集体协商制度的基础上，组成了协同合作的关系。德国技能形成体系的协同合作关系如图 3.3 所示。

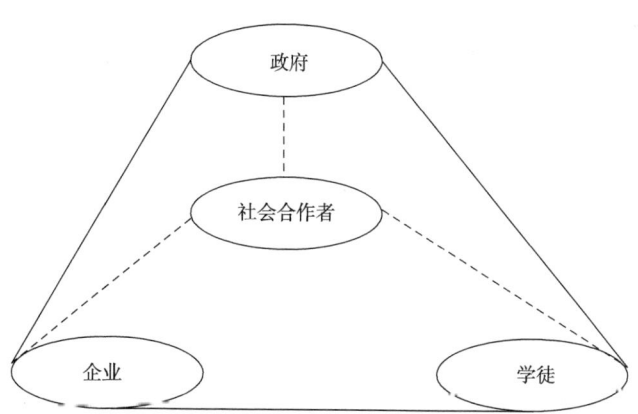

图 3.3　德国职业教育多元合作的协同关系

政府、企业、学徒和社会合作者为一个"三棱锥"的四个顶点，四者责任共

① PIOPIUNIK M P RYAN. Improving the transition between education/training and the labour market: What can we learn from various national approaches? [J]. Eenee Analytical Report, 2012 (13): 54.

担、协同合作，形成一个稳定的"三棱锥"，其中社会合作者、企业、学徒作用发挥的大小，决定着协同合作关系的"三棱锥"底盘的大小，而政府的立法、决策以及生产制度等决定着"三棱锥"的高度及发展方向。"三棱锥"的稳定、和谐四部分职责缺一不可。

德国的集体协商制度保障了协同合作关系的实现。德国职业教育领域的协商制度往往是详细、具体的，覆盖大量的项目，除了前文介绍的工资协商制度之外，还包括工作时间、学徒津贴的支付系统、就业保护和工作场所的工会权利等方面的协商。

(三) 德国技能形成的非正式约束

非正式约束是人们在长期交往中无意识形成的，具有持久的生命力，并构成代代相传的文化的一部分，主要包括价值信念、伦理规范、道德观念、风俗习性、意识形态等因素。德国技能形成体系，除了正式约束的支持之外，还受到德国历史、文化、传统等非正式约束的影响。

1. 德国的学徒文化

文化是一个国家潜在的、历史的氛围，授予其人民一定的身份。在德国，学徒制是一种文化经历。学徒文化是国家通过企业培训将年轻人带入职业世界的各种各样的方法，是一种国家层面的对学徒培训具有崇高敬意的文化精神。这意味着，德国学徒制不仅是获得行业技能和知识的有效途径，更融入了行业的生活方式——行业的知识和技能、文化习俗、价值观、互动方式、做事方式、道德标准、期望等。学徒制的工作场所学习，带来的不仅是技能，还是一种潜在的文化和社会结构①，这是德国历史中深厚的学徒文化。这种学徒文化表现为德国对职业的重视、对技术和工匠的尊重。

德国对学徒培训的重视，源自对工作和职业的重视。在德国，人们认为独立的职业发展道路本身是"独特"和有价值的。德国职业教育之父凯兴斯泰纳强调，工作对于品格发展和有意义的社会生活具有核心意义。这种观点，把工作看成一种职业，是一种源于生活需要的职业。舍恩菲尔德认为，通过学习一种职业技能，个体在社会方面变得完整，能够发展稳固的自信……我们认为一种职业绝

---

① HARRIS R，DEISSINGER T. Learning cultures for apprenticeship：A comparison of Germany and Australia [Z]. Queensland Australia：Griffith University，2003.

不仅仅是一项技术资格。因此，学徒培训成为学徒社会化的有效工具，即使将来学徒从事的职业可能和最初的专业不相关，职业教育也是有价值的①。因此，德国双元制的学徒培训是面向大部分毕业生的值得尊重的成长路径。

对技术和工匠的尊重。德语中科学（Wisenschaft）一词含义较广，不仅包括自然科学、语言学和教育学等，还包括一切有系统的知识，如技术、技艺、操作技能及其训练等。在德国，技术、技艺、操作技能也是文化积淀的产物，具有浓厚的民族文化特色，德国人对技术、技艺、操作技能的研究倾注了很多精力，这与其他国家相比有着质的不同①。德意志民族自古就有重视手工制造、崇拜技术和技艺的历史文化传统，在大多数德国人家里，都会有一个工具箱，他们喜欢亲自动手，并享受着其中的乐趣。可以说，崇拜技术权威的传统情结是职业教育的内在活力。

在德国，起源于中世纪的"师傅制"也是其学徒制良好发展的传统支持。当时，师傅在社会中的威望和社会地位极高，并享有很多特权。工匠师傅优越的社会地位吸引了很多学徒，年轻人为了拜师学艺，寻找手艺高超的师傅，往往需要从一地迁移到另一地。在德国，成为师傅的首要条件就是进入学徒培训，因为有成为师傅的未来期望，年轻的学徒没有自卑感，也没有被社会遗忘的感觉。这种重视"技能"以及尊重工匠师傅的文化传统，深深地影响着德国职业培训的历史发展，在德国人看来，接受学徒培训并非无奈的选择，而是一种主动选择。

2. 德国的双重自由观

有学者认为，独特的自由观是德国重视学徒制的思想渊源，香港学者郭少棠将其称为双重自由观，即"不自由"的自由。在德国的自由观中，"自由"是一种内在于体制或权威中的权利，在这里，人既是自由的，又是不自由的，"自由"中包含了"不自由"的成分②。也就是说，人拥有自由权利，但这种自由权利是建立在遵守秩序基础上的，是一种遵守秩序前提下的自由。

双重自由观在德国经济社会中的表现是企业的个人利益与整个行业发展，甚至与国家经济发展的利益齐头并进。一方面，企业的发展属于企业个体的事宜，企业采取何种生产方式，何种经营管理理念都是自己的事情；另一方面，企业的

①　[英] K 金. 教育大百科全书·职业技术教育 [M]. 张斌贤，和震，译. 重庆：西南师范大学出版社，2011：157.
②　朱晓斌. 文化形态与职业教育——德国"双元制"职业教育模式的文化分析 [J]. 比较职业教育，1996（6）：1-6.

发展要遵循企业所在的整个行业和国家经济发展的秩序和规范，不得以单一企业的利益触犯整个行业和国家经济发展的利益。双重的自由观要求企业在国家制定高技能、高工资、高附加值的生产战略时，不能对个体利益加以破坏，只能在国家生产战略的基础上，谋求企业的发展。

这种"双重自由观"延伸到双元制学徒培训领域，首先，体现在企业参与职业教育的行为上，企业是否承担职业教育、是否提供学徒培训是自由的，但是一旦企业选择承担职业教育、提供学徒培训，就要接受监管，就要遵守《联邦职业教育法》等法律规章；其次，从技能培训利益相关者来说，企业经济活动应当是自由的，员工培训是经济活动的必然组成部分，企业必须保留并捍卫其在学徒培训中的决定权，包括培训时间、内容及组织等方面的决定权①。员工也具有自由权，接受什么样的培训、学习什么样的技能是其自由权利的一部分，因此，工会作为员工的代表，积极维护自身在员工技能培训的监管权。行业组织代表整个行业的发展利益，为了行业的长效发展，行业组织也积极介入企业的学徒培训、监管和考核企业培训的质量。这种从双重自由观演绎而来的"自由+秩序观"，使企业、工会、行业组织均有维护自己在学徒培训中权利的积极性，并尊重相互之间的权利，由此促成了德国学徒培训社会合作伙伴关系的形成，保障了学徒培训的持续、有效发展。

3. 德国的教育观念

在德国，人们崇尚教育机会均等，主张人人有权享受适宜的教育，只要教育适合学生，就没有优劣之别。在这种强烈信念的支持下，人们认为，双元制的学徒培训比学校教育系统在技术、技艺、操作技能的培训中更有效。

德国提倡教育机会均等，保证每个人都能受到适当的教育，这就要求教育的内容、进度和方法适合个人的特点，以达到人尽其才②。德国著名教育家威廉·冯·洪堡就非常重视学生的个体特征，主张发挥学生各自的特长，培养多样化的人才。他认为："每一个人，即使是最贫穷的，也要让他获得完满的人的教育。"因此，从 19 世纪初起，德国教育被分成适用于不同类型学生的学术教育和职业教育两部分，从基础教育、中等教育、高等教育到继续教育，德国人构筑了错综复杂的教育结构以保证人们能够不受时间、地点、年龄、学历等的限制，终身接受

---

① 郭少棠. 权力与自由：德国现代化新论 [M]. 上海：华东师范大学出版社，2001：15-19.
② 李守福，周丽华. 企业自主与国家调控——德国"双元制"职业教育的社会文化及制度基础解析 [J]. 比较教育研究，2004，173（10）：54-58.

适宜自己的教育①。而"双元制"职业教育模式是其庞大教育体系的一个组成部分，为不适合或不喜欢学术发展轨道的学生而设，以保障他们能够获得适宜的教育。

总之，德国深厚的学徒文化、双重的自由观、独特的教育理念，成为学徒制发展的一种非正式约束，在文化、习俗、惯例中约束和规定学徒制的发展，使得这种制度，成为一个确保培养德国经济和管理领域专业人才即领导人才的不可放弃的工具②。

第二节　美国的自由主义与技能形成替代模式

虽然同为资本主义国家，但相比于德国的社会自治与社会合作，美国更强调社会自由，在政治经济发展中，美国政府和社会组织更倾向于"自由"，对雇主和工人的管理干预也比较少。就技能形成制度而言，最早在美国流行的也主要是学徒制，后逐渐发展成学校职业教育占主体地位的技能形成体系，也是与崇尚自由息息相关的。

一、美国技能形成模式中的自由主义

美国政府为刺激企业和学徒投资培训，采取了多样的措施，从法律强制要求到多种财政鼓励③，但是效果并不理想，对企业的约束力并不大。

为了追逐利润，企业不断采用技能替代战略，一旦新的科技出现，雇主就应用所有可获得的策略，包括镇压，破坏工人的力量，使劳动过程去技能化。美国联邦政府没有限制企业家实施暴力的意愿或能力，美国历史上工业冲突的暴力事

---

① ［德］弗·鲍尔生. 德国教育史［M］. 滕大春，滕大生，译. 北京：人民教育出版社，1986：38.

② 朱晓斌. 文化形态与职业教育——德国"双元制"职业教育模式的文化分析［J］. 比较职业教育，1996（6）：1-6.

③ SOSKICE D. Reconciling markets and institutions：The German apprenticeship system［A］.//LYNCH LISAM. Training and the private sector：International comparison［M］. Chicago：University of Chicago Press，1994：25-60.

件频繁①。这种去技能化的、高度分工的生产组织方式并不强调学习，雇主并没有对培训的需求，学习和培训也并非员工活动的重要组成部分②。

在美国工业化早期，因为没有传统的行业工会，而使得学徒制缺乏运行的核心保障而趋于没落。技能工人的状态并没有因为经济的发展而得到实质性的提高，行业工会也只有少量的成员，对劳动力市场没有任何影响，也没有能力影响培训的数量和质量③。

20世纪70年代中后期，美国出现了工资增长的停滞，中产阶级受到挤压，工会更是没有能力维护工人的权益，也没有力量在雇主那里为工人争取培训权益。

总之，美国的自由主义，导致政府对技能形成的影响是非常弱的，而美国的行业协会和工会等社会组织也没有发挥更好的作用，这一切促使美国选择了技能替代战略，即技能形成的替代模式。

二、美国技能形成体系及匹配制度

（一）美国的技能形成体系

1. 政府为主的技能投资

对于美国企业来说，对工人进行培训意味着提高劳动力成本，雇主一直在转嫁职业教育和培训成本。因此，美国的技能投资是以政府为主体的，政府技能投资的具体情况因不同水平和地区的教育而不同。

（1）地方—州—联邦三级学校职业教育投资制度。在美国，政府对技能投资主要是通过对实施职业教育的学校的投资实现的，美国职业教育学校可以得到政府的定期资助和来源于各种渠道的特种职业教育培训资金。这些资金包括：地方定期资金、州定期资金、地方特种职业教育培训资金、州职业教育特种资金和联邦职业教育资金等④。《史密斯休斯法》建立了地方—州—联邦三方合作开展职业

---

① ASHTON D N, GREEN F. Education, training and the global economy [M]. London: Edward Elgar Publishing Limited, 1996.

② BAILEY T. Can youth apprenticeship thrive in the United States? [J]. Educational Researcher, 1993, 22 (3): 4-10.

③ ASHTON D N, GREEN F. Education, training and the global economy [M]. London: Edward Elgar Publishing Limited, 1996.

④ 潘书阁. 美国职业教育培训资金的管理模式 [J]. 现代技能开发, 1997 (7): 38-39.

教育的机制，因此职业学校（包括社区学院和技术学院）的资金来源于联邦政府、州政府、地方政府。

一般来说，职业学校资金的主要来源为地方政府，地方政府通过财产税筹集资金，财产税与地方经济发展水平相关，因此，各地区的职业学校获得的资金并不相同。

由州政府提供的经费是职业学校资金的第二大来源，州政府层面的职业教育资金主要来源于所得税，州政府提供的资金试图缩小各地区政府由于经济发展水平不同而对职业学校投资的不平等。州政府会向低收入社区的学校提供附加资金。另外，州政府提供的资金还依据学校招生人数的不同而不同，从而刺激了地方学校扩大招生规模。

联邦政府通过特殊目的为职业学校提供资金，但仅占很小的比例（约 6% ~ 8%）。从《莫雷尔法案》第一次确认联邦政府给予职业学校经济支持，到 1990 年国会通过的《帕金斯职业技术教育法》，每次法规都要求联邦政府给予职业教育财政支持，并且力度逐次增加，资助的范围也逐次扩大[1]。联邦政府通过有条件拨款和无条件拨款两种途径向职业学校拨款。有条件拨款由地方社区提出申请并以本社区一定数量财产做保证，通常用于鼓励学校进行重点培训，但这种资金有限。无条件拨款既可以提供给社区，也可以提供给州，以鼓励社区开办新专业或其他特殊目的的培训。但是由于联邦经费经常延误并易波动，所以不管是有条件拨款，还是无条件拨款都不是职业学校经费的稳定来源[2]。

以社区学院为例，社区学院的资金来源逐渐发生了变化，地方政府的资助比例逐渐减少，而州政府的资助和学费的占比却在不断增加，表 3.6 清晰地呈现了20 世纪美国社区学院的资金来源及其变化。

表 3.6　两年制社区学院多样的资金来源（1918—1992 年）　　　　%

年份	1918	1930	1942	1950	1959	1965	1975	1980	1990	1992
学杂费	6	14	11	9	11	13	15	15	18	20
联邦政府资助	0	0	?	1	1	4	8	5	5	5
州政府资助	0	0	28	26	29	34	45	60	48	46

① LEVESQUE K, LAIRD J, HENSLEY E, et al. Career and technical education in the United States: 1990-2005: statistical analysis report [R]. Washington, DC: National Center for Education Statistics, Institute of Education Sciences, U. S. Department of Education. 2008.

② 潘书阁. 美国职业教育培训资金的管理模式 [J]. 现代技能开发, 1997 (7): 38-39.

年份	1918	1930	1942	1950	1959	1965	1975	1980	1990	1992
地方政府资助	94	85	57	49	44	33	24	13	18	18
私人捐赠	0	0	0	0	0	1	1	1	1	1
销售产品或为社会服务的回报	—	—	—	—	12	6	6	3	7	7
其他	0	1	2	15	3	9	1	3	3	3

资料来源：COHEN A M，BRAWER F B. The american community college ［M］. San Francisco：Jossey-Bass Publishers，1996：140.

20 世纪 70 年代，加利福尼亚州通过了"13 号法案"，该法案将州财产税限制在资产估值的 1%，而且限定增长率每年最大不超过 2%。由此加利福尼亚州的社区学院发现他们的主要经费来源具有上限的限制，而不得不转向州政府寻求经费，在那两年里加利福尼亚州的州政府提供了 42%～80%的社区学院经费。后来其他的 7 个州也通过了类似加利福尼亚州 13 号法案的法律规定[1]。

1993 年，加勒特（Garrett）调查发现，在一些有大社区学院的州，大的社区学院从州政府获得 75%甚至更高的资金资助，例如，加利福尼亚州、科罗拉多州、佛罗里达州、北卡罗来纳州、弗吉尼亚州和华盛顿；而另一些州的大的社区学院仍然从当地政府获得大约一半的资金资助，如亚利桑那州、堪萨斯州、伊利诺伊州、密歇根州和俄勒冈州[2]。社区学院的资金来源，不同的州情况也不尽相同，但从总体趋势看，个人和州政府承担的比例越来越多。

（2）政府的学生资助项目。1963 年《联邦职业教育法》颁布以后，联邦政府不但向职业学校提供资助，并且向处于劣势的年轻人和残疾人提供额外的补助。对于美国社区学院的很多学生来说，这种政府的资助项目是他们接受高等教育的唯一可以依靠的机会。例如，社区学院的学生可以获得的联邦资助包括：佩尔助学金、斯塔福德贷款。联邦佩尔助学金是 1972 年联邦教育修正法案颁布以来，联邦政府的主要财政援助政策。佩尔助学金是以需求为基础的项目，意在为低收入家庭学生提供财政援助，从创建开始，佩尔助学金一直是一个非权利津贴

---

① COHEN A M，BRAWER F B. The american community college ［M］. San Francisco：Jossey-Bass Publishers，1996：139.

② COHEN A M，BRAWER F B. The american community college ［M］. San Francisco：Jossey-Bass Publishers，1996：139.

项目（non-entitlement program），依赖于国会拨款。2008—2009 年，贫困学生得到的最大佩尔助学金金额为 4 731 美元①。斯塔福德贷款计划原为国会创建的保证学生贷款（GSL）计划，1965 年的高等教育法案将其改为现名。斯塔福德贷款的主要目的是，在联邦政府成本最小的情况下，扩大高等教育的获得机会，也旨在为中等收入的家庭提供援助。美国教育部提供的斯塔福德贷款包括提供补助金和不提供补助金两种形式。在提供补助金的斯塔福德贷款中，利率由联邦政府资助；在不提供补助金的斯塔福德贷款中，利率从学生签署之后就开始计算。不同年级的学生可以申请 3 500 美元到 5 500 美元不等的斯塔福德贷款补贴②。

一些州政府为补偿学生支付能力的差距，也实施了一些资助项目，例如，俄克拉荷马州就实施了俄克拉荷马高等学校访问计划（OHLAP）。该计划创建于 1991 年，意在帮助低收入家庭的学生能够获得高等教育的机会。达到俄克拉荷马高等学校计划要求的学生，如果攻读副学士学位或高等职业技术教育学位，就可以获得连续 6 年的经济资助③。

在美国的学校职业教育体系中，联邦政府和州政府给予的学生资助项目还有很多，1978 年，美国国会通过了《中等收入家庭学生资助法》，法案直接扩大了对中等收入及以下家庭学生的资助④，表 3.7 表明了联邦政府和州政府对学生的资助情况。这些资助使很多学生，尤其是家庭条件困难的学生颇为受益。

表 3.7　联邦政府和州政府对公立学校中等收入水平学生的资助及其在学杂费中的占比

	联邦政府				州政府			
	年收入为 3 万美元或以下		年收入在 3 万~6 万美元		年收入为 3 万美元或以下		年收入在 3 万~6 万美元	
	资助	比例（%）	资助	比例（%）	资助	比例（%）	资助	比例（%）
学士学位	1 684	58	1 198	10	1 496	20	992	10
副学士学位	1 567	34	941	5	995	12	781	5

① U. S. Department of Education. Federal Pell grant [EB/OL]. http：//www. ed. gov/programs/fpg/funding. html，2014-01-10.

② U. S. Department of Education. Stafford loans（FFELs and direct loans）[EB/OL]. http：//studentaid. ed. gov/PORTALSWebApp/students/english/studentloans. jsp，2014-01-20.

③ MENDOZA P，MENDEZ J P，MALCOLM Z. Financial aid and persistence in community colleges：Assessing the effectiveness of federal and state financial aid programs in oklahoma [J]. Community College Review，2009，37（2）：112-135.

④ KING A. The federal government，direct financial aid，and community college students [J]. Community College Journal of Research and Practice，2014，26（7-8）：659-679.

（3）政府的职工培训投资。美国企业将员工的培训视作一种成本，因此，对员工培训的投资也主要是由政府完成的。《1962 年人力培训与开发法》颁布，为保障该法的实施，联邦政府根据各地培训计划的实施情况不断加大投入，据美国人力咨询委员会统计，1965 年，国会拨款达到 3 亿美元，到 1973 年累计拨款 32 亿美元。但培训的效果非常差，1962—1967 年，每 10 名劳工中，只有 1 人参加了培训，在参加培训的每 20 名劳工中，只有 1 人顺利结业。该法案在实施中，联邦政府的投入不够，而多数州政府的配套基金更没有到位，联邦资金作为"诱饵"并没有在地方财政中"钓"出更多的"鱼"。当时，只有 3 个州象征性地提供了配套资金。而很多劳工自身由于面临生存的威胁，也无力坚持完整培训①。

1988 年，美国国会又颁布了《经济错位与劳工援助法》，该法案设立了"经济错位与劳工援助计划"，对技术过时的劳工提供补课培训和岗位培训。国会为此计划提供了大量的援助，例如，1989 年，国会为宾夕法尼亚州提供的资助达 1 500 万美元，1991 年增至 1 890 万美元；在新泽西州的培训资助也由 310 万美元增加到 780 万美元。

在 1962 年法案之后，面对失业率较高、通货膨胀、经济危机等复杂的经济发展形势，政府先后实施了多项政策促进劳工培训，但终究因为得不到企业的大力支持，效果极不理想。

（4）个人投资（学费）。对于社区学院和四年制大学来说，学费也是学校经费来源的一部分。以社区学院为例，20 世纪 50 年代以来，社区学院学生的学费占其经费来源的 9%，1965 年为 13%，1975 年为 15%，1992 年为 20%。1994 年，社区学院的学费为 1 100 美元左右，1996 年上升至 1 500 美元左右，但是，美国社区学院的学费还是比四年制专业学院的学费低。

现在，学费占两年制社区学院全国运营预算的 1/5，但各地、各州的情况也不同，在有的州学生的学费占社区学院经费来源的 1/4，而在加利福尼亚州学生支付的学费仅占学院经费来源的 1/10②。

（5）企业投资。在 20 世纪，相比于德国、法国，美国企业的技能投资成本

---

① 梁茂信. 美国人力培训与就业政策 [M]. 北京：人民教育出版社，2006：87-88.

② COHEN A M, BRAWER F B. The american community college [M]. San Francisco：Jossey-Bass Publishers, 1996：139.

在其劳动力总成本中占的比例非常小，德国占 1.54%，法国占 1.03%，美国占 0.14%[①]。美国企业对教育和培训的投资并不热衷。就培训时间来说，美国公司平均每年在每个员工身上所花的培训时间仅有 30 个小时，而日本却是美国的 3 倍。对于新进员工表现更甚：在头 6 个月，日本公司新进雇员会得到 300 个小时的培训，而美国新进雇员的培训时间不足 50 个小时。美国培训和发展协会称，接近 5 000 万美国工人需要培训，但还没有培训，有 1 700 万工人需要基本技能培训，1 600 万人需要新工作技能培训。据调查，美国仅有 22% 的机器操作员、装配工和检验员接受过技术升级的培训[②]。

美国企业培训投资的严重不足，致使企业在技能投资与供应体系中处于缺失状态，企业对于自身员工的培训尚不热心，更何况其对学校职业教育的参与情况了，这在一定程度上造成美国外部劳动力市场（主要指职业学校培养的人才）的技能供应与企业的技能需求之间的不匹配。

2. 以学校为主体的技能供应

与美国的技能投资制度一样，在 20 世纪，美国的技能供应职责也是美国雇主极力向政府转嫁的职责之一。学徒制和厂办学校只经历了短暂繁盛时期，在后来美国雇主对技能的供应就已经比较鲜见，致使当前美国的技能供应者主要是学校职业教育机构，而供应的主要内容也多偏向于通用技能。

（1）美国的技能供应主体是职业学校。在美国，技能的供应主要是以学校职业教育为主，中等职业教育水平的技能供应机构主要是：全日制职业与技术教育高中和服务于多所高中的地区职业和技术教育学校。全日制职业与技术教育高中强调职业与技术教育，但同样也提供学术课程；地区职业和技术教育学校为所在地高中接受全部或部分学术课程的学生提供半日制的职业和技术教育。当然，美国综合高中虽然主要提供学术教育，也提供一些职业和技术教育。表 3.8 显示了各学校职业和技术教育的内容在本学校教育中的占比。2002 年，美国 18 000 所公立高中，5% 为全日制职业与技术教育高中，46% 是为地区职业与技术教育学校提供服务的综合高中[③]。

---

① 刘英. 美国工人工资变动形式研究［M］. 北京：中央编译出版社，2009：154-155.
② 杨伟国，代懋，王婧. 美国技能短缺治理及对中国的借鉴［J］. 中国人口科学，2008（1）·11
③ 美国国家教育统计中心. 现代美国生涯与技术教育纵览——1990—2005 年数据分析报告［M］. 和震，高山艳，等译，郑州：河南科学技术出版社，2013：12.

表3.8 不同类型、地区公立学校的比例和提供
职业教育学校的比例（1999年）　　　　　　　　　　%

地区分布	综合高中	职业高中	地区职业高中	提供职业教育学校占比
全部	89.2	4.6	6.2	66.5
城市	84.2	10.3	5.5	72.9
郊区	89.7	4.4	5.9	63.9
农村	90.3	3.1	6.6	66.5

资料来源：SILVERBERG M，WARNER E，FONG M，et al. National assessment of vocational education：Final report to congress［R］. Washington DC：U. S. Department of Education，Office of the Under Secretary，Policy and Program Studies Service，2004：21.

虽然美国的大部分学校在中等教育阶段都提供职业教育课程，但学生所修职业教育课程的学分却比较少（见图3.4），中等教育阶段的职业教育，只是一种职业启蒙或者低水平的教育。

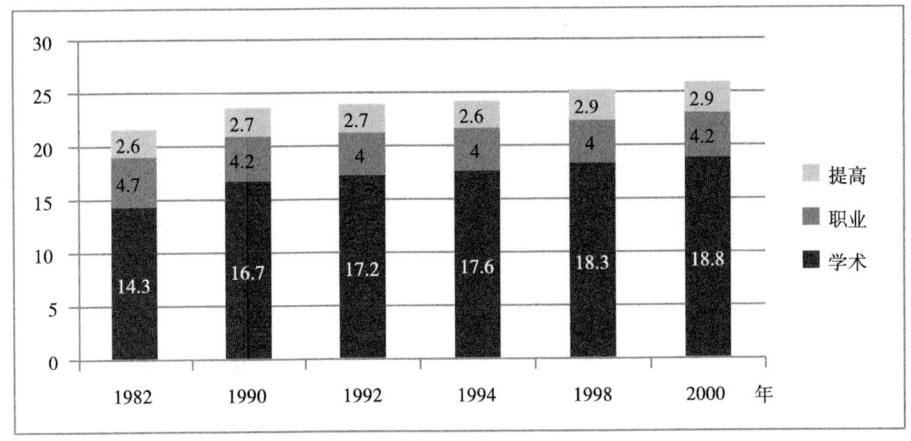

图3.4 中学生不同类型课程所得学分（1982—2000年）

资料来源：SILVERBERG M，WARNER E，FONG M，et al. National assessment of vocational education：final report to congress［R］. Washington DC：U. S. Department of Education，Office of the Under Secretary，Policy and Program Studies Service，2004：26.

中等后水平的技能供应机构，包括各种层次的机构，例如，四年制、两年制和不足两年的公立机构、非营利性的私立机构和营利性的私立机构等（见表3.9）。大多数州通过相当均衡的配置四年制、两年制和不足两年的中学后教育机

构提供生涯教育，其中拥有中等后教育机构最多的是加利福尼亚州（约 550 所），其次是宾夕法尼亚州、得克萨斯州和纽约州（每个州约 350 所）。在佛蒙特州、阿拉斯加州、南达科他州、内布拉斯加州、威斯康星州和哥伦比亚特区，生涯教育机构中多数（53%～74%）是四年制高等教育机构，在怀俄明州、肯塔基州、蒙大拿州、爱达荷州、爱奥瓦州、俄勒冈州、华盛顿州、西弗吉尼亚州和北达科他州，一半或一半以上（50%～82%）的生涯教育提供者是两年制中学后教育①。

表 3.9　2004—2005 年提供生涯教育的中学后教育机构的数量及百分比

提供者	总数	四年制				两年制				不足两年			
		总数	公立	私立非营利	私立营利	总数	公立	私立非营利	私立营利	总数	公立	私立非营利	私立营利
中学后教育机构数量	6 383	2 553	640	1 543	370	2 161	1 143	225	793	1 669	244	107	1 318
生涯教育机构数量	5 730	2 045	604	1 119	322	2 064	1 121	194	749	1 621	241	95	1 285
生涯教育机构占中学后教育机构的百分比（%）	89.8	80.1	94.4	72.5	87	95.5	98.1	86.2	94.5	97.1	98.8	88.8	97.5
生涯教育机构的分布百分比（%）	100	35.7	10.5	19.5	5.6	36	19.6	3.4	13.1	28.3	4.2	1.7	22.4

资料来源：LEVESQUE K，LAIRD J，HENSLEY E，et al. Career and technical education in the United States：1990-2005：statistical analysis report［R］. Washington，DC：National Center for Education Statistics，Institute of Education Sciences，U. S. Department of Education. 2008：77.

在美国也有很多机构向成人提供与工作相关的课程；传统教育提供者，诸如初等和中等学校、专科院校、综合性大学和职业/技术学校，都为成人提供一些与工作相关的课程（work-related courses）；其他的组织，如商业机构、专业协会、社区和政府机构、私人、志愿者和宗教组织都是与工作相关课程的提供者。

---

① 美国国家教育统计中心. 现代美国生涯与技术教育纵览——1990—2005 年数据分析报告［M］. 和震，高山艳，等译，郑州：河南科学技术出版社，2013：91.

在多数情况下，提供与工作相关课程者均为雇主，雇主是各层次成人教育项目最常见的提供者①。

美国学校职业教育体系，从图3.5中清晰可见。

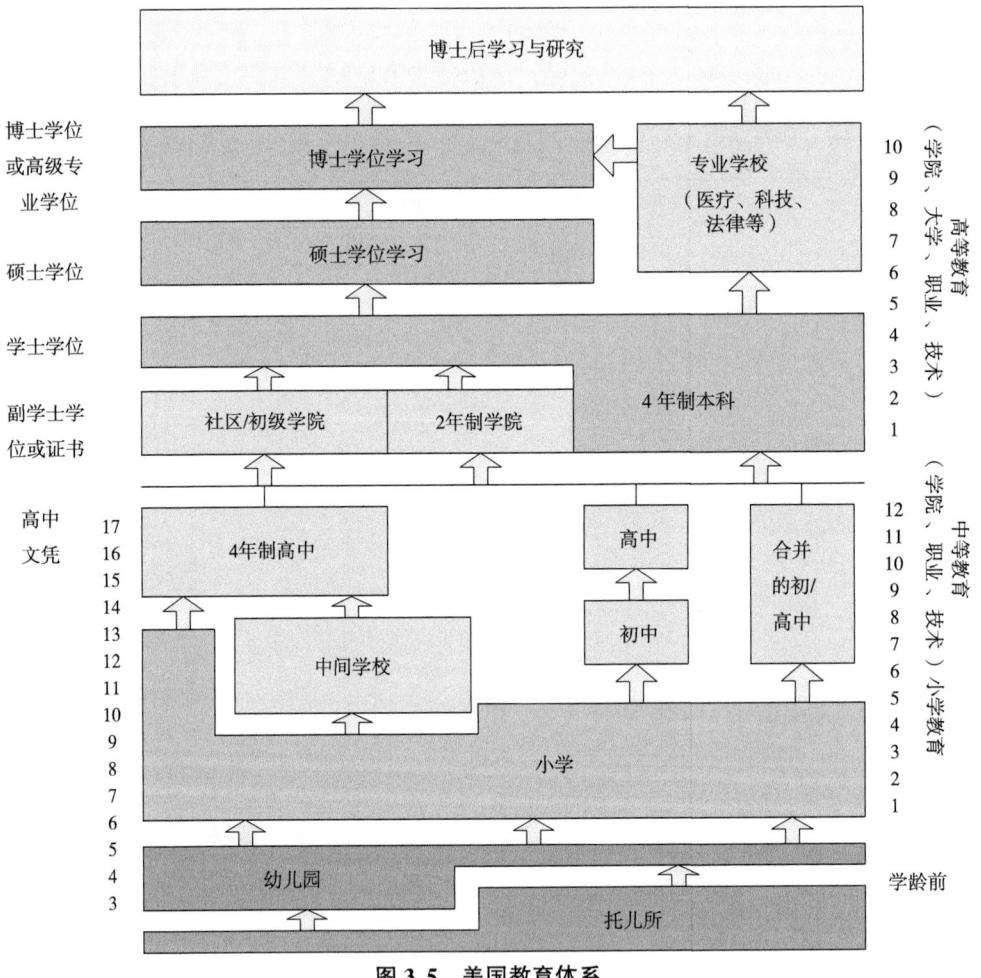

图 3.5 美国教育体系

资料来源：U. S. Department of Education. Digest of education statistics. washington：Institute of education science (ies) and national center for education statistics (NCES) ［EB/OL］. http：//nces. ed. gov/programs/digest/d07/figures/fig_01. asp. 2015-01-22.

---

① 美国国家教育统计中心. 现代美国生涯与技术教育纵览——1990—2005 年数据分析报告 ［M］. 和震，高山艳，等译，郑州：河南科学技术出版社，2013：230.

由于学校职业教育的内容与经济发展需求的匹配度不高，一些企业也开始自己实施培训，例如，摩托罗拉公司。20 世纪 80 年代早期，摩托罗拉公司雇佣了一些可靠也愿意努力工作的生产线工人，但随着国际竞争的激烈，公司不仅需要工人努力工作，还需要工人为产品质量承担责任，用策略分析方法做出决策，以保证质量。但他们发现许多员工不会阅读，不会进行简单的计算操作，尽管如此，在摩托罗拉公司的眼中，他们都是好工人，对公司很忠诚。于是摩托罗拉公司开始对工人进行教育培训，为他们提供在新世界竞争中所需要的技能。该公司的培训和教育费用在 20 世纪 80 年代由 700 万美元上升到 1.2 亿美元，而且此后一直在增长。美国培训和发展协会称，美国企业内部培训在技能形成体系中投入了比公共职业学校和学院更大的资本，2008 年总计投资 1 540 亿美元[1]。据美国商会的调查，有 85% 的公司规定为新雇员工提供培训，内容涉及人事、工程、技术、管理和领导艺术等课程[2]。由此可见，随着经济的发展，美国的企业也在逐步参与职业培训，促进了职业教育的发展。

摩托罗拉公司实施的一线工人培训在美国企业中属于凤毛麟角，美国培训和发展协会宣称的企业内部培训的巨大投资，也因没有广泛覆盖一线工人的培训等多方面原因，而效果并不显著。当前美国技能供应还主要是通过职业学校实现的。

（2）美国技能供应的内容。为适应美国工业化建设的需求，20 世纪，美国的技能供应内容主要集中在文化知识、基本技能以及较窄的岗位技能方面。

20 世纪上半期，企业去技能化战略及批量生产方式的使用，使得企业生产降低了对员工技能的依赖和要求，劳动高度分化，例如，在日本的汽车装配厂中可以用 2~4 个工种囊括全部工作，而在美国的同类汽车装配厂中至少要 80~95 个工种，这种高度的劳动分化，使得工人的技能严重分化，大部分为无技术或半技术工人，企业对工人的要求主要是提高文化知识、基本的读写技能以及岗位的入门技能。因此，社区学院的前身——初级学院在创设时提供的课程主要是通识教育课程。权特（Quanty）和塔姆（Tatham）分别于 1977 年、1978 年对堪萨斯州社区学院做了调查，调查结果一致显示，有 2/3 的学生进入社区学院学习的目的是为了获得"入门技能"[3]。

---

① World TVET Database：United States of America［R］.UNESCO-UNEVOC International Centre for Technical and Vocational Education and Training, U.S.Centre on Education and Training for Employment（CETE），2014.

② 朱传一.科学技术发展与美国的就业问题［M］.北京：劳动人事出版社，1985：142.

③ COHEN A M, BRAWER F B.The american community college［M］.San Francisco：Jossey-Bass Publishers, 1996：233.

　　20 世纪中期，随着技能替代战略的成功和批量生产方式的成熟，美国的技能供应内容除了普及文化教育之外，更多的集中于满足较窄工作要求的岗位技能，许多州为特定职业或岗位而设计课程计划，而职业教育投资者也主要集中于对单一领域职业项目的关注（见图 3.6）。这种面向较窄岗位工作的技能培训，历时较短、快速、频繁。社区学院除了为学生转学提供的多种副学士学位课程以外，还为满足立即就业的需求，开设各种应用性副学士学位课程和非学位课程，以满足学生短期内掌握技术以便就业的需求。这些应用性副学士学位课程一般是按照职业岗位要求设置课程，毕业后直接到一定岗位上就业。如小企业管理（商业副学士学位）专业开设的课程大多是应用性较强，岗位针对性、职业性强的课程，这种职业性课程所占比例为总课时的 60%，毕业生可在行政办公室经理、行政助理、执行秘书、同声打字员和类似的职位中就业。例如，迈阿密—戴德社区学院开设的非学位课程中有"急救技师"应用技术文凭、"病历抄写"应用技术文凭等①。

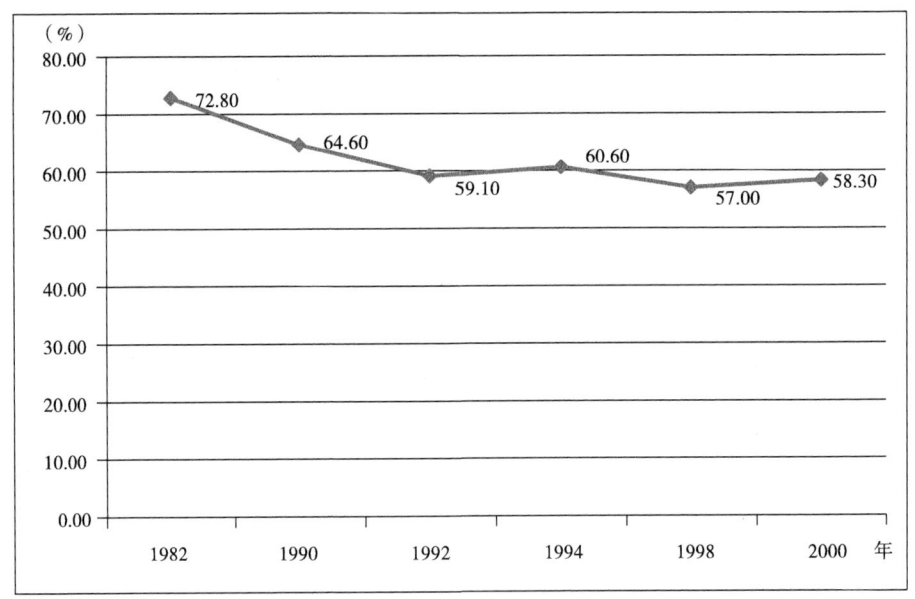

图 3.6　单一职业领域项目的受关注度（1981—2000 年）

资料来源：SILVERBERG M，WARNER E，FONG M，et al. National assessment of vocational education：final report to congress [R]. Washington DC：U. S. Department of Education，Office of the Under Secretary，Policy and Program Studies Service，2004.

---

① 李阳琇. 美国社区学院课程设置特点及其基本理念 [J]. 比较教育研究，2004（3）：68-72.

美国简单的、单一职位的入门培训技能形成方式以及高度分化的职业分工，使得美国工人的技能是分化的、单一的。在美国企业的工作安排中，工厂操作工人的技能与机器检修工人的技能是相互分离的，即操作工不能胜任机器检修的任务，以至于在美国制造业工厂中，维修人员 70%～100% 的时间都用在了停工检修上，机器操作工没有能力边工作、边进行预防性检修。生产工人和检修工人工作和技能的分离，让大部分美国制造业工场经常处于停工状态。在经济发展全球化趋势下，美国的技能形成方式以及生产方式已经不能与其国际竞争者——德国和日本相抗衡①。

为维持美国在国际上的竞争力，美国重新检视其教育和培训体系。1983 年美国卓越教育联盟发布《国家处在危险之中》的报告，自此，美国提高了对各级学生毕业的要求，许多州取消了为特定职业准备而设计的、较窄的职业课程计划，增加了学术性内容，使得学校课程融合了学术性和职业性内容，并且职业技能准备领域也变得更加宽广，不再是单一岗位技能，面向职业群的课程开始出现并广泛发展。1994 年，美国政府还建立了国家技能标准委员会（National Skill Standards Board，NSSB），意在创建一套灵活的、统一的国家技能标准体系，以增强美国的全球竞争力。具体技能标准项目的开发目的是使技能标准更加灵活、可转移并实现及时更新和完善②。

虽然美国职业教育正在经历着巨大的变革，但历经 20 世纪的高度分化的劳动分工和岗位技能的学习，使得美国技能形成制度的改革道路仍然很长。

3. 以学历为导向的技能评价

美国的技能评价与认证制度主要是对职业学校学生学习的评价制度及个别行业的技能认证制度。

教育证书：含副学士和学士学位。在美国教育历史中，普及学校教育的成功使美国人将学习和学校教育等同起来，接受完整的学校教育，从幼儿园到高中到大学，对无数美国人来说已经成了一枚成功的勋章③。因此，美国人比较注重学校教育的结果，尤其是对学历和学位的追求比较热心。

---

① SHIBATA H. A comparison of american and japanese work practices：Skill formation, communications, and conflict resolution［J］. Industrial Relations, 1999, 38（2）：192-214.

② 马君，潘海生. 基于美国国家技能标准的职业教育课程开发技术研究［J］. 职业技术教育，2011（4）：80-84.

③ ［美］阿兰，柯林斯，理查德·哈尔弗森. 技术时代重新思考教育：数字革命与美国的学校教育［M］. 陈家刚，程佳铭，译. 上海：华东师范大学出版社，2013：17.

当前，在国家层面上评价职业学校学生资格的证书主要是中等后教育的副学士学位证书和学士学位证书，副学士学位证书学习时间为1~2年，学生需要完成副学士学位项目的学习并考核合格，才能获得此学位；学士学位证书学习时间为2~4年，学生需要完成学士学位项目的学习并考核合格，才能获得此学位。另外还有一些短于1年的培训项目或特殊领域的培训课程，这些项目或课程也会授予完成学习任务的学员教育证书或者相应的学位。

（二）美国技能形成的匹配制度

美国技能形成之所以选择技能替代模式，也与其匹配制度相关，在美国没有形成与德国社会合作模式一样的匹配制度。

1. 职业资格认证势单力薄

美国没有国家层面的职业资格框架。国家没有参与证书的认证，劳动力之间知识和技能的分配受制于雇主与工人斗争的结果，而且这种斗争多数由雇主占据优势。雇主为组织生产而实施的技能替代战略，使得去技能化变得非常普遍，企业需要的不是认证工人的技能，而是帮助企业实施生产管理的"空降经理人"。在这种情况下，社会非常强调作为"空降经理人"的个人能力，而对提前获得专业证书重视不足，建立职业资格体系的要求也几乎不存在[①]。

20世纪80年代以后，随着美国对高绩效工作组织方式的采纳和企业对职业教育与培训态度的变化，对技能资格认证的需求也在不断增加。当工作组织方式是相对分离的形式时，劳动力需要更多的短期脱产培训，美国的社区学院在短期培训中发挥了很大作用。但高绩效的工作组织方式需要团队合作、工作轮换，仅依赖短期的脱产培训是不够的，而需要大量的在职培训，技能资格认证在这种培训中可以保障培训的质量[②]。因此，美国的一些行业或者项目中逐渐出现了对技能认证的探索。例如，在汽修行业中，美国为提高汽车维修从业人员的技术水平，保障汽修培训项目的质量，实行了汽车维修人员水平认证及教育培训机构水平认证制度。由美国卓越汽车维修服务研究院制定汽修行业职业技能能力及鉴定标准，并在全国遵照执行。美国卓越汽车维修服务研究院通过汽车维修从业人员

① ASHTON D N, GREEN F. Education, training and the global economy [M]. London: Edward Elgar Publishing Limited, 1996.

② OSTERMAN P. SKILL. Training and work organization in American establishments [J]. Industrial Relations, 1995, 34 (2): 125-146.

技术等级培训、考试和认证来正确评价汽车维修技师的知识和能力，提高美国汽车修理和服务质量①。再如，2008 年 12 月，美国实施的注册学徒制新政，学徒在较好完成某一特定阶段或特定培训内容之后可申请注册机构颁发"临时认证"，"临时认证"有利于提高学徒的阶段性培训成效。学生完成所有学徒项目后，可获得最终认证。

但目前，大部分美国的职业资格认证都集中于高学历领域和技术研发领域，对于普通一线工人的技术认证开发重视不足，职业资格认证在美国尚没有形成广泛的影响。

美国雇主采用的技能替代战略以及聘用高管管理、控制生产的制度，使得美国的用工市场上，多偏重于受过高等教育的学术型人才和非技术、半技术工人，加上其实施的岗位工资、工人晋升的主观性使得美国劳动力出现严重的两极分化现象，处于最顶层的高层管理人员和处于最底层的一线工人在待遇、地位等方面的两极分化，不利于社会的稳定、经济的持续发展。

2. 岗位工资制度

由于各种原因，美国没有形成一个将工人技能水平与职位阶梯系统透明地关联起来的体系，工人工资不是依据工人技能水平，而是根据岗位而定。美国雇主回避采用正式岗位分类机制以及以年资为基础的分配机制，因为他们担心这种做法将会为工人工会化和集体谈判提供便利②。

岗位工资的实施，使得美国职业教育投资的回报率并不高，受过职业教育的工人工资待遇与想获得职业教育而未完成职业教育的工人差距相差无几。以 2001 年为例，不管是全职工作者还是兼职工作者，不管具有资格证书，还是具有副学士学位，完成学业的毕业生与未完成学业学生的工资水平的差距均不明显（见表 3.10）。

表 3.10　1995—1996 年入学攻读职业教育学生在 2001 年度平均工资情况

单位：美元

	兼职	全职	总计
获得资格证书者	15 200	27 900	25 900
未获得资格证书者	14 100	26 600	24 400

① 李彦. 美国汽车维修职业技能认证体系及其启示 [J]. 职业技术教育，2013 (2)：92-95.
② [美] 凯瑟琳·西伦. 制度是如何演化的：德国、英国、美国和日本的技能政治经济学 [M]. 王星，译. 上海：上海人民出版社，2010：180.

续表

	兼职	全职	总计
获得副学士及以上学位者	23 000	30 700	30 100
未获得副学士及以上学位者	12 100	28 400	26 700

资料来源：LEVESQUE K，LAIRD J，HENSLEY E，et al. Career and technical education in the United States：1990-2005：statistical analysis report ［R］. Washington，DC：National Center for Education Statistics，Institute of Education Sciences，U. S. Department of Education，2008：187.

　　岗位工资的实施，还使得美国高管的工资与普通工人的工资差距非常大，图 3.7 展示了在荷兰、瑞士、英国、德国、美国等国家中，美国的工资两极分化现象最为严重。

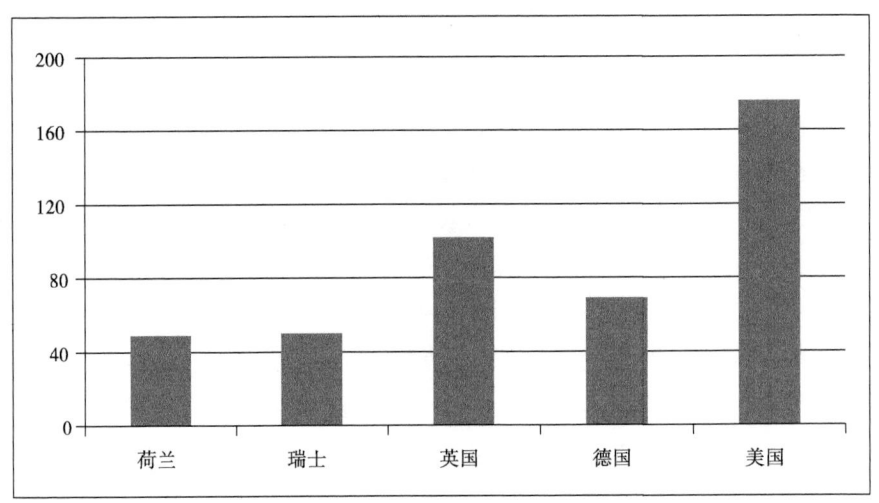

图 3.7　各国高管平均工资与平均名义工资之比（倍）

资料来源：国际劳工组织 . 2013 年世界劳工报告 ［M］. 中国财政经济出版社，译 . 北京：中国财政经济出版社，2014：81.

　　还有研究表明，1970 年以来，美国社会收入不平等程度和工人家庭生活贫困状况在逐渐加深①。表 3.11 表明受过高等教育的管理阶层与低技术工人的工资待遇差距。

---

① DANZIGER S，GOTTSCHALK P. Increasing inequality in the United States：What we know and what we don't ［J］. Journal of Post Keynesian Economics，1988，11（2）：174-195.

表 3.11　1979—1995 年不同技能类型工人收入变化　　　　%

	男性工人	女性工人
大学生	1	20
专业人员	6	18
行政支持（文员）	−14	2
机械操作工	−19	−9
粗工	−21	

资料来源：RICHARD B. Freeman：New Inequality in the United States ［A］.//FISHLOW A，KAREN P. Growing apart：The causes and consequences of global wage inequality ［M］. Council on Foreign Relations Press，1999.

表 3.11 表明，受教育程度高的大学生比受教育程度低、职位专业性较弱的工人，如行政支持（文员）、机械操作工、粗工等在收入方面更处于优势。我们可以看到，1979—1995 年，受教育程度高的大学生的工资增长幅度比受教育水平低、技术水平低的工人的工资增长幅度大。在有些情况下，原本处于劣势的工人的收入水平还在下降，并且其下降幅度较大。专业技术人员的收入增长了 6%，而比这一职位对技能要求较低的行政支持人员、机械操作工、粗工的收入水平依次降低了 14%，19%，21%。技能水平要求越低的职位其收入水平下降的幅度越大。

工资受制于岗位而非职工技能，处在生产一线的员工只能拿计件工资，工人工资与生产出来的合格产品数量有关，而与其质量关系不大。这种情况下，工人没有动力参加培训，提升技能，阻碍了培训和其他技能发展的机会。

第三节　新加坡的国家主义与技能形成的国家主导模式

在新加坡，国家合作已经成为一种国家的意识形态，在社会各团体之间，以及社团、国家之间形成了一种凝聚精神。这种凝聚精神可以使各团体之间协作，使其卓有成效地为国家制定的目标而奋斗。各团体之间表现的"合作"关系，虽然经常是不得不为之，但还是要不时地放弃自身利益，以服从国家的利益。这种国家统合的合作制度，具有一定的多元利益表达机制，使得社会团体之间对政府的服从并不是盲目和绝对的，政府要认真倾听社会团体的意见，根据其要求制定政策，不能一意孤行。

一、新加坡技能形成中的国家主义

新加坡的技能形成制度，被称为"发展型"国家模式。这种模式的重要特征是将技能形成政策与经济发展各时期的需求密切相连，简单地说，发展型国家控制着有技能的劳动力市场的供应，也通过工业和行业发展政策，控制着技能的需求。国家将技能供应与技能需求高度结合在一起，以适应经济发展的预期轨迹。

为了实现技能供应与需求的高度整合，需要政府层面的、高水平的协调机制，需要在政府各部门之间建立密切的联系，需要不同利益的代表者间的合作。

新加坡国家发展愿景确定的目标，由贸易和工业部、投资委员会形成工作计划。贸易和工业部是强大的政府部门，确保新加坡的经济发展能够适应国际市场发展的趋势，进而确保国家发展愿景的实现。投资委员会向外宣传在新加坡投资的益处，与投资者进行协商，并在与投资者的互动中预测投资者未来所需要的人力资源。贸易和工业部会核对投资委员会提供的人力资源需求信息，规划国家的人力资源发展图谱，以供应国家未来发展需要的基本技能。

经济发展局将国家人力资源发展规划转换成技能目标，并通过由贸易和工业部领导的专业和技术教育委员会将技能目标分解成大学、科技专科学院、学校、技术教育学院等不同类型、水平的教育机构的教育目标。专业和技术教育委员会将工业和贸易发展需求与职业教育和培训体系发展之间的联系制度化，从而确保国家的技能发展能够满足工业发展需求。专业和技术教育委员会还需要确定分配给各教育机构的目标能否完成，或者是否需要新的职业教育机构或政策激励以实现目标。

专业和技术教育委员会需要教育和培训机构的反馈信息，为了达到技能目标，专业和技术教育委员会的官员会与大学、科技专科学校、技术教育学院等保持密切的联系，以修改或完善技能发展战略。例如，在技术教育学院，技能发展计划以五年为基础，但每两年会有一次更新，当任何更新发生的时候，贸易和工业部会进行记录。在这种方式下，职业教育和培训体系作为一个整体能够迅速地对经济发展所需要的人力资源做出反馈①。

其他的政府部门或机构也会参与职业教育发展与产业发展需求的整合过程，例如，国家生产力局关心基于雇主的培训，并不断扩大培训规模。

总之，新加坡促使技术教育和培训系统发展的背后力量不是个人需求，也不是雇主需求，而是经济的整体需求。政府将人力资源培训作为一个整体在社会中实施②。

在新加坡的技能形成过程中，工会也起到了关键作用。新加坡工会的总代表——全国职工总会，其成员担任经济发展局、中央公积金管理局、建屋发展局、工业关系委员会、国家生产力局、全国工资理事会等重要机构的劳方代表，通过这些重量级的代表，全国职工总会在法定部门的人力资源开发、工业培训、技能与生产力发展、工资增长等方面的决策过程中扮演着关键角色③。新加坡全国职工总会在职业教育与培训方面会对雇主施压，与雇主签订包括培训清单在内的集体协议，并且会将培训预算和每周的培训时长纳入集体谈判的内容。工会倾向于较低的员工平均流动率，激发了企业提供培训的动机。全国职工总会还帮助雇主分析技能需求，对企业培训提供反馈，并促进企业培训实施。全国职工总会是工人培训的代理者，又是工人技能、培训的供应者。全国职工总会通过告知工人可获得的教育和技能培训项目，极力说服工人通过公共资源、研讨班、公众活动、展会、工作场所参观等形式提高自身技能，让工人相信提高自身技能将会得到更好的收益。工会根据技能需求的变化，预测未来的失业率，并对会员施压，告诉会员除了提升自身技能，没有其他的工作保障措施。工会还会影响职业教育和培训的质量和水平，全国职工总会通过每年的国家生产力局—全国职工总会联合技能和生产日活动对会员实施培训；在行业层面上，全国职工总会技能发展秘书处与各行业工会一起组织各种技能培训研讨班；在企业层面，工会直接向工人提供参观工作场所以提供提高技能的支持。全国职工总会对工人的培训持发展的态度，不仅让工人为满足当前的技能需求

---

①　ASHTON D N, GREEN F. Education, training and the global economy [M]. London: Edward Elgar Publishing Limited, 1996: 169-171.

②　ASHTON D, GREEN F, JAMES D, et al. Education and training for development in East Asia [M]. London and New York: Routledge, 1999: 26-52.

③　郑振清. 工会体系与国家发展：新加坡工业化的政治社会学 [M]. 北京：社会科学文献出版社，2009.

而参加培训，而且促成工人长期战略的形成，使工人以更长远的眼光看待培训[1]。在迫使工人参加培训的同时，维持稳定的员工关系，当员工对雇主不满意时，工会可以替员工发声或提出可选择的、替代的退出方法。全国职工总会在培训领域的影响力超过了会员范围，成为非会员参与培训的代表，并为非会员提供培训信息及支持。

为了实现国家的经济发展，工会领导将自身利益与成员利益密切联系。这些利益包括较低的社会贴现率（社会学家将适用于经济活动的贴现率的概念推广到一般社会活动，得出社会贴现率的概念。一个高的社会贴现率，意味着人们对未来的责任感减弱，说明人们只追求眼前利益，变得鼠目寸光，对下一代人不负责任。社会贴现率上升是一个危险的信号，导致社会的不稳定，人与人的联系减弱，机会主义的泛滥）。工会可以确保技能形成与社会目标保持一致，而不仅是迎合企业的需求，从这方面来说，全国职工总会对职业教育和培训的态度与国家政府的态度是一致的，以至于经常被认为是政府的一翼[2]。

总之，在新加坡技能形成中，处处可见政府的影子，政府管辖的各个部门共同履行国家确定的技能形成的任务，朝着国家确定的目标而努力。

二、新加坡技能形成体系及匹配制度

新加坡技能形成模式的变迁，一直由政府主导，以及"亲政府"的工会的支持，由此，构成了责任分担的技能投资制度、匹配经济发展需求的技能供应制度、合理的技能评价制度、国家保障的技能使用制度以及国家统合的合作模式。

（一）新加坡技能形成体系

1. 责任分担的技能投资制度

新加坡的技能投资从表面看是以国家为主，实际上大部分资金来源于企业。国家承担了职业院校的大部分经费，并向企业征税，成立技能发展基金，奖励企业培训；企业内培训费用由企业直接承担；技术工人的低工资也在一定程度上分

---

① GOH E, GREEN F. Trade unions as agents for skill formation: The case of Singapore [J]. Interantional Journal of Training and Development, 1997, 1 (4): 230-241.

② GOH E, GREEN F. Trade unions as agents for skill formation: The case of Singapore [J]. Interantional Journal of Training and Development, 1997, 1 (4): 230-241.

担了技能培训成本。

（1）国家的技能投资。重视教育投资、注重提高国民素质是新加坡教育、经济成功的秘诀之一。新加坡政府认为，培养高技能人才是推动经济发展的真正动力。政府把教育投资作为生产投资，政府在决策时甚至使教育投资的增长率超过国民生产总值的增长率①。新加坡政府每年把10%以上的财政支出用于教育经费，因此，新加坡学校职业教育的大部分经费是由政府提供的，新加坡政府还实行教育津贴制，使每个人有平等享受教育的机会。技能形成的资金来源是多样的，包含国家直接投资、一般的国家税收、雇主缴纳的特别税收，对实施培训的企业或参与培训的员工实施赋税优惠政策等，有时候几种策略会相互结合实施②。图3.8显示了新加坡近年来接受各级教育的学生的人均投资。

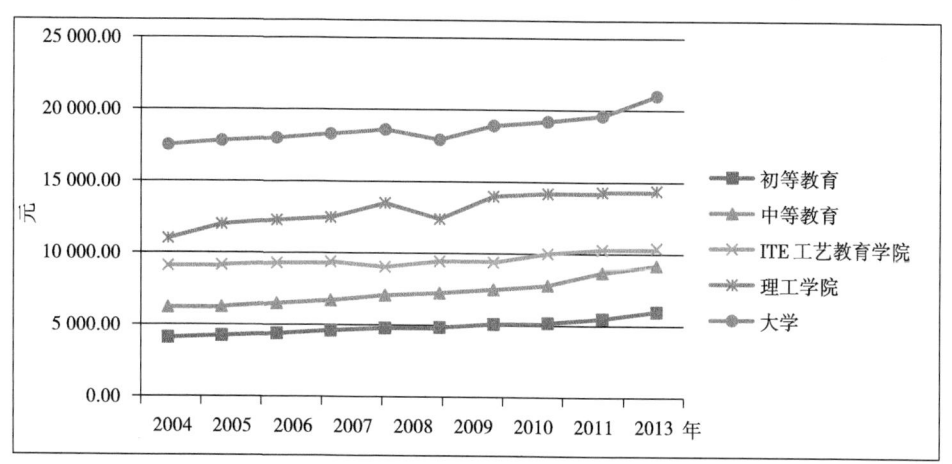

图 3.8　2004—2013 年新加坡各级教育学生的人均投资

资料来源：新加坡教育部网站（2014-12-31）。

（2）技能发展基金。新加坡建立了名义上是国家投资，实际上为企业投资的技能发展基金。国家要求企业将职工工资的2%存入技能发展基金，作为企业培训职工的专款（这项税金于1985年调整至低于2%，1986年又减少为1%）。新加坡技能发展基金为推行雇佣工人培训的企业或公司提供奖励金，而非培训的补

———————

①　夏德清. 亚洲"四小龙"经济与教育［M］. 北京：电子工业出版社，1992：3.

②　ASHTON D，SUNG J. The state，economic development and skill formation：A new east asian model？［R］. Centre For Labor Market Studies，University of Leicester，1994：7.

助金。这种奖励金只能用于雇主对从业工人的培训活动。《技能发展基金条例》规定，基金奖励津贴按如下标准给付：①内部训练课程的划一性津贴是每名学员每小时的训练可得 2 新元的赞助（该课程指由公司或企业本身的训导师或经理主持的课程）；②海外训练课程的划一性津贴是每名学员每天可得 80 新元的赞助；③赞助各课程学费的 30%，50%，70%，每名学员每个小时的训练津贴不能超过 10 新元（学费指公司缴付给训练主办者的费用，主办者可以包括外来的咨询顾问或训练机构）①。由于技能发展基金是通过征收雇佣月薪 750 新元以下的低技能工人雇主的技能发展税，所以，所有能提高工人技能，使其拥有新的与更多的技术的训练课程，都将获得技能发展基金的优先赞助。

1981 年 8 月 1 日，技能发展基金的行政管理权由经济发展局转移到生产力局，该局对新加坡工商部负责。生产力局为在训职工提供相当于学费总额 30% ~ 100% 的资助，若私人企业办培训班，生产力局还可为其提供训练设备和 30% 的资金补助②。

国家的大部分技能发展项目都是由技能发展基金支持的，如表 3.12 所示。

表 3.12　20 世纪末新加坡政府提供的技能发展项目

项目	合作者	说明	目标和期限
服务技能证书项目：零售助理	新加坡零售协会	为满足多样的顾客需求，通过零售业从业者高级、专业的销售知识以及相关产品知识的传授，提高服务技能的项目	1990—1995 年，5 年中 10 000 个培训岗位
服务技能证书项目：导游助理	导游产业研究中心	为培训者提供完成旅游服务的相关知识和技能	1992—2000 年，8 年中 2 000 个培训岗位
快进项目	国家生产力局	为不能参加传统培训的工人提供视频培训	1990—1993 年，3 年中 20 000 名工人参加培训
技术培训项目	安德森（Anderson）咨询	促进多样技能应用的培训项目	1989—1993 年，4 年中 237 个培训学时

---

① KURVILLA S, ERICKSON C L, HWANG A. An assessment of the singapore skills development system: Does it constitute a viable model for other developing countries [J]. World Development, 2002, 30 (8): 1461-1476.

② 马早明. 亚洲"四小龙"职业技术教育研究 [M]. 福州：福建教育出版社, 1998：185.

续表

项目	合作者	说明	目标和期限
工业工程项目	—	为生产线中监管员提供的基本工业工程课程，以使其具备提高和控制生产的技能	1991—1995 年，5 年内 10 000 个培训岗位或 800 000 个培训学时
质量提高项目	新加坡制造业协会	企业范围内的培训，以提高企业员工工作的积极性，使员工理解并参与企业产品质量提升	1991—1996 年，5 年中 21 000 个培训岗位
质量服务项目	新加坡航空公司	企业范围内的培训项目，以培训全体员工形成共同的质量观念	1989—1992 年，3 年中 6 000 个培训岗位
IT 项目	—	使办公室文员能够简单应用电脑和普通的办公设备	1988—1993 年，5 年中 50 000 个培训岗位

资料来源：新加坡教育部网站（2014-12-31）。

1987 年 11 月 24 日，国贸联会实行的"培训机会"的劳工训练计划，扩展了技能发展基金资助的范围。该项计划是由大公司利用自己拥有的专业知识、设备、资源等而设置的训练课程，主要对其他企业的工人进行培训，技能发展基金提供部分资助。"培训机会"使无法提供类似课程的中小型企业受益匪浅，通过该项计划提高了这些企业职工的素质和技能[1]。

（3）企业的培训投资。新加坡在企业培训员工中，除技能发展基金奖励的部分费用外，其余费用由企业自身承担。企业承担培训成本的比例，依据培训项目不同、内容不同而有所差别。但总体来说，企业承担的培训成本要低于国家对技能的投资。

在新加坡工业化发展的初期阶段，政府实施了低工资战略，为了吸引外资，政府要求工人为国家经济发展的整体利益考虑，接受低工资战略。因此，在新加坡工业发展的很长一段时期，工人接受着远低于自身创造价值的工资，从一定程度上说，降低了政府和企业为工人提供培训的成本。

---

[1]　马早明. 亚洲"四小龙"职业技术教育研究 [M]. 福州：福建教育出版社，1998：185.

2. 完善的技能供应体系

1960 年，新加坡开始推行"新兴工业计划"，提出了技术人才的需求，为此，1961 年，政府成立了职业技术调查委员会，在全国调查的基础上，提出建立中等职业学校和中等技术学校的方案，一批中等职业技术学校先后建立。此后，新加坡逐步建立了完善的学校职业教育体系和职业培训体系。

在新加坡教育体制中，从基础教育（小学）至高等教育，各级教育都开设"现代化工业"课程。职业教育课程使工人的劳动生产率提高了 10%以上，极大地促进了新加坡经济的发展。当前，新加坡的适龄儿童都要接受 10 年的义务教育。小学第六年后分流进入三种课程体系：普通课程、特别课程和快捷课程，学制均为 4 年。其中，普通课程包括普通学术课程、普通技术课程两种。普通技术课程主要实施职业技术教育，修完 4 年，绝大部分人进入学徒训练中心和工业教育学院接受 3 年高层次的职业技术教育。

工艺教育学院（ITE，同龄人 20.7%就读）建立于 1992 年，为中学毕业生提供职前培训，为在职成人提供在职培训。工艺教育学院有 5 项功能。一是注重就业前的训练；二是注重为工人提供延续教育和训练的机会；三是推广以工业为基础的训练计划；四是颁发证书承认新的技术和技能；五是为雇主提供有关训练员工的咨询服务[①]。工艺教育学院在技能发展基金的资助下，与企业合作，实施了许多技能发展项目，以及各种培训证书课程，在教育体系中，独具特色，并有自身的发展体系（见图 3.9）。

理工学院（Polytechnics，同龄人 42.2%就读）。学生初中毕业后，可选择到五所理工学院就读文凭课程（大专）。包括新加坡理工学院、义安理工学院、淡马锡理工学院、南洋理工学院和共和理工学院。5 所学院提供的课程包括：建筑工程、商业、金融、法律、化学、生物技术、传媒、计算—科学、平面产品和室内设计、电力和电子工程、健康科学、制造、海洋和造船以及学龄前教育的专业方向，近百个专业。

另外，新加坡还鼓励各行业和社区实施职工培训。各行业的工会一般有各种职业培训中心，各社会团体也举办了不同形式、不同内容的培训活动。

在新加坡职业教育体系中，国家人力局是一个由贸易与工业部、人力部、教育部的领导构成的，考虑工艺教育学院、理工学院、大学在人力发展方面引进和

---

① Ministry of Education, Singapore［EB/OL］. http：//www.moe.gov.sg/education/post-secondary/. 2014-12-31.

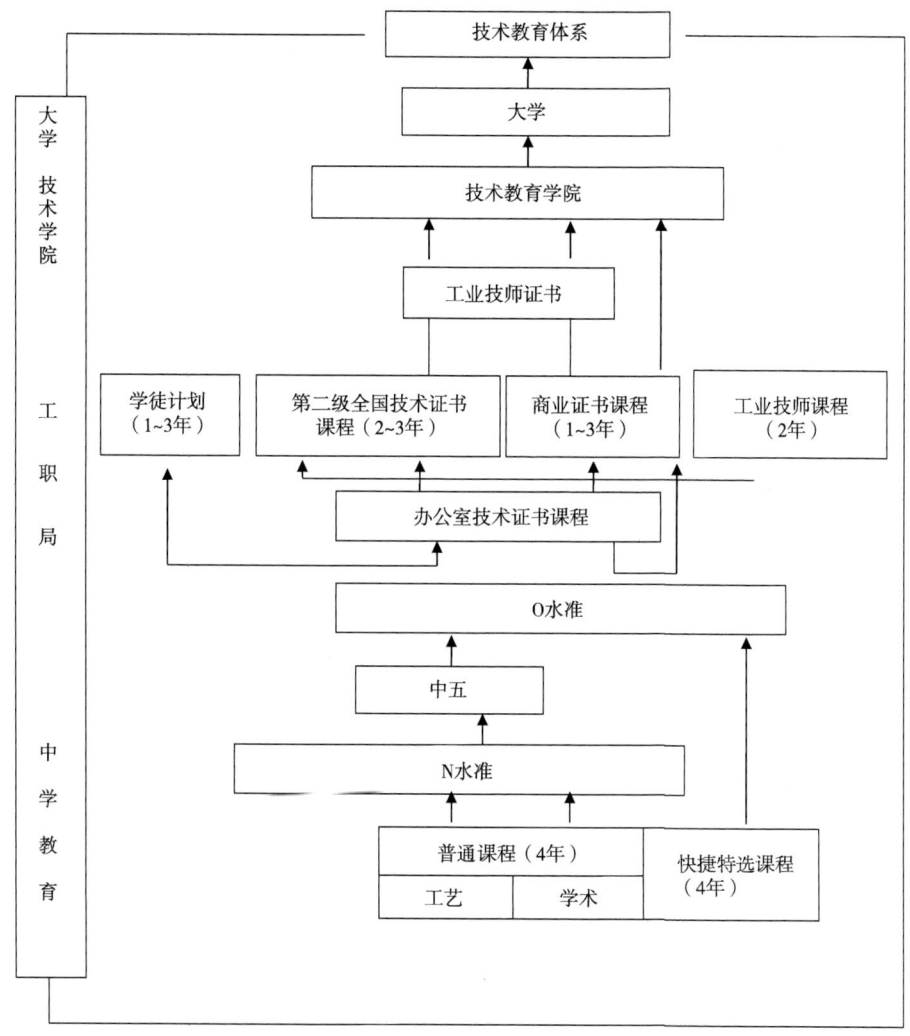

图 3.9　新加坡工艺教育体系

产出目标的机构。国家人力局具有匹配经济发展所需技能及其供应的全部责任。一般而言，经济发展委员会负责投资者的技能需求问题，国家人力局主要致力于技能供应，教育部致力于满足长期的技能需求，其他机构致力于短期和中期的人力资源发展，尤其是职业技能的发展①。

---

① KURVILLA S, ERICKSON C L, HWANG A. An assessment of the singapore skills development system: Does it constitute a viable model for other developing countries [J]. World Development, 2002, 30 (8): 1461-1476.

其他行业部门也会涉及本行业内的技能发展计划，例如，建筑业发展局负责制订建筑业技能的需求计划，并提供技能培训。建筑业发展局更注重本行业从业人员的职前培养，其教育内容更多的不是企业特殊技能的培训，而是行业内一般技能和可迁移技能的培训①。

3. 与经济发展需求同步的技能供应内容

新加坡职业教育技能供应内容一直与产业需求密切相关，政府依据经济发展政策制定职业教育政策，依据经济发展的当前和未来需求培养人才。

20世纪六七十年代，新加坡工业化发展的初期，经济发展面临的主要任务是吸引外资、发展跨国企业，以开拓国外市场，当时，产业发展主要以劳动力密集型企业为主，对工作人员的技能需求水平不是很高，而是需要工人的基本文化素养和忠诚度。因此，当时包括职业教育、职业培训在内的所有教育类型都是以文化的通识教育为主，对既有员工进行中等后教育。

随着经济的发展和全球经济形势的变化，新加坡政府改变了经济发展战略，由劳动力密集型企业为主，向技能密集型、资本密集型企业为主转型，发展高附加值的生产战略。经济发展转型升级，需要大量的技术技能人才，面对这种情况，政府开始大力实施技术教育，将初始培训和工人技能提高相整合，将成人教育委员会与工业培训委员会合并，组成职业与工业培训委员会。职业和工业培训委员会在准专业水平上，为职业和工业培训制度提供了单一的国家权威培训，为没有继续学术教育的学生提供技术教育和培训。在20世纪八九十年代，新加坡职业教育技能供应的内容，主要是迎合经济发展高附加值产业的需求而进行的技术教育。

1990年以后，新加坡政府提出了非常具有雄心的工业化战略目标。为了追赶先进的工业化国家并在亚太地区的发展中获得成功，新加坡政府将培训政策集中于提高基于工作的中等水平的技能，并且将工作场所作为关键的学习场所。1992年，职业和工业培训委员会改名为技术教育局，只负责对完成10年普通教育的学生实施技术培训，目的是提高认证的技术教育水平。现在技术教育局提供更多的高技能课程，以使那些继续走职业教育路径的人能够获得更高的科技学院或大学的教育。对于已经在劳动力市场中的人，最低水平的国家技能证书（相当于英国

---

① DEBRAH Y A, OFORI G. The state, skill formation and productivity enhancement in the construction industry: The case of Singapore [J]. International Journal of Human Resource Management, 2001, 12 (2): 184-202.

国家职业资格 1 级水平的技能证书）被取消。现在的最低水平相当于能够胜任工作的工匠水平。这些改革的目标是，确保更多地进入劳动力市场中的人都具有今天和明天工作所必须具有的技能。现在，新加坡对职业教育的期望不仅是提供富有弹性、多样技能的工人，而且要能够完成技能深化的任务，例如，工程行业就有实施深化技能项目的计划。

那么，新加坡具体的技能供应内容是如何与产业密切相连的呢？首先，在新加坡课程审议和设计过程中，有主要的商业和工业部门的积极参与；在课程开发过程中，产业部门作为潜在的雇主，在技能内容的确定、标准的制定以及职业道德的要求等方面做出了积极贡献。此外，根据技能的性质和水平，参与的产业部门将确保技能与产业需求密切相关，技能培训的质量符合要求，企业承担培训的成本效益合理。在这方面，各种基于产业培训计划的实施效果，已经证明了产业在技能供应内容确定中的积极作用①。

由以上要求形成了新加坡技能形成体系的典型特征：政府将技能形成政策与经济发展各时期的需求密切相连。发展型国家控制着技能劳动力市场的供应，同时通过工业和行业发展政策，控制着技能的需求，将技能供应与技能需求高度结合在一起，以适应经济发展的预期轨迹。

4. 教育证书

新加坡一向重视技能的评价，很多课程是以证书的形式命名和实施的，例如，办公室技术证书课程、商业证书课程、工业技师证书课程、精密车床技术证书课程、汽车维修技术证书课程等，学生学习证书课程考核合格以后，便可获得相应的证书，这些证书由技术教育学院颁发（之前由其前身工业与培训局颁发）。

2005 年，技术教育学院为了使学院的技术证书与行业标准和需求建立最大程度的关联，引入了技术教育学院技能证书认证体系。这个技能证书认证体系由四个层级构成，包括国家技术教育硕士证书（Master National ITE Certificate）、国家高级技术教育证书（Higher National ITE Certificate）、国家技术教育证书（National ITE Certificate）、技术教育文凭（Technical Education Diploma）。认证体系与行业的准入要求密切相关。这些结构性变化和一系列的认证是至关重要的，因为，它创造了一个职业院校学生或职业工人可以攀爬的技能层次结构，进而促进了学生

---

① SENG L S. Case study on National Policies Linking TVET with Economic Expansion：Lessons from Singapore［R］. Education for All Global Monitoring Report，2011：10-11.

或工人的发展和社会阶层的流动性，在制度上保障了职业轨的学生与学术轨的学生具有同等的发展通道，保障了技术工人职业成长道路的畅通①。

（二）新加坡技能形成的匹配制度

1. 国家的工资保障制度

新加坡一直利用工资制度服务于国家的经济发展。在新加坡工业化发展的初期阶段，政府实施了低工资战略。为了吸引外资，政府要求工人为国家经济发展的整体利益考虑，接受低工资战略。因此，在新加坡工业发展的很长一段时期，工人都接受着远低于自身创造价值的工资，当然，作为补偿，政府为工人提供了优厚的社会保障，比如，政府实施的"建屋计划"，使大部分新加坡人实现了居者有其屋。

在新加坡经济发展进入第二次工业革命时期，国家大力发展高附加值的产业，提高了工人的工资，以促使企业改变生产战略。

当然，随着国家经济由低附加值战略向高附加值战略的转变，产业间的收入状况不断变化，企业更倾向于招收专业、技术及相关工人。1975 年，新加坡的三大从业人群是生产工人及相关产业工人、零售及相关产业工人、文员。1999 年转变为专业人员和管理者、技术人员和相关专业人员、生产工人及相关产业工人。专业人员和管理者、技术人员和相关专业人员的数量超过了零售人员及职员②，其工资待遇也不断提高，不同从业人员工资变化，可以从泰尔指数测算结果中获得（见表 3.13）。

表 3.13　新加坡不同从业人员泰尔指数及其变化

	1975 年		1988 年		1999 年	
	人口比例	相对平均收入	人口比例	相对平均收入	人口比例	相对平均收入
专业、技术和相关工人	0.107	1.925	0.119	1.957	0.124	2.289
文员及相关工作者	0.160	1.038	0.156	0.763	0.140	0.664
服务业工人、商店和市场的零售员	0.266	0.853	0.244	0.766	0.131	0.546

---

① CHONG T. Vocational education in Singapore: meritocracy and hidden narratives [A]. Discourse: Studies in the Cultural Politics of Education [M]. London: Routledge, 2014: 637-648.

② MUKHOPADHAYA P. Trends in income disparity and equality enhancing (?) education policies in the development stages of Singapore [J]. International Journal of Educational Development, 2003, 23 (1): 37-56.

续表

	1975 年		1988 年		1999 年	
	人口比例	相对平均收入	人口比例	相对平均收入	人口比例	相对平均收入
生产工人、设备员	0.353	0.700	0.357	0.619	0.290	0.467
其他	0.086	0.721	0.053	0.586	0.035	0.439

新加坡十分重视发挥技术、专业人才的积极性，其主要措施是通过合理的分配制度使他们能够得到公平的收入。国家规定三级公务员证书、三级技工证书、1 年或 2 年的职业训练证书和其他培训课程毕业证书都相当于初中毕业证书；国家二级技工证书、工人技师证书相当于高中毕业水平；国家二级公务员证书、一级技师证书则相当于大学毕业水平。这种规定使取得各种职业技术证书的技工都可以得到相应起点的工资，有效地激励了职工接受训练、提高技能水平的积极性①。在这方面，从表 3.13 也能明显看出，新加坡行业间的工资差别不是很大，而因技术水平差异形成的工资差异较大，谁的技术高，贡献大，谁的收入就高。激发了人们学习新技术、提高自身技能的主动性和积极性②。

2. 国家统合的合作制度

新加坡的技能形成模式，以鲜明的政府主导作用而著称，是一种国家合作制度或者说国家统合的合作制度。国家合作已经成为一种国家的意识形态，在社会各团体之间，以及社团、国家之间形成了一种凝聚精神。这种凝聚精神可以使各团体之间协作，并使其为国家的整体目标而奋斗。各团体之间表现的"合作"关系，虽然多数情况下并非主动的，但还是要不时地放弃自身利益，以服从国家的利益。当然，在这种国家统合的合作制度中，社会团体之间对政府的服从并不是盲目和绝对的，具有多元利益表达机制，政府要认真倾听社会团体的意见，根据社会团体的要求制定政策。因此，新加坡的国家统合制度能够代表多方的利益。

在国家统合的社会合作制度中，国家对技能形成制度的主导作用，工会的合作及其特征是最为典型的代表。工会在技能形成中对雇主和工人施加影响，一方面要求工人接受较低的工资，以配合国家鼓励企业生存与发展的需要；另一方面，要求企业提高工资，以支持国家经济发展模式转型的需要。

---

① 马早明. 亚洲"四小龙"职业技术教育研究 [M]. 福州：福建教育出版社，1998：194.
② 李路曲. 新加坡现代化之路：进程，模式与文化选择 [M]. 北京：新华出版社，1996：579.

第四节　日本的政府管理与技能形成的分裂模式

国际上对现代市场经济有不同的分类。1991 年，经济合作与发展组织在《转换到市场经济》的研究报告中，提出了成功的市场经济的三种体制模式：美国、英国的消费者导向型市场经济体制（自由市场经济）；日本、法国的行政管理导向市场经济体制；德国和北欧一些国家的社会市场经济体制。在日本，行政管理导向对社会经济发展的影响是非常深远的。这种特征对其技能形成产生了深刻的影响，形成了其技能形成的分裂模式（segmentalism）。职业学校培养通用技能，企业提供自身所需的具体技能，大型企业为了招聘和留住人才而开展培训。这种模式下，形成了企业内部自给自足式技能形成模式。

一、日本技能形成模式中的政府管理

日本的技能形成模式是与经济发展相适应的。战后，日本产业结构和劳动力就业结构变化的特征是：第一产业比重快速下降，第二产业和第三产业比重不断上升，产业结构升级趋势明显，"软化"趋势也同样明显。与产业结构演进过程相伴，日本劳动力技能的结构调整和升级趋势也十分明显，尤其以职前教育表现更为突出。在战后初期，随着第一产业的快速衰退，职业教育中关于农业、水产等方面知识和技能的教育投入下降，与第二产业的快速增长相适应，工科类的科目大幅增加。在这一阶段，纺织等劳动密集型产业占据了重要份额，所以，劳动力的技能形成模式也是以社会化的短期培训为主，使劳动力快速达到生产所需要的技能水平。进入经济高速增长阶段之后，机械设备出现了自动化和微电脑化的趋势，劳动力的直接劳动强度下降，转为以操控、监督、管理机械设备为主，对劳动力技能的要求转为较高的科学知识和灵活的判断能力、逻辑推理能力，职业教育的重心由初等教育快速向中等教育提升，高中阶段教育和中等职业技术教育快速发展。在进入稳定增长阶段之后，日本的产业重心转向节约能源的资金技术密集型产业，技术进步在生产中发挥着越来越重要的作用。无论一般劳动力还是专业技术人员，都需要具备更高级和更多的"知性技能"。"知性技能"的获得，必须以长期的工作经验为条件，在生产实践中形成，需要企业提供继续培训和再培训来弥补，故而在企业中连续的工作经历成为劳动力获得高级技能的重要途径。

这种演进过程说明，战后日本劳动力技能结构和形成模式都随着产业和职业结构的升级而不断调整，是与经济社会的发展相适应的。

二、日本技能形成体系及匹配制度

（一）日本技能形成体系

日本劳动力职业技能形成主要包括两个部分：一是职前教育；二是在职教育。

1. 职前教育

职前教育，即劳动力进入劳动力市场就业前，在学校接受职业技能教育，既包括普通学校在小学及初中阶段开设的劳动技能课程，也包括专门的职业学校开展的职业技术教育。目前，职前职业教育主要包括：职业高中、各种学校、专修学校、高等专门学校以及短期大学等。职业学校体系完备，涵盖了中等教育和高等教育，形成了多层次的立体结构，各种职业学校在生源、培养目标、职业技能内容等方面各有区分，但均以市场需求为导向，以就业为前提，重在培养学生的基本劳动技能，其本质为一般性人力资本投资。

2. 在职教育

在职教育，也称企业内职业培训，即劳动力就业后，在生产过程中与实践相结合，在工作岗位上接受的职业技能培训。随着经济和产业领域所应用的科学技术更新日益加快，在学校所掌握的职业知识和技能已经远不能满足职业的需要，就业后的职业技能培训日益重要，正因如此，日本职业技能教育的主体在于企业内职业培训。与职前职业技能教育不同，就业后企业不仅对劳动力（职工）的一般职业技能有较高要求，更要求职工具有高度的企业专用职业技能。后期的职业技能教育作为职业技能形成体系的最重要组成部分，更体现出人力资本投资的复杂性。日本企业一般对不同工作岗位的职工实施不同内容的技能培训，包括普通职工培训、技术人员培训、管理人员培训等。培训方式则以在岗教育和脱岗教育相结合，一般以在岗教育为主，促使职工在日常的工作中，通过观察、模仿、尝试和自我开发掌握职业工作所需的各种技能，在此基础上，不定期地安排形式多样的脱岗教育，对职工所形成的感性认识加以巩固，并提升理论和基础知识水平，为进一步提升技能水平创造条件①。

在日本技能形成中，企业的主导作用明显，企业不仅生产一般的物质产品，而且生产人力资本，日本企业在人力资本投资中发挥了极其重要的作用。

日本企业深刻认识到劳动力职业技能在生产中的作用，积极承担了人力资本投资的职责，通过企业内技能培训不断促进职工职业技能水平的提升。日本企业尊重学校教育的成果，但更强调通过企业的培训工作提升职工的职业技能，具有高度的自觉性，将对职工的技能培训视为企业的天职。同时，日本企业普遍认为，政府及社会只能提供初级的技能培训，不能满足企业的特殊需求，即社会无法提供适应企业生产需求的专用性技能。因此，日本企业没有将提高职工技能水平的任务托付给社会，而是致力于通过企业内培训使职工获得高于市场平均水平的技能。

日本企业始终致力于劳动力技能的企业专用化。现代社会中完全的企业专用性技能几乎不存在，而是通过一般性技能不同权重的组合体现出来的，所以，企业能做的就是如何通过培训和实践形成企业独特的技能权重组合，使技能更具有企业专用性特征。日本企业主要通过3种渠道实现这个目的：第一，使职工的技能依附于企业专有的生产设备。在生产技术的开发和改进上扩大投入，拥有专利技术，努力在生产工艺、生产设备上进行独自的改进，企业生产的差异性，使得职工的技能必须与该企业的独特生产技术和生产设备捆绑在一起，脱离了这些边际生产就会下降，于是就形成了技能的企业专用性。第二，使职工的技能依附于企业专有的组织体制。日本企业尤其强调集体的作用，职工的工作是在与同事的合作和互相帮助下完成的，所以同事间的熟悉程度、工作习惯、交流方式等对职工的边际生产会产生重要影响。第三，通过企业内部技能认定，垄断关于职工技能水平的信息。日本很多企业内部实施技能认定制度，企业间不通用。这种认定实际上是对职工所具有的企业专用性人力资本的等级认定，企业掌握这种信息，并使职工意识到这种技能无法在其他企业得到认可，能够在职工及其他企业间形成信息优势。

3. 职前教育和企业内培训相结合

日本建立的职前教育与在职技能培训相结合的模式，保证了大多数劳动力都

---

① 王彦军，李志芳. 日本劳动力技能形成模式分析 [J]. 现代日本经济，2009 (5)：41-46.

能在就业前掌握一定程度的技能，为就业后更高层次技能的形成和积累奠定基础，从人力资本投资的角度看，实际上是一般性人力资本投资和企业专用人力资本投资的组合。

（1）职前技能教育和企业内技能培训具有互补性。就业前的职业教育阶段，劳动力尚不能确定将来从事的职业，也无法知晓职业岗位对技能的具体要求，为了降低投资风险，倾向于获得各企业都能够通用的技能，即选择一般性技能，这种技能的形成无疑属于一般性人力资本投资；企业内培训重点是培养企业所需的专用性技能，既保证了劳动力技能形成具有连续性，也保证了技能的适用性。日本所建立的以前期职业教育为基础，企业内在职技能培训为主的技能形成模式，时间上前后连贯，劳动力在获得基础性劳动技能后进入企业工作，缩短了职业适应期，降低了企业和劳动力个体之间的摩擦成本。

（2）职前技能教育和在职技能培训具有筛选功能。前期的职业教育是对劳动力一般性技能的培训，但是所授内容不可能涵盖所有行业、所有职业，只能在一定范围内通用。日本的职业教育依据产业发展的特性和需要，将教育内容划分为农业、商业、工业、水产及电子信息产业等，劳动力选择职业学校或选择专业课程，实际上就是一次投资选择。企业主导的在职技能培训，在培训过程中考察职工的理解能力、掌握速度，考核培训的效果，实际上是对职工适应性的综合评估。不过与外部劳动力市场的筛选不同，这种筛选是企业内部的筛选，主要目的在于在职工人力资本和岗位之间进行多次匹配，实现最优的人力资源配置。

（二）日本技能形成体系的匹配制度

1. 内部劳动力市场制度

日本的劳动市场是典型的内部劳动力市场，日本的内部劳动力市场主要是指以终身雇佣制和年功序列制、企业工会等为特征的特有的劳动力市场模式。在这种模式下作为一种惯例，日本企业，特别是大型企业普遍与职工建立长期稳定的雇佣关系，降低了企业和职工的人力资本投资风险，企业和职工愿意为技能的提高付出成本，形成了人力资本投资水平的高位均衡。在长期雇佣关系下，企业尽量避免解雇职工，在短期经营环境恶化的困难时期也尽量采取其他雇佣调整措施，避免人力资本流失，保护了企业和职工人力资本投资的收益，也保护了企业和职工投资的积极性。

长期雇佣规避人力资本流失风险。日本劳动力职业技能形成明显受益于终身雇佣关系所形成的制度保障。终身雇佣制度的主要贡献在于有效地消除了劳动力流动带来的负面影响，规避了人力资本投资的风险，尤其对于需要在长期的生产实践中形成的职业技能而言，长期雇佣关系的保障作用极为重要。小池和男根据劳动力职业技能形成过程的时间周期和水平，将劳动力划分为以下四种类型：①技能水平高且不变——熟练劳动力型；②技能水平低且不变——非熟练劳动力型；③技能水平需长时间累计提高——内部晋升型；④技能水平在短时间内能够提高——半熟练劳动力型。这四种劳动力类型中，第三种的技能水平最高，需要较长的投资周期，所以对长期雇佣的需求最强。20 世纪 20 年代以后，日本的纺织业等劳动密集型产业比重下降，向重化工业迅速发展，对第二种和第四种劳动力的需求迅速减少，转而扩大了对第一种和第三种劳动力的需求，大型企业通过在企业内对半熟练劳动力进行培训，促使其职业技能快速形成，同时为其提供长期雇佣关系，直至发展成为惯例，正是这个原理的具体体现。

轮岗制度是一种分散投资。劳动力进入企业后经历数个工作岗位，岗位轮换遵循两个原则：一是各岗位工作内容之间存在内在关联性；二是工作岗位的技能要求由低到高，不断提升。这种轮岗实际上是一种降低人力资本投资风险的有效手段。企业提供的技能培训是具有一定广度的技能组合，在轮岗过程中企业和职工可以获得技能的最大化，投资失败的可能性降低。另外，通过先易后难的培训路径，企业可以在早期发现职工获得技能的能力差异，选择更有效的投资方向[1]。

2. 内部技能评价制度

日本企业的内部评价体系降低了信息不对称风险。在长期雇佣体制下，日本企业建立了独特的职工职业技能水平的评价体系以及在此基础上实施的晋升机制，这种经常被误读的评价体系的本质是日本式的能力主义，对人力资本的形成具有激励作用。首先，企业经过较长时期的观察和考核，对职工技能水平以及努力程度能够做出客观准确的判断，可以避免短时间内职工的"伪装"行为导致的评价失真，有效降低了企业和职工之间的信息不对称。其次，日本企业内部实行的轮岗制度也能够避免人为因素导致的评价结果的非客观性。职工一直在同一岗位工作，对其职业技能和努力程度的评价通常来自其上司及同事。由于利益冲突或性格适应性等因素，可能导致评价失真。轮岗制度则保证职工接受复数的评价过程，能够相对真实地反映职工的职业技能水平和努力程度。这种评价体系对职

---

① 王彦军，李志芳. 日本劳动力技能形成模式分析 [J]. 现代日本经济，2009 (5)：41-46.

工人力资本投资水平的提升具有激励作用①。

3. 日本技能形成模式的非正式约束

以往的研究多强调日本重视普通教育、学历教育的作用，其实在日本的教育体系中，职业技能教育一直占有重要的地位。明治时期后的各个历史时期，日本一直将职业技能的内容作为基础教育的一部分，在向学生传授知识的同时，培养学生的勤劳意识和基本的劳动技能。政界、学界、产业界的有识之士也通过各种渠道呼吁重视劳动力技能，在各个阶段都有人大声疾呼职业技能教育的重要性。战后重视职业教育的思想也在众多的有识之士及机构组织的呼吁下得到了延续。

---

① 王彦军，李志芳. 日本劳动力技能形成模式分析 [J]. 现代日本经济，2009 (5)：41-46.

第四章　中国技能形成模式现状与问题

第一节　中国政治经济制度与技能形成模式演变

中国与西方列强的第一次较量始于鸦片战争，这次战争引发中国与近代西方资本主义势力的全面冲突。这些冲突打开了中国长期封闭性发展的格局，是中国通向现代世界的纪元。此后，一个半世纪中国的沧桑巨变，是中国走向现代化的举世罕见的漫长而崎岖的历程①。因此，中国的现代化始于1840年的鸦片战争，而中国的职业教育的发展与变革也自此开始。

一、技能形成的工业化转型

在近代中国的历史上，晚清至民国初期是经济、政治、社会治理机制发生巨大变革的时代，从技能形成角度而言，1840年鸦片战争之后，西方工业化生产技术已经对中国传统手工业技艺构成了强烈的冲击。晚清政府开始兴办实业，学习西方教育创办技术学堂，培养技术人才，并形成了以工艺局为主体的学徒制，成为近代教育与工业生产结合的肇始。

1866年6月，由左宗棠奏设福建船政学堂，培养国防需要的造船、驾驶技术人员。当时，大量雇佣洋匠师，并且签订了技能传授的合同，规定"开厂之日起，五年限满，教导中国员匠于造船法度一切精熟，均各能制造，并能自造家伙，造船算法及一切船主之学均各精熟"②。当时融合生产和劳工技能培训于一体

---

① 罗荣渠. 现代化新论——世界与中国的现代化进程 [M]. 北京：北京大学出版社，1993.

② 陈元晖. 洋务运动时期教育 [M]. 上海：上海教育出版社，2007：327-328.

的学堂中，除了福建船政学堂外，还有江南制造局附设的工艺学堂，汉阳铁工厂设立的铁政局化学堂，福州电线局设立的电报学堂，轮船招商局设立的驾驶学堂等（见表4.1）。

表 4.1　晚清洋务企业厂办学堂统计表

学堂名称	创办时间（年）	所属企业	学堂名称	创办时间（年）	所属企业
福建船政学堂	1866	福建船政局	天津电报、水雷学堂	1880	天津机器局
操炮学堂	1874	江南制造局	广东黄埔鱼雷学堂	1884	广东黄埔鱼雷局
福州电报学堂	1876	福州电线局	旅顺口鱼雷学堂	1890	旅顺口鱼雷局
天津电报学堂	1880	天津电报局	湖北矿务局工程学堂	1890	湖北矿务工程局
广州西学馆	1881	广州机器局	驾驶学堂	清末	轮船招商局
上海电报学堂	1882	上海电报局	山海关铁路学堂	1895	津榆铁路公司
金陵同文电学馆	1883	金陵电报局	四川机器学堂	1907	四川机器局
两广电报学堂	1887	两广电报局	苏省铁路学堂	1907	苏省铁路有限公司
台湾电报学堂	1890	台湾电报局	湖北铁路学堂	1907	川汉铁路局

资料来源：转引自李忠，全国教育科学"十一五"规划教育部青年专项课题，民国时期劳工教育问题研究（EKA070249）研究报告；李忠．民国时期劳工教育问题研究［EB/OL］．http://www.nies.net.cn/ky/qgjyghkt/cgbg/crjy/201201/t20120116_37149.html，2015-02-01.

"船政根本在于学堂""艺局本与学堂一体"，由此可见，洋务企业中所设立的学堂，已经初具企校一体模式的影子，是教育型企业的雏形。在该工厂或学堂中，教授技能的教师，既要负责制造，又要负责传授知识和技术，"凡工执艺事十有六类，均令一面作工，一面授徒"[1]；学徒既是工厂生产工人的助手，又是学堂的学生。设局制造的目的在于培养科技人才，培养科技人才的目的在于更好地制造船舰，两者互为因果、互相促进。这与德国的双轨制极为相似，具体采用三种做法：第一，附设半日学堂，即学徒半日在厂办学堂学习理论文化知识，半日到厂车间生产现场学习手艺。采用此种形式对学徒工进行训练的是福建工艺局。第二，附设夜学堂，学徒工白天学艺，晚上到夜间学堂学习理论知识。比如，甘

---

① 王星．技能形成的社会建构：中国工厂师徒制变迁历程的社会学分析［M］．北京：社会科学文献出版社，2014：96.

肃劝工局就采用此种形式。第三，附设讲堂，工厂每天为学徒工安排一两个小时的讲课，课程包括工艺理论、文化知识等方面的内容。北洋工艺局、农工商部工艺局等均采用此种形式对学徒工进行培训。晚清的洋务学堂与洋务企业，形成了较好的产教合作的发展模式。除了兴办企业和学堂外，清政府更以法令形式颁布壬寅学制（1902 年）和癸卯学制（1904 年），将学校教育分为普通、师范、实业三类，确立了实业教育的地位，职业（实业）教育正式登上中国近代教育的舞台，表明教育与社会生产、国计民生的联系越来越紧密。

除了洋务企业设立的学堂实施双元制教育之外，晚清政府设立的工艺局，还实施了官管学徒制，并取得了大规模发展。1902 年至 1911 年，清政府在河北省、辽宁省、吉林省等 22 个省，共设立工艺局 228 个，各种工艺传习所 519 个，劝工厂 10 个，这些组织既是生产单位，又是培训学徒的教学组织，其技能学习的内容已经从手工技艺走向机器操作。工艺局面向社会，遵循《雇募工师条例》和《招募工徒条例》招募工师和工徒，这种官管学徒制带有济贫的色彩，招募的工匠包含游民和孤儿，工艺局还支付学徒一定的劳动报酬和劳动福利[①]。

值得一提的是，当时的官管学徒制，已经有了制度化的技能等级晋升机制。技能等级分为工徒、工匠、匠目、工师、艺士五个等级。匠目和工师除了承担生产任务外，还要管理工徒日常技能学习。工师有二等和一等之别。"艺士"是对技能出色、教徒有功的工师的一种奖励，是一种官职[②]。

当时，除了官管的学徒制以外，民间的行会学徒制也比较兴盛，大部分行业都实施了学徒制，并且行会学徒制具有严格的技能等级和系统的文本规则。技能等级分为三级：学徒工、帮工、师傅，每一级的晋升都有严格的规定。文本规则主要有严格的学徒选拔条件（对学徒的年龄、性别、文化程度、籍贯、思想品德等都具有严格规定）、学徒培训的时限（一般为三年）、学徒的劳动报酬（主要有最低工资、红包、实物奖励等）、入徒和出徒仪式（一是尊重师傅，二是学徒入行的条件）等文本规定。这种民间的行会学徒制，既避免了学徒沦为廉价劳动力，又保证了技能培训的质量。

1912 年，国民政府颁布"壬子癸丑学制"将职业教育体系增改为师范教育和实业教育两个系统，另设有补习班与专修科和小学教员讲习所等，为正规学校附

---

① 王星. 技能形成的社会建构：中国工厂师徒制变迁历程的社会学分析 [M]. 北京：社会科学文献出版社，2014：97.

② 彭泽益. 中国近代手工业史资料：第三卷 [M]. 北京：三联书店，1957：511-513.

设或特设。

总之，清末民初，中国的技能形成，在官办企业和学堂中，实现了产教双方的合作，并有相应的匹配制度以保障其发展；在民间行会学徒制中，也有系统的文本规定和等级晋升制度为保障。

二、技能形成的现代化改造

清末民初，随着中国工业化进程的展开，大量生产工厂开始出现，工人阶级逐渐形成。而劳动力市场上却出现了一种结构性的失衡——劳动力总量供给丰富，技能劳工却大量短缺。现有的劳工教育，尤其是官管的学徒制教育远不能满足日益扩大的劳工市场需求，大部分生产手工工场与劳工技能教育体系之间没有建立制度化互动机制，一些中小规模工厂主既无能力也无动机为厂内学徒工提供更多的技能培训。在这种背景下，大量学徒工无法改变低技能、低工资的劳动状况，学徒制成为廉价劳动力来源的趋势开始显现。

到了民国初年，民国政府对职业教育做出了积极的改革，1922年实施了新学制，也就是"壬戌学制"。"新学制注重职业教育，要求高小增设职业准备科，中等教育阶段设立专门职业学校，普通中学也要开设职业课等"①。"新学制的标准为：适应社会进化之需要，发挥平民教育之精神，谋个性之发展，注意国民经济力，注意生活教育，使教育易于普及，多留地方伸缩余地"。新学制将过去沿用的实业学堂、实业学校一律改为职业学校，高等教育等级上的实业教育仍为专业教育；将职业学校、师范学校与普通中学混合成一种"综合中学"，采取选科的方式适应学生兴趣及照顾学生升学与就业两种准备，同时也使职业学校与普通中学立于同一基础线上，以提高人们对职业教育的评价，但效果甚微。

职业训练不能彻底施行，不符合社会需求，职业学校毕业生普遍面临毕业即失业的威胁②。为了改变这种情况，教育部推行建教合作，于1936年颁发《职业学校与建设机关协作大纲》，使学校与校外实习机构取得联络与协作。同年4月27日，教育部又颁布《职业学校设置顾问委员会办法》，以推进建教合作，委员会聘请与学校同性质的农工商界专家或领袖5至7人参加，使办学适合社会实际

① 孙培青，杜成宪. 中国教育史 ［M］. 上海：华东师范大学出版社，2009：401-402.
② 李澜田，王萍. 中国职业技术教育史 ［M］. 北京：高等教育出版社，1994：123.

需要，避免与农工商界分离①。但学校职业教育并没有成为现代化进程中劳动力主要的技术教育形式，在现代化改造中，劳动力培训的主要形式还是传统的学徒制。

民国初期，政府开始干预学徒制培训并将之提升至劳动教育的高度，1914年，政府颁布了改造学徒制教育的《商人通例》。《商人通例》在学徒工技能培训责任义务、培训时间、培训内容及方式等方面做出了规定：第一，凡是雇佣学徒工的企业，都要对学徒工进行技能培训，培训内容包括专业技能和普通文化知识两部分；第二，规定了学徒和企业必须签订学徒契约，而且学徒契约只在规定的时间和地点有效，契约到期，雇主不得限制学徒就业。《商人通例》减弱了学徒工对雇主的人身依附关系。但是《商人通例》在学徒培训的成本分担和质量保障上没有相应的规定，对改变雇主将学徒工异化为廉价劳动力的作用并不明显。

1923 年，政府出台《暂行工厂通则》，明确规定学徒工的培训成本由企业承担②。1929 年，政府对学徒制的现代化改造全面铺开，标志是《工厂法》的颁布。《工厂法》第十一章专门对学徒制进行了规定。

第一，学徒工和雇主应采用国家规定的制式合同签订契约，并到国家行政主管部门备案，并且不能限制学徒期满后的就业自由。"工厂收用学徒，须与学徒或其法定代理人订立契约，共备三份，分存双方当事人及送主管官署备案。其契约应载明下列各款事项：①学徒姓名、年龄、籍贯及住址；②学习职业之种类；③契约缔结之日期及其存续期间；④双方之义务。前项契约不得限制学徒于学习期满后营业之自由"。

第二，学徒工具有接受技能培训和普通教育的权利，企业有义务设立劳工学校或劳工班，对劳工进行技能培训和教育。"学徒对于工厂之职业传授人，有服从、忠实、勤勉之义务"。"工厂对于学徒在学习期内，须使职业传授人尽力传授学徒契约所定职业上之技术"。

第三，对学徒技艺学习及工作的保障性规定。"工厂所招学徒人数，不得超过普通工人三分之一。工厂所收学徒人数过多，对于学徒之传授无充分之机会时，主管官署得令其减少学徒之一部，并限定其以后招收学徒之最高额"。"未满十四岁之男女，不得为学徒；但于本法施行前已入工厂为学徒者，不在此限。学

---

① 李澜田，王萍. 中国职业技术教育史 [M]. 北京：高等教育出版社，1994：136.

② 汤毅平. 民国前期的劳动立法 [J]. 求索，2004（5）：242-244.

徒之习艺时间，准用第三章之规定①。学徒除见习外，不得从事本法第七条所列各种工作"②。

第四，对学徒培训成本的分担进行了规定。"工厂对于童工和学徒应使受补习教育，并负担其费用之全部"，"如约定学徒应纳学费时，需明确其学费额及其给付期。如约定学徒应受报酬时，需明确其报酬额及其给付期。前项津贴由主管官署酌量各该地方情形及工厂经济状况拟定标准，呈请实业部核定之"。"学徒于习艺期间之膳、宿、医药费，均由工厂负担之，并于每月酌给相当之零用"。

第五，对学徒和雇主解除契约做了明确规定。"学徒于习艺期间内，除有不得已事故外不得中途离厂。得工厂同意而离厂者，学徒或其法定代理人，应偿还学徒在厂时之膳、宿、医药费"。"工厂在下列情况下可以终止契约：学徒反抗正当之教导者；学徒有偷窃行为屡戒不改者"。"学徒或其法定代理人在下列情况下可以终止契约：工厂不能履行其契约上之义务时；工厂对于学徒危害其健康或堕落其品行时"。

在民国政府时期，技能培训与普通教育已经相互分离，技能培训在工作中完成，劳工教育要在补习学校等机构中完成，劳工教育主要是思想教化与理论知识学习，使学徒工养成国民素质。

另外，《工厂法》还主张成立工厂会议，"工厂会议，由工厂代表及全厂工人选举之同数代表组成，工厂会议的职责包括：研究工作效率之增进、改善工厂与工人关系并调解其纠纷、协助工作契约及工厂规则的实行等"。

此后，政府又颁布了一系列法案：《工厂检查法》《工厂检查人员养成所规则》《工厂检查人员养成所办事细则》《修正工厂法施行条例》等，对《工厂法》规定的内容进一步细化。国民政府对学徒制的现代化改造，推动了劳工补习教育的发展，同时也促进了劳工福利的制度化。国家通过强制力推动教育福利的举措以及对学徒契约的规范化要求，推动了当时厂内技能形成方式的广泛发展。

---

① 每日之工作时间不得超过 8 小时，如工作需要可延长至 10 小时，但不得超过 12 小时；而且学徒工不能上夜班。

② 处理有爆发性、引火性或有毒质之物品；有尘埃、粉末或有毒气体散布场所之工作；运转中机器或动力传导装置危险部分之扫除、上油、检查、修理及上卸皮带、绳索等事；高压电线之衔接；已溶矿物或矿滓之处理；锅炉之烧火；其他有害风纪或有危险性之工作。

三、"单位制"下的半工半读教育

新中国成立以后，党和政府非常重视对职业教育发展的历史经验和国际经验的借鉴，接管、改造国民政府时期的职业学校，做出了大力发展技术教育的决定。在大力发展中等职业教育、技工学校的政策引导下，中华人民共和国成立后的17年职业教育的发展推动了国家经济与社会的进步。此时期，大部分企业的学徒制延续了民国时期的形态和轨迹，但在1953年社会主义改造、单位制逐渐铺开后，学徒制也随之开始了变迁历程。

中华人民共和国成立后，国家实行优先发展工业战略，为适应经济建设发展对有知识和技能的工人的迫切需求，刘少奇提出"两种劳动制度、两种教育制度"的主张，要求大力发展半工（农）半读职业技术学校和业余学校。1958年，毛泽东在《工作方法六十条（草案）》中要求："一切中等技术学校和技工学校，凡是可能的，一律试办工厂或者农场，进行生产，做到自给或半自给，学生实行半工半读。"[1] 同年《关于1958年国民经济计划草案的报告》正式提出"有步骤地实行半工半读的教育制度。中等学校和高等学校，凡是有条件单独举办或者联合举办实验工厂、实验农场和实验牧场的，都可以单独举办或者联合举办，一面从事教学，一面从事生产劳动；不能举办的，可以同当地的工厂、作坊和服务行业订立生产实习合同，进行实习，或者参加当地的定期义务劳动和农业合作社劳动，使学习和劳动相结合。"[2] 政府首次从国民经济规划层面明确了产教结合的具体实现制度。1958年9月，中共中央、国务院发出《关于教育工作的指示》，要求"国家办学与厂矿、企业、农业合作社办学并举；全日制与半工半读业余学校并举"[3]。周恩来也曾指示要发动"工交财贸系统的厂矿、企业单位和大农场、林场办，国家也要直接办，军队也可以办一点"，指明了产教结合的办学主体[4]。

---

① 中共中央办公厅. 工作方法六十条（草案）[EB/OL]. http：//www. baike. com/wiki/%E3%80%8A%E5%B7%A5%E4%BD%9C%E6%96%B9%E6%B3%95%E5%85%AD%E5%8D%81%E6%9D%A1（%E8%8D%89%E6%A1%88）%E3%80%8B, 2015-02-03.

② 第一届全国人民代表大会第五次会议. 关于1958年度国民经济计划草案的报告 [EB/OL]. http：//www. npc. gov. cn/wxzl/gongbao/2000-12/23/content_5328420. htm, 2015-02-03.

③ 中共中央、国务院. 关于教育工作的指示 [EB/OL]. http：//news. xinhuanet. com/ziliao/2005-01/05/content_2419375. htm, 2015-02-03.

④ 钟名湖，王从容. 周恩来职业教育思想及其启示 [J]. 教育与职业，2012（5）：21-22.

当时的技工学校有国家产业部门办的、各级劳动部门办的、厂矿企业事业单位办的和有关部门联合办的，其中，企业办校占 50%。

半工半读教育是学徒制的一种变形，在技工培训的过程中，将学校学习和工厂技能培训结合起来，实现工学合作。在当时的半工半读制度下，许多学校既是学校，又是工厂；学校既培养学生，也生产产品；学生既学习理论，也参加劳动。接受技能培训的工人其身份与学徒工类似，既在劳动过程中学习生产技能，又接受学校教育，因而，通常称为"学工"。半工半读制的经费不用学工承担，或者摊入生产成本，通过编制开支预算计划由国家财政下拨经费；或者来自厂长基金。学工的待遇参考学徒工，一般没有工资，只拿生活津贴①。

除了半工半读教育以外，当时，委托培训与公立中等职业学校的发展也是技能形成的途径。委托培训是利用大型企业的生产技术、机械设备和技术力量，为其他工厂的学徒工提供技能培训的方式，属于国家主导下的厂际技能帮扶共享行动。委托培训是政府行为，由政府按照计划实施②。公立中等职业学校在当时也有了长足的发展，当时中等专业学校由各业务部门或企业单位办理，由教育部检查指导。实行"专业化与单一化"体制，把"学用脱节"的原有职业学校"通才"的培养模式改成为国家经济建设服务的"专业"教育模式③。

在中华人民共和国成立以后及社会主义建设的"一五""二五"时期，不管是半工半读的技工学校、中等专业学校，还是委托培训，都有一个共同的保障——单位，公立中等专业学校或业务部门举办的技工学校属于事业单位，企业办的技工学校属于企业单位，委托培训也是在企业单位中进行的，也就是说当时的技能形成是在"单位制"的保障下实施的。"单位制"是透视 1949 年以后中国经济社会状况的一个重要窗口，单位制是集政治、经济、社会等功能于一身的综合性制度安排。在"单位制"中，国家直接干预和组织劳动人力制度，即统一计划管理的工资制度以及终身就业制度，这两项制度直接消灭了劳动力市场④。在

---

① 王星.技能形成的社会建构：中国工厂师徒制变迁历程的社会学分析［M］.北京：社会科学文献出版社，2014：262-263.

② 王星.技能形成的社会建构：中国工厂师徒制变迁历程的社会学分析［M］.北京：社会科学文献出版社，2014：260.

③ 方展画，刘辉，傅雪凌.知识与技能：中国职业教育 60 年［M］.杭州：浙江大学出版社，2009：49.

④ 王星.技能形成的社会建构：中国工厂师徒制变迁历程的社会学分析［M］.北京：社会科学文献出版社，2014：190.

技工学校，学工是企业的工人或企业的"准工人"；在中等专业学校中，实施统招统分政策，国家分配工作。雇主与工人的传统雇佣关系，在社会主义改造完成后，变成了国家雇佣下的国家与个人的"公私关系"，使得在技能形成中企业的挖人问题和学徒的就业安全问题得以解决。

四、市场化的技能形成改革

1978 年，随着改革开放政策的实施，国家的用工政策改革以及国企市场化改革全面铺开，中国的技能形成陷入了市场化的危机。1983 年，国家对用工政策进行调整，开始推行"先招生、后招工"的用工制度。原劳动部在贯彻《国务院关于大力发展职业技术教育的决定》的过程中，将招学徒工改为招定向培训生。用工制度的改革使企业招收工人的形式发生了显著变化，即过去以招收学徒工为主培训技术工人，转变为以各大中专、技工学校、职业高中生为主的补充工人方式，技能培训开始外部化。

在改革过程中，国企改制也在稳步推进，企业组织由承担国家生产计划任务的"单位角色"转向"自主经营、自我发展、自负盈亏"的市场性角色。企业市场化改变了企业组织之间的关系结构，使企业对技能的投入成本成为企业需要重点考虑的成本之一。在这种情况下，许多厂办技校与企业剥离，自谋发展，学徒制更是受到了冲击，职业教育与产业的紧密结合开始变得松散。

与学徒制和半工半读教育形成鲜明对比的是，中等职业学校得到了长足的发展。1985 年，《中共中央关于教育体制改革的决定》提出："逐步建立一个从初级到高级、行业配套、结构合理又能与普通教育相互沟通的职业技术教育体系。"[①] 1986 年，全国第一次职业教育工作会议召开，会议提出要积极调整中等教育结构，大力发展中等职业技术教育。因此，20 世纪 80 年代，随着中国中等教育结构调整战略的实施，中等职业学校数量大幅度上升。毕业生的数量也大规模增加。到了 90 年代，国家为了维持职业教育和产业的密切联系与紧密合作，出台了一系列文件：1991 年《国务院关于大力发展职业技术教育的决定》，提倡产教结合，工学结合[②]。1994 年《国务院关于〈中国教育改革和发展纲要〉的实施

---

① 中共中央关于教育体制改革的决定 [N]. 中国教育报，1985-06-01.
② 国务院关于大力发展职业教育的决定 [EB/OL]. http：//www.gov.cn/zwgk/2005-11/09/content_94296.htm，2015-02-01.

意见》又提出职业学校要走产教结合的路子①。这些政策，在国家就业分配政策的匹配下，使职业院校基本维持了 80 年代的发展规模。

但是，1989 年，国务院批转国家教委《关于改革高等学校毕业生分配制度的报告》指出："高等学校毕业生分配制度改革的目标是：在国家就业方针、政策的指导下，逐步实行毕业生自主择业，毕业生择优录用的'双向选择'制度"并指出："本方案实施初期，考虑到人才市场还没有形成，毕业生主要还不是靠自己找职业，而是以学校为中介向社会推荐就业，在一定范围内实施'双向选择'。"② 1989 年政策提出后，"双向选择"就业制度的实施有一个过渡期，但趋势已定。1993 年，中共中央、国务院印发的《中国教育改革和发展纲要》明确提出："改革高等毕业生'统包统分'和'包当干部'的就业制度，实行少数毕业生由国家安排就业，多数由学生'自主择业'的就业制度。"③ 因此，1995 年以后，中国政府基本取消了对大中专毕业生实行统一分配工作的政策，全面实施"双向选择"的就业政策。毕业生的就业安全失去了政策保障。

1999 年，政府又采取了高等教育扩招政策，职业教育院校的发展受到了严重冲击。加之长期没有企业的参与，职业教育逐渐陷入了与实践脱离的困境，生存更为艰难。

国家出台了法律和文件，强调产教合作，改变现状。1996 年《中华人民共和国职业教育法》规定："职业学校、职业培训机构实施职业教育应当实行产教结合。"④ 1999 年《国务院关于深化教育改革，全面推进素质教育的决定》提出："职业学校要实行产教结合，鼓励学生在实践中掌握职业技能。"⑤ 2004 年，《关于进一步加强职业教育工作的若干意见》提出："推动产教结合，加强校企合

---

① 国务院关于《中国教育改革和发展纲要》的实施意见 [EB/OL] http：//www.edu.cn/20010823/207371.shtml，2015-02-01.

② 国务院批转国家教委关于改革高等学校毕业生分配制度报告的通知 [R]. 中华人民共和国国务院，1989（12）：489-495.

③ 中共中央、国务院. 中国教育改革和发展纲要 [EB/OL]. http：//www.moe.edu.cn/publicfiles/business/htmlfiles/moe/moe_177/200407/2484.html，2015-02-01.

④ 中华人民共和国职业教育法 [EB/OL]. http：//www.moe.edu.cn/publicfiles/business/htmlfiles/moe/moe_619/200407/1312.html，2015-02-01.

⑤ 中共中央国务院关于深化教育改革，全面推进素质教育的决定 [EB/OL]. http：//www.moe.edu.cn/publicfiles/business/htmlfiles/moe/moe_177/200407/2478.html，2015-02-01.

作。"① 此时政策文本明确了职业教育走产教结合之路。2010 年《国家中长期教育改革和发展规划纲要（2010—2020 年）》指出："把职业教育纳入经济社会发展和产业发展规划，促使职业教育规模、专业设置与经济社会发展需求相适应。"②

第二节　中国技能形成主要模式与问题

技能形成模式有很多种，但中国现阶段，普遍存在的技能形成模式主要是依据培养主体划分的，包括学校技能形成模式、企业技能形成模式、校企合作模式。目前，在这个标准体系下的技能形成模式，显得比较单调，存在一些只从技能培养主体角度出发而解决不了的问题。

为了更好地掌握中国学校技能形成模式、企业技能形成模式、校企合作技能形成模式的现状，笔者做了调查和访谈，调查问卷共发放 200 份，其中有效问卷为 52 份企业问卷，140 份学校问卷，问卷有效回收率为 96%。

一、学校技能形成模式

学校技能形成模式是中国技能形成的主要模式，这种形成模式依据技能获得的场所、技能投资和实施主体划分，属于外部技能形成模式。外部技能形成模式具有培养系统化、批量化的优势，但也不可避免地具有与经济发展需求匹配度不高的局限。

（一）学校技能形成模式的现状

目前，中国的学校技能形成模式的主体是职业学校，包括少量初等职业学校、大量中等职业学校、高等职业学校。

初等职业学校（职业初中）教育属于九年制义务教育体系，培养目标是农村

---

① 关于进一步加强职业教育工作的若干意见 [EB/OL]. http：//edu. people. com. cn/GB/8216/54807/54811/3822282. html，2015-02-01.

② 国家中长期教育改革和发展规划纲要（2010-2020 年）[EB/OL]. http：//www. moe. edu. cn/publicfiles/business/htmlfiles/moe/moe_177/201106/120794. html，2015-02-01.

中有一技之长的劳动者，目前这种学校已经很少。2011 年，全国职业初中共有 54 所，占初中学校总数的 1‰，在校生 34 173 人，占初中阶段在校生数的 0.7‰。2013 年，全国职业初中 40 所，占初中学校总数的 0.75‰。2017 年，全国职业初中 15 所，占初中学校总数的 0.29‰。初等职业学校发挥的培养初级技能人才的职能已不显著。

中等职业学校教育是在高中教育阶段进行的职业教育，是目前中国职业教育的主体，中等专业学校（中专）、技工学校、职业高级中学（职业高中）、成人中等专业学校（成人中专）的招生对象主要是初中毕业生和具有初中同等学力的人员。2017 年，全国中等职业教育（包括普通中等专业学校、职业高中、技工学校和成人中等专业学校）共有学校 10 671 所，招生 582.43 万人，在校生 1 592.50 万人，占高中阶段教育在校生总数的 40.10%；这类学校在讲授高中文化知识的同时，根据职业岗位的要求有针对性地实施职业知识教育和职业技能培训，培养技能型人才和高素质劳动者。

高等职业教育是改革开放以来为了适应经济社会发展需要，在改革原有的高等专科学校、职业大学和成人高校，以及整合优质中等职业学校资源的基础上发展起来的。高等职业教育主要通过高等职业学校招收普通高中和中等职业学校毕业生，讲授大学文化知识和专业文化知识，进行专业能力和职业技能训练，培养高技能人才，特别强调培养应用型、工艺型、复合型的高技能人才。高等职业院校的类型比较丰富，包括短期大学、职业技术学院；具有高等学历教育资格的民办高校；普通高等专科学校；本科院校内设立的高等职业教育机构（二级学院）；极少数国家级重点中等专业学校；达到国家规定合格标准的成人高校，俗称职业教育的"六车道"。1993 年以来，各种类型的职业教育都得到了发展，目前占主流的是职业技术学院、普通高等专科学校和本科院校内设立的二级学院。这个时期民办高校、短期大学和成人高校也得到了一定的发展（见表 4.2）。

表 4.2　2000—2018 年中等职业学校与高等职业学校数量

年份	中职		高职	民办中职	全国职业技术培训机构
	学校（所）	在校生数（万人）	学校（所）	学校（所）	万所
2000	19 729	—	—	—	—
2001	17 580				

| 年份 | 中职 | | 高职 | 民办中职 | 全国职业技术培训机构 |
	学校（所）	在校生数（万人）	学校（所）	学校（所）	万所
2002	15 901	—	—	—	—
2003	14 700	1 256.73	—	1 382	23.06
2004	14 454	1 409.24	1 047	1 633	27.71
2005	14 466	1 600.05	1 091	2 017	19.86
2006	14 693	1 809.89	1 147	2 559	17.77
2007	14 832	—	1 168	—	—
2008	14 847	—	1 184	—	—
2009	14 401	2 195.16	1 215	3 198	15.31
2010	13 872	2 238.05	1 246	3 123	12.94
2011	13 093	2 205.33	1 280	2 856	12.95
2012	12 663	2 113.69	1 297	2 649	12.38
2013	12 262	1 922.97	1 321	2 482	11.23
2014 年	11 878	1 755.28	1 327	2 343	10.51
2015 年	11 202	1 656.70	1 341	2 225	9.9
2016 年	10 893	1 599.01	1 359	2 115	9.34
2017 年	10 671	1 592.50	1 388	2 069	8.92
2018 年	10 229	1 555.26	1 418	1 993	8.45

注：中等职业教育包括普通中等专业学校、职业高中、技工学校、成人中等专业学校。

数据来源：全国教育事业发展统计公报（2003—2018 年）。

从目前所获得的数据看，2003 年至 2013 年的 10 年间，无论是中等职业教育还是高等职业教育，在数量上都比以前有较大的增长。虽然从 2013 年开始，中等职业学校的在校生人数开始下降，但高职院校的数量在持续上涨、校均规模在持续扩大。高职教育从无到有，数量呈现不断上升的趋势。

另外，2017 年，全国职业技术培训机构 8.92 万所，5 465.67 万人次接受了培训。民办中等职业学校 2 069 所，在校生 197.33 万人，是公立职业学校的补充。

图 4.1 是中国现行教育体系框架图，其中深灰色阴影部分是中国职业教育体系现状图。

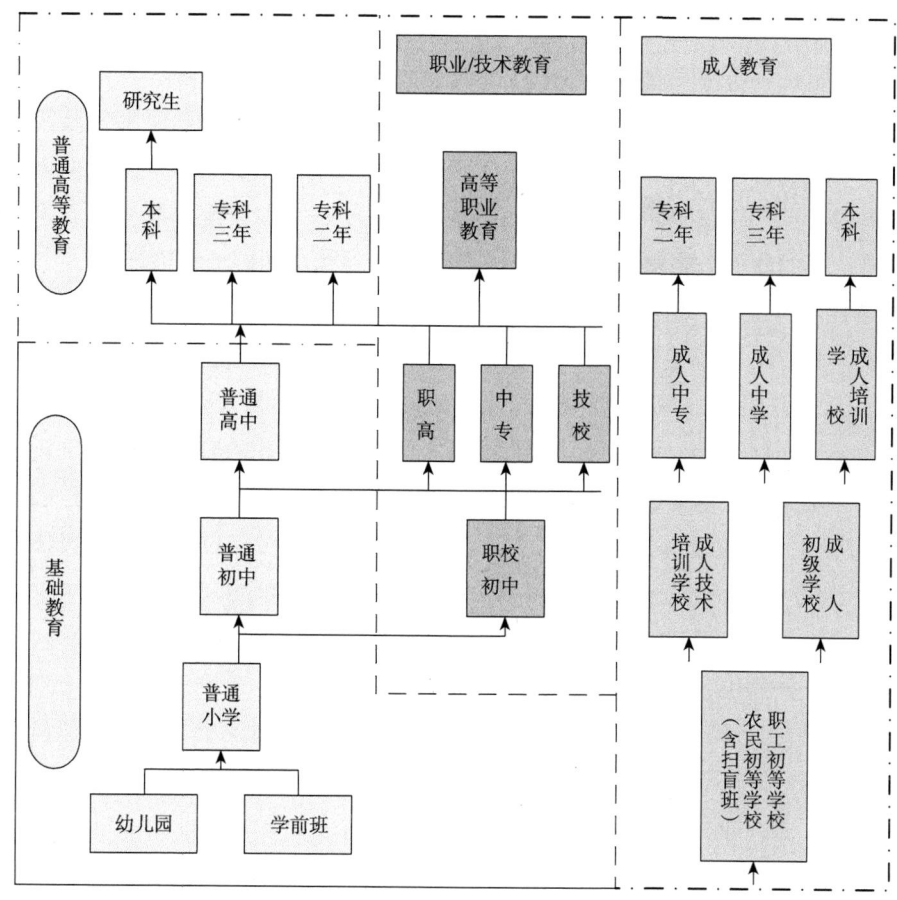

图 4.1　中国现行教育体系

（二）学校技能形成模式的问题

1. 政府主导作用发挥不足、制度保障不完善

"十　五"以来，中央政府高度重视职业教育产教结合的制度和机制建设，各地不断探索实践，职业教育取得了显著成就。但仍有不足，职业教育在法制建设、经费投入方面，仍然十分薄弱。

（1）各级政府自身对如何发挥主导作用认识不足，对实现主导作用的形式和路径缺少探索和经验积累，相关校企合作的法律和政策制度不健全，协调引导作用有待加强。虽然不少地区已经进行了积极尝试，并大力推进了职业教育的发展步伐，但全国尚未出台促进职业教育校企合作的法律制度。

（2）职业教育的管理体制尚不完善，政府及其部门参与职业教育的职责分工有待明确。在调研中发现，很多地区的职业教育面临着多头管理，职责不明的现象，教育部门举办和管理的职业院校与人社部门举办和管理的职业院校政策不统一，以职业资格认证为例，大部分教育部门举办的院校，学生毕业要参加人社部门组织的考试才能获得职业资格证书，而人社部门举办和管理的院校，学生在职业资格证书的获得上要容易许多，基本上毕业时就能拿到职业资格证书。

（3）政府主导不足，导致校企合作多方参与、沟通对话、经费投入引导与保障机制、监督评价机制等不完善，资源整合力度不够，对企业参与职业教育优惠政策宣传力度不够。在调研中发现，国家既有的企业参与校企合作的优惠政策，比如，企业支付实习生报酬税前扣除政策，没有得到很好的宣传，企业真正获得此优惠的较少。2005年，国务院发布的《关于大力发展职业教育的决定》明确指出："企业有责任接受职业院校学生实习和教师实践。对支付实习学生报酬的企业，给予相应税收优惠。"2006年，财政部、国家税务总局《关于支付学生实习报酬有关所得税政策问题的通知》，以及2007年国家税务总局《关于印发〈企业支付实习生报酬税前扣除管理办法〉的通知》两个文件，分别对学生实习期间的劳动报酬和企业参与校企合作可享受的优惠政策做了详细说明。规定企业可在税前扣除的实习生报酬，包括以货币形式支付的基本工资、奖金、津贴、补贴（含地区补贴、物价补贴和误餐补贴）、加班工资、年终加薪和企业依据实习合同为实习生支付的意外伤害保险费。并且规定，企业税前扣除的实习生报酬，依照税收规定的工资税前扣除办法进行管理。虽然，实习生的报酬通常很低，企业所享受的直接优惠很少，但毕竟是一项既有的支持校企合作的政策，但在调研中发现，很多企业表示对此政策并不知晓，影响了政策应有的效率。

（4）政府支持的社会化评价机制不健全，参与合作的企业资质缺乏明确规定和认定，企业参与合作的效果缺乏整体评价。调查中发现，很多地区职业院校选择参与校企合作、共同育人的企业目标与标准各不相同，以"企业提供资金设备场地"为目标的院校占21.4%，以"企业提供就业岗位"为标准的占20.2%，以企业"参与课程技术开发能力"为标准的占16.7%，以企业的"专业技术人员技术水平"为标准的占15.5%。各职业院校的选择标准不健全，对企业参与职业教育的评价迥异，不利于职业教育的持续、规范发展。

（5）职业准入、职业资格证书与人才培养的关联性不够，职业教育规范和标准不够成熟。在调查中，46.88%的企业认为，现行的职业资格等级制度不符合企业实际发展要求，主要问题包括认证标准不符合需要和认证内容滞后（见图4.2）。另外，19所学校校长认为，证书考核内容和形式应根据产业和技术发展情况适当调整；19所学校校长主张，对一些特殊行业要获得职业资格证书后上岗；17所学校校长希望非强制型职业证书考核和颁发工作应由有关行业协会组织企业、学校共同完成。

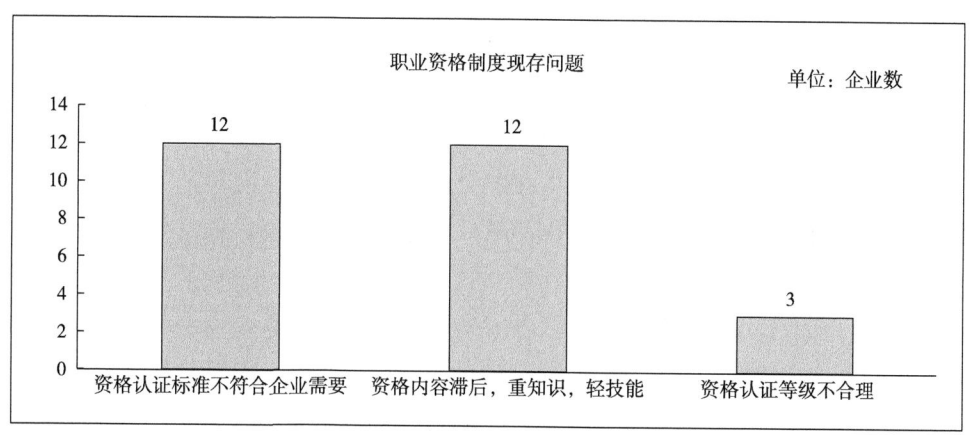

图4.2 调研地区职业资格制度的问题

2. 行业参与率较低且发展不足

调研发现，当前，很多地区行业协会参与职业教育的现状不容乐观，成为制约职业教育的重要因素。

（1）行业参与职业教育较少，发挥作用不明显。在调研中发现，几个城市的职业教育发展过程中，仅有两三个行业协会参与进来，而且起到的作用和职责权限不明确，缺乏支持和鼓励行业组织参与职业教育与培训的政策。中国法律没有明确规定行业协会在职业教育发展中的地位和作用，使得行业组织的协调指导作用没有得到充分发挥，在行业岗位标准、课程标准等制定中的主导作用发挥不够充分，行业组织对职业教育校企合作的监督机制尚未建立，行业协会与职业教育的交流对话制度有待进一步完善，这些问题在职业教育发展需求较为旺盛的东北地区尤其突出。

（2）从整体上看，很多地区行业自身独立发展的水平有限，指导职业教育发展的能力不足，自身能力尚需逐步培养。德国等发达国家的行会具有制定标准、主持考试、颁发资格证书的权利和能力。

3. 中国技能供应内容的继承性、生产性不足

长期以来，由于中国职业教育的组织者、实施者以及研究者是学科体系培养出来的，我国的技能供应内容始终未能跳出学科体系的藩篱①。而且多年来，技能供应内容一直在变化、探索，没有形成技能供应内容现代化的传统积淀。

近20年来，中国的技能供应内容经历了系统化的学科内容为主的阶段，以职业分析导向基于能力的教育内容为主的阶段，以模块化的可迁移技能为主的阶段，以学习能力导向的"宽基础活模块"技能为主的阶段，以及现在广为实施的以综合职业能力为主的阶段的变迁。从技能供应内容的沿革上看，中国的技能供应内容改革之路走得太急，以每种技能为主开发的课程以及开发模式的效果还未来得及显现，就急于否定，使中国的技能供应内容以及职业院校的课程开发一直处于巨大的变化中。多次的变革不仅使学校和教师承担了巨大的工作量，而且使职业教育课程根基受到了冲击。中国职业教育课程改革在引进一项新的课程开发模式之后，急于否定前一种课程及其开发模式，使得职业教育课程没有传统基础可以延续。每种课程及其开发模式都有优点和缺点，例如，工作分析导向的课程设置，美国的职业教育至今仍在沿用，虽然有更新，但基本理念没有变，而中国几乎将其全盘否定。频繁的变更使得职业教育课程发展到今天，没有传统基础的积淀，仍然处于一种尝试、摸索阶段。

技能供应内容没有统一的官方标准，尽管教育部分别于2004年、2010年出台《高等学校高职高专教育指导性专业目录》《中等职业学校专业目录》两个文件，但只是对各地设置专业的指导性意见。对于每个专业开设何种课程，课程水平达到何种程度才算此专业设置合格，没有明确的要求和规定。技能标准的缺失也成为职业教育课程质量不高的关键因素。

另外，目前中等教育技能供应内容与高等教育技能供应内容缺乏统一的规划与设计，各地中高职学校确定自己的课程体系和教学内容，造成一些专业内容重复的现象。"以汽车运用与维修专业为例，根据2004年教育部调研，高职三类专业课共开设15门，合计1 460学时，其中有11门课程与中职重复，学时数超过1 100学时，约占专业课总数的75%"②。课程设置的重复，不仅造成中高职教育资源与学习时间的浪费，而且严重影响了学生的学习积极性，降低了教育质量。

---

① 姜大源. 学科体系的解构与行动体系的重构——职业教育课程内容序化的教育学解读 [J]. 教育研究, 2005 (8): 53-57.

② 李玉珠. 中高职发展踏上"和谐号" [J]. 教育与职业, 2011 (6): 28-34.

　　职业教育是与经济发展联系最为紧密的教育类型，职业教育内容应及时与社会经济的发展相适应，然而，中国现在的职业教育课程与经济发展需求的联系尚不够紧密，专业设置和课程内容滞后，没有区域特色。

4. 院校人才培养模式创新不足、教师能力单一

　　不同的企业生产方式需要不同的技术技能人才，需要多样化的技术技能人才培养模式和多元的教师能力。然而很多地区，职业教育人才培养模式单一，教师能力单一，不能满足多样化生产方式的需求。

　　调研发现，很多地区现有校企合作模式主要以共同参与人才培养过程和建设校内外实训基地为主，78%的学校视二者为主要合作模式。可见现有校企合作模式单一且处于浅层（见图4.3）。

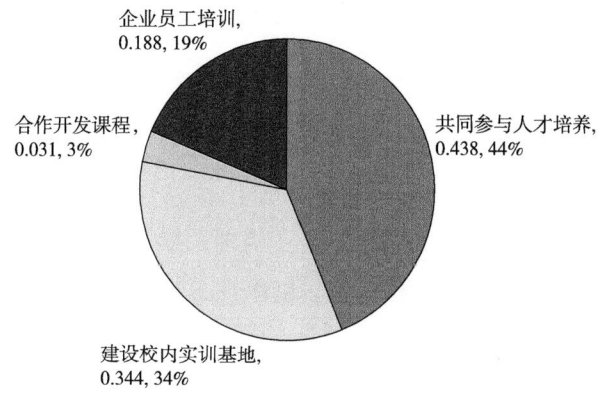

图 4.3　调研地区校企合作模式

　　企业技术人员兼任学校专业课教师，可有效提升学校专业教师整体技能，帮助学生更好地掌握最新技能工艺。但企业技术人员兼任学校教师的数量很少，40.63%的学校企业技术人员兼职教师占全校专职教师的比例在10%以内，仅有9.37%的学校企业技术人员占全校专职教师的比例在30%以上（见图4.4）。

　　另外，调研地区职业教育发展还面临着学校缺乏现代学校制度理念，合作发展机制不健全，整合资源能力不够；学校品牌创建意识不够，专业水平和技术技能积累不足，难以引领行业发展；学校技术服务能力较弱，难以吸引企业参与等问题。

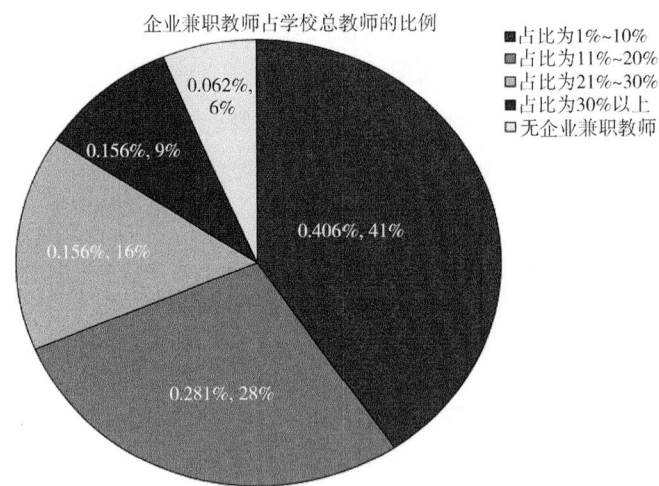

图 4.4 调研地区职业院校兼职教师比例

二、企业技能形成模式的问题与风险

在中国，企业技能形成模式主要是企业培训，依据技能获得的场所划分，属于内部技能形成模式。当前，中国企业技能培训的现状不容乐观，存在诸多问题与风险。

（一）企业技能形成模式的问题

1. 企业高层重视程度不够，中下层执行力弱

从问卷的调查结果看，绝大部分企业均制订了与企业发展战略相结合的企业培训计划，其中，96%的企业制订了完善的培训计划，但仍有4%的企业没有培训计划（见图4.5）。从执行情况看，企业培训制度在62%的企业中被有效执行，有21%的企业执行不力，只有少部分企业由于突发状况，如业务量增多、资金短缺、人手不足等因素而没有执行（见图4.6）。

虽然目前已经有很多企业意识到培训的必要，但是很多企业的培训力度差强人意。人力资源管理工作一定意义上可以定位为员工的"选、育、用、留"工作。其实员工培训承担了大部分培养才人、挽留人才的工作。从问卷调查结果看，中国企业以及企业员工，不论企业的大小、性质，对员工培训工作都缺乏足够的重视。虽然企业针对企业培训做了书面计划，但大多数企业只是纸上的计划，根本无法实施，结果导致很多员工认为"培训"只是一个概念，认为企业不会为员工的利益而进行培训，不会为了提高员工工作技能而提供培训，即使员工技能提高能够更好地为企业服务。

企业在制订培训计划时，缺乏信息沟通，培训效果不能及时反馈，企业培训"闭门"现象严重。多数企业在制订企业员工培训计划时，往往没有对企业员工进行了解和调查，进行相应的培训需求分析，结果导致员工培训找不到切入点，在真正的需求前打"擦边球"，浪费人力、物力、财力，很多对具体情况不了解的高级管理人员，不明白真正需要做怎样的培训，培训会给员工带来怎样实质性的帮助，从而导致员工对企业培训工作印象差，评价低。

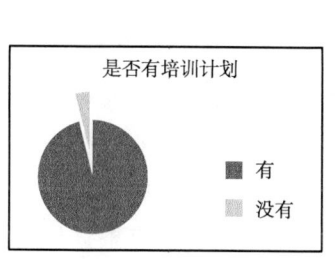

图 4.5　企业培训计划制订情况

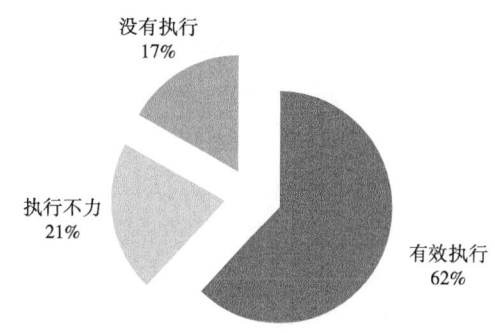

图 4.6　企业培训计划的执行情况

2. 企业员工培训徒有其表

问卷调查结果表明，对企业员工进行培训已成为普遍共识，但存在某些企业的高层管理人员对企业员工培训重点把握不到位或者根本不重视的现象，加上有些员工不关心，有很多企业的员工培训仅是做表面功夫，所达到的效果"微不足道"。主要的现象有：大多数企业制订的员工培训计划与员工的培训需求不符，仅有14%的企业有企业受训员工参与培训决策；约三成以上的企业在培训后没有及时进行培训效果评估和反馈，到底员工接受培训的效果如何，是否对员工有实际的帮助，培训者的培训方式、上课内容是否适合受训员工，企业的高层管理者不得而知。同时即便有些企业认识到进行企业员工培训效果评估的重要意义，并在培训后对其进行评估，但也仅仅局限在调查授课满意程度的信息反馈上，只有少部分的企业同时做到对员工的岗位适应能力、工作能力和工作效率的提高程度进行科学有效的评估。

　　同时，考虑到各种因素，很多企业难以对员工的培训投入较高的费用。不难发现，因为企业在员工培训计划的制订过程中，没有调查相关企业员工的培训需求，或者培训所传达的内容与员工的真正需求不符，使员工对企业所安排的培训重视程度较低，在对员工是否参与企业培训决策的调查中，仅有 0.14% 的企业员工表示自己参加过企业的员工培训决策（见图 4.7）。员工在接受企业的员工培训之后大部分企业又忽视培训效果的评估工作和信息的反馈，那么企业自然就没办法了解员工培训的真实成果和问题，进一步加剧企业员工培训与员工需求之间的错位，结果出现可怕的恶性循环，企业对企业员工培训的低投入造成员工对培训的不重视，员工不重视则培训效果就差，企业员工培训的收益就低，企业更不愿意加大与之相关的成本投入。

3. 企业员工培训不够系统化

　　分析问卷调查之后得知，在受调查的企业中有 73% 的企业每年在固定时期制订年度培训计划，25% 的企业曾经制订过年度计划，2% 的企业没有制订年度计划（见图 4.8）。很多企业的高层管理者眼光较为短浅，没有意识到企业员工培训是未来企业关注的重点，其能够给企业带来的收益也必然越来越可观，把企业的长远发展和员工的发展视作一个目标，才能使企业的管理者和员工拧成一股绳，企业才能充满无限的生机和活力。一个企业如果在长期发展中，没有根据早期制订的长期目标，进行前期针对新形势及可能出现的新岗位要求对员工的预培训，为企业的过渡预留相应的时间，企业的日常运行就不可能顺利，从而影响整个企业的协调和可持续发展。

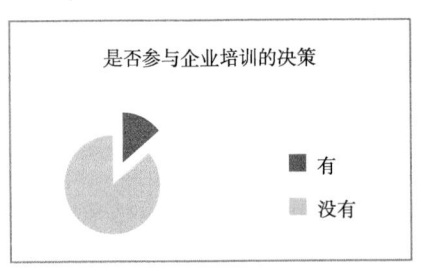

图 4.7　员工参与企业培训决策的情况

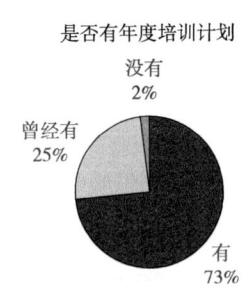

图 4.8　企业是否有年度培训计划

4. 缺乏企业内部培训评估，未与绩效管理等模式联动

65%的调查者表示其企业有事后考核和评估，但35%的企业仍然缺乏有效的评估机制（见图4.9）。检验企业员工培训是否成功，最快和最切实可行的是进行效果评估。计划确定公司未来的工作目标和行动步骤、战略和信息反馈，以监测计划的实施，实施计划的可行性，并实时检查计划的可行性。在企业员工培训计划实施的每个阶段，都需要有信息反馈以纠正计划实施过程中任何可能产生的偏差。然而目前的现实则相反，有的企业没有对企业员工培训计划实施过程进行把控，没有事后的结果评估、成果反馈，一次员工培训能否真正起到作用，达到为企业创造价值的效果无从知晓。

5. 员工的忠诚度有待商榷

在受培训员工的忠诚度方面，86%的受调查者表示不会跳槽，14%的受调查者表示会跳槽，如果遇到同行企业的"挖墙角"，跳槽比例可能更高（见图4.10）。

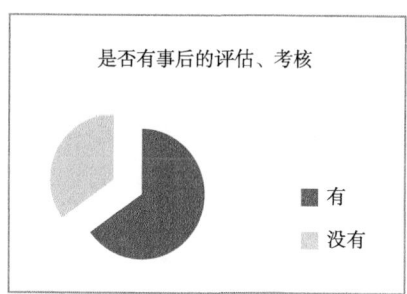

图4.9 企业是否有事后的评估、考核

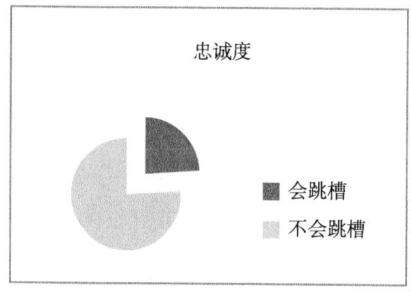

图4.10 企业员工在受培训后的忠诚度

企业的员工培训可提高员工的综合素质，与之相应地会出现有些员工为了追求更高更好的物质回报，或者精神方面有了新的需求，同时在同行业竞争者的"挖墙角"以及猎头公司的促使下，员工对本公司的满意程度下降，经过权衡利弊就有可能"跳槽"。企业管理高层的本意是通过企业员工培训让员工为公司带来更多的收益，使员工能够和公司共同进步。但由于受训员工的"另谋高就"而伤害了企业，影响了企业组织培训的积极性。当前，很多企业对企业员工培训的控制力度不足，造成企业开展员工培训面临很大的风险和压力。因此，尽管企业员工培训能够给企业带来收益成为社会的共识，但面对如此压力，很多中小企业表示"有心无力"。

(二) 企业技能形成模式面临的风险

培训是企业重要的人力资本投资，而投资必定伴随效益与风险。培训风险指企业在进行员工培训过程中，由于观念、组织、技术、环境等不良因素可能给企业培训带来的风险，具体可分为培训前风险、培训中风险和培训后风险①。

1. 培训前风险

培训前风险可以定义为企业在员工培训开展前，确定培训的需求以及培训所要达到的效果可能会遇到的风险。确定企业员工培训的需求是培训计划的第一步，是培训计划制定的主要依据。在这个过程中，企业员工培训风险存在的原因有两点。

（1）培训需求调查草率，培训计划制订较随意。调查发现，企业员工培训存在培训需求调查草率的现象，虽然大部分企业都制订了培训计划，但培训计划的制订与培训需求并不吻合，培训计划制订较为随意。一个企业在制订员工培训计划时，一旦高层管理者对当前的培训需求理解有误，就可能导致培训计划与实际目标偏离。与此同时，如果一个企业在制订企业员工培训计划时"盲目求进"，使培训计划脱离实际，企业的负担过重，那么可能导致整个企业的日常运行都无法进行，其培训计划也必定是失败的。反之，若只考虑企业的近期目标，则可能由于企业员工的成长滞后而拉慢、减缓企业的发展速度。培训计划与培训需求不匹配的现象，使企业培训的经济成本、人员成本、时间成本的浪费现象严重，影响企业发展。

（2）企业培训对培训对象的针对性不足。在访谈中发现，企业对员工培训的重视程度越来越高，但是企业对员工培训的内容把握较差，企业员工培训没有结合企业自身的特点，没有明确员工素质模型以及企业当前和未来的岗位需求，培训没有与员工的"需求"相结合。例如，企业对不同类型的员工需要哪种类型的培训，哪些培训内容适合企业员工，哪种培训方式是员工所能接受的等问题的研究较弱，造成企业提供的培训并不是员工所需要的培训，培训的针对性和有效性不足。培训的针对性和有效性不足的问题，使企业员工培训徒增成本，对企业发展带来一定的风险。

---

① 张健. 企业员工培训及其风险和对策 [J]. 中外企业家，2015 (21)：114-115.

2. 培训中的风险

（1）受培训者的积极性、主动性不高。由于企业缺乏对培训效果的考核和反馈机制，有的受训学员积极性、主动性不高，有的学员以培训为名逃避工作，对这些学员进行培训，形同"对牛弹琴"，无疑会影响培训效果。

（2）培训者的素质风险。一个好老师对学校学生的学习兴趣和学习成绩有着重要的影响。而在对企业的员工培训中，培训师的素质则在一定程度上决定着企业培训的效果。知识和经验、培训技能、个人魅力是检验培训师的三个重要标准。企业如果选择了理论知识储备不足，实践经验不够，培训技能较弱，个人魅力不足的培训师，培训效果必定很难保证，从而影响培训计划的实施，降低企业培训的预期收益。同时，不论是企业内部的培训师还是外聘培训师，其素质难以达到培训计划需求必然影响企业员工培训的系统性，影响员工和企业参与培训的积极性。在访谈中发现，有的企业聘请的培训师责任心较差，优秀的学员得不到激励，而表现较差的学员也得不到提醒，久而久之受培训者就会缺乏主动学习的积极性，从而降低了培训的效果。

3. 培训后的风险

有些企业的培训效果虽然好，但是由于缺乏企业制度、企业文化的营造等原因，导致企业留不住受训后素质和各项能力明显提高的员工，给企业员工培训带来了危害。本文将培训后的风险分为人才流失风险、为竞争对手培养人才的风险、专有技术泄密风险、知识更新风险、企业战略风险。

（1）人才流失风险。企业最担心的就是在企业员工培训后，员工离开或有离开本企业的打算，一旦有员工离开企业，意味着企业的培训收益流失或减少。企业对培训投入的精力越大，员工的出走对其打击也就越大。从员工的角度说，"跳槽"无非是为了更高的物质需求，或者是在培训后人生观、世界观、价值观得到更新，为了更好地实现人生价值，而产生了"另谋高就"的打算。此外，我们也不能忽略有些企业的培训与当下的岗位需求脱节的情况。培训后，员工的能力超过岗位的实际要求，员工空有本领无法施展，于是为了更好地施展才华而选择离职。

（2）为竞争对手培养人才的风险。员工出走的另一种可能是被竞争对手"挖墙角"，之前对该员工的培训就会真切地增添了竞争对手的实力，企业的员工培训就变成为竞争对手培养人才的无意义的成本投入。更棘手的是，这些员工偏偏又知悉着本企业的大部分情况，这些情报则会被对手企业充分利用，对本企业造成不可预估的潜在威胁。

（3）专有技术泄密风险。每个企业都有独特的管理经验和专有技术，在企业竞争和生产经营过程中的一些秘诀。在本企业工作越久的员工越潜移默化地接收到一些信息，就像世上没有不透风的墙一样。企业的培训使更多的人了解到企业当下能转化为生产力的技术和经验，而这些内容的保密工作在员工培训后将变得更加困难。

（4）知识更新风险。21世纪是知识大爆炸的时代，知识的传播速度和更新速度很快，很难保证当下掌握的知识能发挥多久的效用。企业员工培训中介绍的新知识、新技术、生产和管理的经验有着一定的时效性，一旦有新的知识产生，就会导致员工培训"功亏于溃"或收益减少。

（5）企业战略风险。社会的经济形势是不断变化发展的，因此，企业也要不断地发展和变化，企业需要不断地转变发展模式，不断地调整战略布局，才能在日益激烈的竞争中存活下来，并保持优势。这意味着由于企业战略的变化更新，使企业的员工培训不能适应新形势的需求，需要再调整，再培训。

（三）企业培训风险的影响

企业员工培训是企业对人力资本的投资，对整个社会而言，培训提高了国民的素质水平，增加了人力资本的存量。但是因为企业培训的风险大，导致有些企业不愿甚至不敢对员工进行培训，或者是企业对培训的成本投入不够。与此同时，受培训的员工流失风险也对企业自身和员工产生重大的影响。

1. 对员工产生较大负面影响

因为企业培训风险导致员工在培训时花费了大量的时间和精力，但效果并不明显，甚至学到了很多技能，却没有机会使学到的技能和经验得以转换和应用。另一种情况是，受培训后的员工"跳槽"会影响员工的形象，使企业在聘用员工时产生顾虑，引发社会对职业道德的顾忌和思考。

2. 增加企业的经营成本

企业员工培训是一项开支，必然影响企业的生产利润，增加企业的经营成本。理想的情况是培训后企业能提高或增添新的生产力，从而减轻企业负担。如若不然，员工出走，则需要培养新的员工，那么人力资源的成本又会增加。

3. 影响企业生产经营的连续性

假如某企业经常有员工离职的现象，员工不稳定，则会使员工怀疑企业的文化和竞争力，那么就会加剧离职这一现象，影响企业生产经营的连续性。企业生产和经营中最重要的是人，就像"螺丝钉"一样，人能发挥其能动作用，让企业的各个部门，生产的各个环节有条不紊地衔接起来。所以，人心不稳就会影响一个企业、一个组织的正常运行。

4. 导致企业的技术经验流失

企业流失的人才往往携带着企业的关键技术和经验。人才是企业协调各方正常有序进行生产，使企业保有竞争优势的微小但又重要的因子。而一些在生产中积累了"不足为外人道"的生产、管理经验的人才一旦跳槽，则会显著地使企业的一些关键步骤无法正常运行，影响企业的生产力。

5. 降低企业的市场竞争力

一个员工在企业工作时间较长，就能学到更多的知识和技能，更了解企业客户的需求，更熟悉操作和企业的业务特点，更能为客户提供优质的服务。这些员工往往是能接触到顾客的一线工作人员，在顾客面前代表着企业形象、企业文化，而顾客则通过他们维系着与企业的联系，这些员工是顾客与企业建立相互信任关系的纽带。因此，一线员工跳槽到竞争对手的企业，会降低企业的竞争力，对企业产生负面影响。

三、校企合作模式与问题

校企合作是指技能培养由学校和企业共同实施，学校和企业成为技能培养的双主体。在中国，校企合作一直是职业院校积极努力尝试和建设的，而企业参与情况不是很乐观，校企合作也存在一些亟待解决的问题。

（一）企业参与校企合作模式的现状

1. 企业承担职业教育责任的意愿强烈

"在贵单位是否愿意成为职业教育的育人主体之一"的问题回答中，93.5%的企业回答"愿意"。86.7%的企业愿意接收学徒工，92.3%的企业愿意给予学徒工合理报酬，84.5%的企业愿意给学徒工上保险。

在技术技能人才培养中，65.5%的企业愿意给予职业学校师生实习机会，53.1%的企业愿意参与技术技能人才培养实训基地的建设，40.6%的企业愿意为学校提供专兼职技术教师支持，甚至有的企业还愿意参与课程开发（28.1%）、提供资金（15.6%）、理论教学（3.1%）。

企业承担职业教育的主体责任意愿强烈，这一情况不仅在调查问卷中反映出来，在座谈中，很多企业也表示，非常愿意加入职业教育的人才培养中，甚至有的企业表示，学校可以提出要求，企业肯定积极配合。

2. 企业承担职业教育责任收效甚微

企业面临着技工短缺的发展瓶颈，非常愿意承担职业教育育人主体的责任，那么，为什么发达国家的企业内部劳动力培训市场没有在中国形成呢？部分原因在于，中国企业多为中小型企业，缺乏独立培训的条件，而且企业主动开展技能培训的意识较低，在有技术技能人才需求的时候，54.8%的企业选择从学校招聘，35.5%的企业选择面向社会招聘，仅有9.7%的企业选择老员工技能提升。但是调查发现，最主要的原因在于企业培训的失效。

与企业承担职业教育责任意愿强烈的结果形成反差的是，企业的培训或育人收效甚微。企业承担职业教育的育人责任存在一定的障碍。比如，有的企业反映，"其实我们非常愿意承担职业教育的责任，提前深入到学生的培养过程中，帮助学校培养出我们需要的人才，但是我们和学校订单培养的人才，到毕业时违约不来企业，而是到工资更高的企业去工作，我们很无奈。"也有的企业反映，"我们非常重视自身员工的培训问题，但是培训一个走一个，我都为别人培养人才了。"这一结果与调查问卷的结果基本相符，问卷结果显示：对员工的总培训费用较高，而且，基本上企业的培训费用多用在了一线员工身上。但是，企业的人均培训费用与离职率呈正比例相关，也就是说，企业在每个人身上花费的培训费用越高，员工离职比例也就越高。这种状况，很大程度上让企业没有勇气承担职业教育的职责。

中国企业承担职业教育育人主体责任意愿强烈，而现有实际效果的反差，根本的原因在于中国没有德国那种与"双元制"相匹配的企业管理制度、劳动管理制度、劳资关系制度等，没有为"企业承担职业教育育人主体责任"建立可信任的承诺关系，造成承担职业教育责任的企业面临着"挖人效应"而带来的投资"风险"。

（二）校企合作模式的问题

1. 合作对象有待拓展，短期合作多于长期合作

从合作对象来说，职业院校期望与多元主体合作，而现实中，职业院校的合作对象多为中小企业，与大企业的合作并不多，与整个产业或行业协会的合作非常少，合作关系比较简单。58.77%的学校与中小企业合作，20%的学校与大企业、国有企业等合作，16%的学校与行业协会合作，9.33%的学校与产业集团合作，1.33%的学校与政府主管部门合作。职业院校产教融合的合作对象以中小企业为主，而中小企业，尤其是小企业本身存在不稳定现象，因此，职业院校的产教融合短期合作多于长期合作，合作稳定性较差。

2. 职业院校愿景与现实存在反差

调查发现，职业院校对产教融合的认识比较清晰，对自身所需资源非常明确，产教融合意愿十分强烈，但产教融合现实与愿景存在巨大差距。职业院校在选择产教融合对象时，最注重合作对象的参与课程与技术开发能力（占57.33%），企业专业人员的技术水平（占49.33%）、行业信息与技术（占46.67%）。相比之下，对企业的资金、设备、场地（30.67%）、实习和就业岗位的提供（22.67%）、组织管理能力（9.33%）等方面的需求并不是非常迫切。在学校最期待的合作开发课程、企业技术人员参与等方面的合作并不理想，以合作开发课程为主的学校仅占12%，教师队伍中吸纳企业技术人员作为学校兼职教师的比例，多数学院均在20%以下。

在学生实习方面，学校期望企业能够为学生指定专门的师傅进行实习指导，企业师傅带领实习生参与企业产品研发和技术更新，优秀实习生经过选拔考核直接成为企业正式员工等。而现实中，大部分院校的学生实习，是进入生产一线，参与实际生产活动，充当简单的劳动力；大部分实习学生没有师傅带，向师傅学习新技术研发与更新的机会比较少。

3. 企业对合作有意愿少行动

在对"贵校与企业合作中，企业的态度"问题调研中，53.33%的院校认为很积极，20%的院校认为一般，18.67%的院校认为不积极，8%的院校表示企业拒绝合作。另一项企业调查也显示，93.5%的企业愿意承担高等学校相关育人职责，但是在实际情况中，企业为学校提供的资源并不理想，企业为院校提供的资源主要是设备、场地、资金，近几年，虽然顶岗实习岗位在逐渐增多，但多为一线生产岗位和没有实质技术含量的岗位，与师傅带学徒的要求还有差距。

通过相关性分析，企业的实际行动与学校为企业提供的资源呈正相关，学校为企业提供的员工培训、技术服务、产品研发等服务越多，企业为学校提供的相应资源也越多。这说明产教融合的良好运行需要校企资源的优势互补，需要双赢，学校需要满足企业的需求，而不是一味索取。

4. 合作模式多样性不足

虽然有一些学校在积极探索新的校企合作模式,但大部分职业院校的校企合作还是以校企一般性合作为主,占67.5%,学徒制和职教集团的合作模式偏少,分别仅占11.14%和4.20%,而其他模式的校企合作更是少之又少。从调研中可以看出,职业院校校企合作模式多样化不足,单一的校企合作模式不利于校企合作的长效发展和效用的发挥。

5. 校企利益获得不均衡

有效的校企合作应为学校和企业双赢的合作,但在调研中发现,职业院校在校企合作中学校和企业主体在利益获得上显现不均衡现象。

学校能够为企业提供的服务或者说企业能够从学校获得的利益点比较少,91.8%的学校认为自身可以为企业提供员工培训,65.57%的学校认为自身可以为企业提供技术服务。但是从企业反馈的信息看,学校为企业提供的员工培训针对性不强、培训内容较旧、培训效果并不理想,而且,很多企业认为,学校提供的技术服务有限,很多技术并没有企业技术革新快,与其说学校为企业提供技术服务,不如说企业为学校提供技术学习的场所。调研显示,学校真正能为企业提供的有效服务只有技能鉴定一项,因此,企业参与校企合作的意愿并不高。学校积极参与校企合作,学校可以从企业获得很多资源,包括兼职教师、顶岗实习岗位、就业岗位、设备等。

第三节　中国技能形成现存问题的深层次归因

调研地区技能形成发展过程中出现的政府、行业、企业、学校、学生等层面的问题,表面看,问题在技能形成自身,而其实质,是由技能形成的外部环境与制度引然。技能形成发展的条件、社会分层的不合理、各种冲突、制度障碍等,是技能形成困境的深层次归因。

一、条件性归因

(一) 科技进步促使职业更换频繁

伴随着科技进步和技术发展,工业自动化和智能化逐渐普及,工业生产对人的依赖性变得越来越弱。在大型流水线生产中，人们往往不需要直接参加劳动，只是通过计算机，按照事先编制的程序，自动指挥和调节设备的运行，对劳动过程进行控制。科学技术的革新，促使许多传统技能岗位被大量淘汰，传统工人大量转业，代之而起的是大型的机械工具进入生产领域，造成许多"无人工厂"，技术工人的可替代性工具在生产中迅速蔓延。同时，随着市场经济机制愈发健全，人们在劳动力市场中可以自由转换职业，许多一线工人为了更高的薪酬待遇不断地更换职业，专业的手工工艺不再成为寻求良好职业生涯的敲门砖，人们对职业教育存在普遍质疑。

同时，中国技能工人在劳动力市场的正常流动，一方面可以增强企业活力，提高生产效率和提升区域经济竞争力；另一方面，这种高流动性造成企业技术工人大量流失，技能工人缺乏一个长期、稳定的技能学习模式，不利于企业技能积累。而且，企业也无法短时间内从外部市场招聘新员工弥补岗位空缺。最为严重的是，调研发现，由于"搭便车"现象的存在，企业投资员工技能提升的积极性严重受挫。

（二）职业教育在教育中的地位较低

职业教育是一种教育类型，已为职业教育界人士广泛接受和认可，但在非职业教育界，对它的认识尚停留于一种低层次水平，多年来，尽管职业教育取得了巨大的成就，但一直没能摆脱高等教育低层次的地位。

在学历水平上，绝大部分高等职业院校处于专科层次，专科层次与本科、研究生层次相比，自然处于低层次状态；在招生录取上，高等职业院校大多为最后一个录取批次，学生在不能被其他院校录取的情况下，才会选择读高职院校。尽管现在有些地区在试点高职单招，提前录取，但这种招生方式大部分限制在省域，甚至市域范围内，这种地区限制，也将很多有志青年拒之门外，使得高等职业院校仍然不能摆脱低层次地位。中等职业学校的招生与高等职业院校一样也处于非常被动的状态。在社会地位上，学生和家长一般都是在没有其他院校可选择的时候，才会选择读职业院校，职业教育低人一等的观念在家长和学生的心中深深扎根。

二、结构性归因

(一) 社会分层不合理

社会上普遍认为，职业院校"招生难"的直接原因是生源减少、高考录取率提高以及参加"洋高考"人数逐年增加；间接原因是人们对职业教育的"观念误区"。不可否认，这些因素确实对职业院校"招生难"产生影响，但深层次的原因与中国社会分层不合理以及社会结构失衡有关。

社会分层与流动对教育产生的影响是以教育促进社会分层和流动的功能为前提的，社会分层与流动功能的强弱像信号一样，影响着人们对受教育类型与程度的选择①。

社会分层对教育公平影响的实证研究发现，中国的社会阶层差异与学校分层存在一定程度的对应关系，经济和文化等社会资源条件相对优势阶层的子女能够获得更多更好的教育机会，大量的弱势阶层子女只能在高职院校就读。

根据韦伯社会分层的三项标准，社会中下阶层成员的经济资源、组织资源、文化资源均处于弱势。当他们的子女考不上流动性较好的普通高中和普通高校，只有在是否接受职业教育中做出选择的时候，他们首先对投入与产出的效益进行权衡，而这种权衡来自对已经接受了职业教育的人与没有接受职业教育的人的命运比较，职业教育的现状以及在改变人们社会阶层结构上的局限性，使一部分人做出了不接受职业教育的决定。这种状况在经济落后地区表现尤为明显，在一些人看来，送孩子读中职、高职，并不比让孩子初中高中毕业以后打工更实惠，孩子早早出去打工的家庭，经济状况要好于有孩子上学的家庭。

社会分层的不合理，导致了教育分层的不合理和普通教育与职业教育的地位差异，使得职业教育的学生主要来自社会的中下阶层，家庭条件普遍一般，甚至较差。这种现象严重影响了职业教育的发展。

(二) 企业和职业院校的办学权利失衡

职业教育存在企业和学校两个育人主体，目前，在职业教育发展过程中，企

---

① 张瑶祥. 高职院校"好就业、难招生"现象分析 [J]. 教育研究，2013（5）：90-95.

业和院校的职业教育办学权利失衡，导致职业教育几乎成为职业院校单方面的责任。

　　"任何人或组织若假定责任，则必然肯定权威；反之，人们除非对某种事物有权威，否则就不可能对它负有责任。在自己没有权威的地方承担责任是对权力的篡夺"①。德鲁克强调权利优先，才能激发公民承担责任的积极性与热情。然而，在校企合作中，我们一贯强调企业应该尽到各种责任，却没有赋予它们以权利，忽略了权利与责任相伴生的特性。如此单方面追求企业承担责任的后果是"权、责失衡"，企业不愿承担责任，更不会去篡夺"与之无关"的职业教育领域中的权利。在市场经济平等、自由竞争的环境中，我们过度要求企业承担职业教育责任，有意无意地忽视其权利、忽略其利益，是不符合组织伦理的，对企业而言也是不公平的。

三、冲突性归因

　　在职业教育的发展过程中，其利益相关者：政府、行业、企业、学校、学生之间存在着各种利益冲突、意识冲突。

　　在职业教育产教结合上，政府、行业、企业、学校和学生存在显著的利益和意识冲突。职业教育各主管部门之间各自为战，缺乏沟通，盲目追求自身利益，协作意识不强；地方各部门期望中央在改革创新中给政策、定制度、立法规，自身创新意识不强，不主动做突破性实践；行业和企业更多地顾及自身经济利益，寻求政府在税收、政策上给予更多的优惠，很少考虑到高技能人才储备可以有效促进企业长远的发展，同时，基于企业核心技术保密的心态，不愿意将真正的生产技术传授给学生；职业院校渴望企业参与学校学生培养，但更多是希望企业为本校学生提供更多的顶岗实习和就业机会；大量学生对进入企业车间实践操作存在怕苦怕脏的心理，参与实际生产活动意愿不强。

　　总之，职业教育创新改革主体在改革目标和方向上存在大量偏差，创新改革意识普遍较弱。为了推动各项改革事业的顺利进行，各主体之间必须统一认识，认清形势，结合自身状况采取行动。尤其是地方政府，无论是在校企合作中给企业一定的资金、税收、政策优惠，还是在兼职教师的待遇，抑或是在行业协会、

---

　　① ［美］彼得·F德鲁克. 社会的管理［M］. 徐大建，译. 上海：上海财经大学出版社，2006：58.

商会等参与职业资格认定与考核等方面，都应做出地方的创新性探索。

四、制度性归因

在中国职业教育制度发展的过程中，其制度的建设，有的尚不完善，有的严重滞后，有的甚至处于缺失状态，从不同程度上影响了职业教育制度实施的效果。

（一）投入制度不完善，投资主体单一

职业教育作为一种技术技能型人才培养模式，其投资主体包括个人、企业、学校、政府等，目前，中国职业教育投资主要是政府承担，教育投资主体单一。以中等职业教育为例，其经费来源在中国以国家财政性教育经费投入和学杂费投入为主（占90%），其中，2005—2009 年，国家财政性投资占其经费来源的一半以上[①]。

虽然职业教育具有公益性，国家对其进行投资义不容辞，但是，国家并不是唯一的承担者，企业作为职业教育校企合作培养人才的最终使用者和受益者之一，具有相当大的职业教育责任。2007 年，中国颁布的《就业促进法》明文规定："企业应按规定提取职工教育经费；企业未按规定提取或者挪用职工教育经费的，由劳动行政部门责令改正，并依法给予处罚。"[②] 然而，目前这一政策的落实情况较差，我国企业对职业教育校企合作人才培养的投资严重不足。调查显示，在企业员工的培训经费中，培训经费在 50 万元以上的企业仅有 21.4%。有近乎一半（48.4%）的企业没有培训部门或相关机构。企业对现有员工培训的投资尚且如此，更何况投资于与学校合作的人才培养项目了。

（二）培养制度主体缺失

职业教育是学校和企业合作的教育，学校和企业共同作为教育的主体，这种双元模式在德国非常普遍。但是在中国，多年来，校企合作一直处于"剃头挑子一头热"的状态，企业在合作中的主体作用缺失。

---

① 李艳红. 我国中等职业教育投资体制研究 ［D］. 河北科技师范学院，2012：27.

② 中华人民共和国就业促进法 ［EB/OL］. http：//www. molss. gov. cn/gb/zt/2007 - 08/30/content_197492. htm.

企业在职业教育校企合作中主体作用缺失的原因，一方面与企业自身的人才培养意识淡薄有关；另一方面是企业参与职业教育收效甚微所致。从企业的人才培养意识来说，中国于 1996 年颁布实施的《职业教育法》规定："企业依法履行实施职业教育的义务；企业未按规定实施职业教育的，责令改正；拒不改正的，可收取企业应承担的职业教育经费，用于职业教育。"① 但是，多年来，企业一直是从学校直接招聘人才，殊不知企业自身也有培养和培训员工的职责，这种人才培养意识的淡薄，自然导致其职业教育履责现状不容乐观。

从企业参与职业教育的收效上说，笔者调查显示，企业面临"挖人风险"。由于中国大环境所致，企业参与职业教育，有时不但不能收回成本，反而要承担因自己培养的人才被同行挖走而产生的竞争成本。有的企业反映，"我们和学校订单培养的人才，毕业时违约者大有人在，我们根本没办法，反而为别人培养了人才"。调查也显示，企业的人均培训费用与离职率呈正比例相关，也就是说企业在每个人身上花费的培训费用越高，员工离职比例越高。这种状况，很大程度上让企业没有勇气承担职业教育的职责。

（三）职业资格证书制度改革滞后

职业技能鉴定和职业资格证书制度，在中国创建于 20 世纪 90 年代中期，是一种适用于工人的技能鉴定和认证制度。近年来，有不少职业院校引入了职业资格证书制度，实施"双证书"教育。但是在此过程中发现了不少问题：对于现有职业资格证书制度，59.4% 的学校校长认为，证书考核内容和形式滞后，应根据产业和技术发展情况适当调整；59.4% 的学校校长主张，对一些特殊行业要获得职业资格证书后上岗；53.1% 的校长认为，职业资格证书的颁发权统得太死，希望非强制性职业证书考核和颁发工作由有关行业协会组织企业、学校共同完成。

笔者对企业的调查结果与院校调查基本一致，75% 的企业认为，职业资格证书考核内容滞后、重知识、轻技能，不适合企业；还有 10% 的企业认为，职业资格证书的等级划分不合理。在访谈中，有校长还提出了"职业资格证书制度应该与学历证书制度融合，二者的分离，使得职业教育人才培养及其质量鉴定成为两张皮，拿到了学历证书，还要另花时间和精力考取职业资格证书"。

目前，中国职业资格认证制度中存在的诸多问题及其改革的滞后，不仅阻碍

---

① 中华人民共和国职业教育法［EB/OL］. http://www.gov.cn/banshi/2005-05/25/content_928.htm.

了其自身的发展，作为一项与职业教育校企合作息息相关的制度，也阻碍了职业教育的发展，没能很好地发挥职业教育校企合作成果的鉴定平台作用。

（四）技能人才成长制度缺位

由于中国长期的"劳心者治人，劳力者制于人"的传统思想观念，一直以来，中国技能人才没有良好的职前与职后成长环境。在技能人才的职前培养方面，中国承担技能人才培养的职业教育几乎未曾得到过与普通教育同等的地位，职业教育被认为是"二流教育"，职业教育的学生也被认为是"二流学生"。中国的各项制度，包括高考制度等都没有平等对待职业教育的学生，中职生升学受到严格的限制，高职生升入大学也阻碍重重，这种处处受限的技能人才成长制度，严重影响着职业教育校企合作的发展。

在技能人才的职后发展方面，中国技术工人的职称由低至高，分为初级工、中级工、高级工、技师、高级技师；最高的高级技师与其他行业高级职称的待遇、地位相差很大，而且技术工人的工作环境也较差。改革开放40年，国家没有一个红头文件规定技师与高级技师待遇问题，目前，国家也没有取消工人身份和干部身份的区别，在很多人看来，技师和高级技师是工人的技术职称，不能与干部的技术职称相提并论。这是导致中国现在"技工荒"的深层次原因，也是阻碍职业教育以及校企合作发展的深层次原因。

第五章　中国技能形成模式选择

第一节　区域经济发展与技能形成模式选择

斯彭斯认为，"持续高增长"经济体的增长率应该超过7%且持续超过25年。中国是"持续高增长"的经济体之一，但同时中国也是人口众多，地域辽阔的发展中国家，各省市地区的基础条件差异较大，如何推动经济增长的区域协调是必要的研究课题。改革开放以来，苏浙沪地区的经济社会发展处于全国前列，是中国经济最活跃的地区，先后出现了苏南模式、温州模式和浦东模式，形成了良好的示范效应。苏浙沪地区经济基础较好、产业布局成熟、政策体系完善，是中国高质量发展的示范。但是，近些年，一些老工业基地相对而言发展比较缓慢，一些中西部地区经济发展也跟不上沿海地带。

虽然我们的整体政治经济制度是社会主义市场经济体制，但各区域的经济发展环境是不同的，在我国区域基础、条件、制度迥异、多样化的背景下，所需要的人才类型也是迥异的，因此，支撑其经济发展的技能形成模式也应不同。因此，在我国提高人力资本对经济发展的贡献力，选择技能形成模式不能一刀切，不能照搬某个国家的某种模式，应该考虑我国区域经济的差异，选择适合的技能形成模式。

因此，在考察技能形成对区域经济发展的影响路径时，还需关注技能形成的类型和区域特质（如区域吸收能力、区域经济制度环境等），这种差异可能会导致技能形成模式对区域经济发展的影响机制不同。

一、技能形成的区域角色及其差异

技能形成的区域角色是指不同类型的技能形成模式对区域经济发展的影响作

用是不同的，不同的区域经济所适合的技能形成模式也不同。我国在选择技能形成模式的时候，要考虑不同区域经济发展的制度环境。

我们根据角色和作用的不同，将技能形成的区域角色分为四类：技能工厂、素质工厂、关系协调者、创新创业者，不同类型的技能形成角色对区域经济发展的影响机制各异（见表5.1）。不论技能形成的区域角色如何，技能形成的自身能力是经济影响的关键。与此相似，有学者对大学的角色进行研究，国外学者普遍认为，研究型大学在推动区域创新、企业家精神和区域经济增长方面应承担更大的责任和采取更多的举措，并注意到需要更多的案例研究对其进行评估。然而，也有研究对上述观点提出了质疑，认为技术学校对经济的影响可能比研究型大学更为有效①。

表 5.1 技能形成的区域角色及差异

	技能工厂	素质工厂	关系协调者	创新创业者
技能形成的主要作用	技术技能生产与传播	素质素养培养	技能交流与协调	技术技能研发
主要分析要素	技能数量与传承质量	素质素养的养成数量与质量	联系	技术技能创新
主要合作对象	制造业等	服务业等	行业协会、工会等社会组织	高科技企业
影响其对经济发展作用的因素	区域系统结构	组织结构/形态，管理实践/教师行为	结构因素	创新研发强度与投入
政策启示	通过制度安排保障技能形成	在不同层面参与技能形成使命及其他政策	通过中介和组织安排/激励保障联系	增加技术创新支出，大力支持技能形成

由此可以看出，技能形成的区域角色是多样的，从这个角度说，应该从区域经济对技能形成的区域角色发展需求选择技能形成模式。

二、技能形成模式所需制度环境

从不同国家的技能形成模式的演变历程、利益冲突和协调过程看，不同的技能形成模式需要不同的制度环境（见表5.2）。

———

① 杨帆. 大学对城市经济发展的影响机制研究 [D]. 华东师范大学，2019.

表 5.2　不同技能形成模式的匹配制度

	社会合作模式	技能替代模式	国家发展模式	技能分裂模式
发展历程	国家力量的"介入"	—	国家力量的"介入"	—
利益相关者	利益相关者力量均衡、利益冲突得以平衡	利益相关者力量不均衡，利益冲突尚存	国家力量平衡各种利益冲突	利益相关者力量均衡、利益冲突得以平衡
技能投资制度	责任分担的技能投资制度	国家投资为主	国家投资为主	企业投资为主
技能供应制度	技能供应内容可迁移性强、与产业发展需求符合	技能供应内容可迁移性差、以岗位技能为主，与产业发展需求脱节	技能供应内容可迁移性强、与产业发展需求符合	企业培养特殊技能，职业院校培养通用技能和职业素养
技能评价制度	技能资格认证（能够进行技能水平认证的技能认证制度）	学历教育证书制度	技能资格认证（承载技能水平认证信息的教育证书制度）	终身雇佣制和年功轮序制
技能使用制度	工资协商、技能工资、工资具有保障	岗位工资	工资协商、技能工资、工资具有保障	技能工资、职龄工资
社会合作制度	有效的社会合作制度、合作主体多元化	职业院校为主、企业为辅	有效的社会合作制度、合作主体多元化	有效的社会合作制度、合作主体多元化

三、技能形成的制度环境与模式选择

（一）社会合作模式的选择

在我国有些区域，其经济发展的制度环境具有社会合作模式的条件，例如，苏浙沪地区经济基础比较好，产业布局成熟、政策制度体系比较完善，各社会组织的协作比较多且比较成熟，而且各社会组织有合作的基础，愿意加入技能形成的事业中来，共同设计技能培训目标、课程，共同实施教学。在这类地区适合选择社会合作式技能形成模式。技能形成的责任由社会合作者共同分担。

（二）技能替代模式的选择

在我国有些区域，其经济发展的制度环境适合技能替代模式的条件，例如，一些高新技术区域的经济比较发达，处于产业链的上游，研发、创新职能比较多，人才集聚，高等教育比较发达，高等教育的科类结构与产业结构匹配度比较高，在这类地区适合选择技能替代模式。技能形成的责任主要由职业院校和专业院校承担，培养高素质的技术技能创新型人才。

（三）国家发展模式的选择

在我国有些区域，社会组织力量较弱、经济发展水平一般，但国家资源比较丰富或者国家资源曾经非常丰富，比如，老工业基地、石油基地等。这些地区，由于国家资源丰富，政府掌握着国家资源，可以凭借资源的力量，发挥更多的协调作用，比如，鼓励企业进行技术创新升级，并制定一系列与技术创新升级相关的制度、政策，引导企业创新，朝着高技能形成模式发展。在这些地区比较适合类似新加坡的"国家主导模式"，政府引导技能需求、引导技能供应，促使技能供应与需求协调一致。

（四）分裂模式的选择

在我国有些区域，职业教育、高等教育比较发达，技能人才数量较多、质量比较高，而国有大型企业实力比较雄厚，有自己的企业培训，这些地区选择技能形成模式就比较容易，可以考虑多种模式，包括分裂模式，由职业院校和专业大学和企业分工培养人才。

第二节　产业类别与技能形成模式选择

一、中国产业类别和产业特征

（一）总部经济

1. 制造业总部经济

从地区分布看，制造业 500 强企业主要分布在东部地区，2013 年，东中西部地区制造业500强企业总部数量分别为374家、70家和56家，占制造业500强企业的比重分别为74.8%，14.0%，11.2%。从省份分布看，主要集中在三类区域：一是制造业发达的传统大省。如河北、山东、江浙和广东等省，占全国的50.6%，是企业总部经济分布最集中的地区；二是资源占有相对丰富的省份。2013年，辽宁、山东、河北三省的制造业500强企业共133家，占全国的26.6%；三是信息、科技、人才资源优势的省市。2013年，北京、上海两市的制造业500强企业53家，占全国的11%①。表5.3描述了2011年制造业大省部分经济指标在全国的排名，从中也可以看出我国制造业的相关情况。

表5.3　2011年主要制造业大省部分经济指标在全国的排名

省份	规模以上工业企业工业总产值	规模以上工业企业主营业务收入	制造业500强企业数
江苏	1	1	3
山东	2	2	2
广东	3	3	8
浙江	4	4	1
河北	5	5	5

从行业分布看，2013年，机电、交通运输设备制造等现代制造业企业总部地区分布中，位列全国前5名的是浙江、山东、江苏、辽宁、上海五省市，数量分别为27家、13家、10家、9家、9家，企业总数为89家，总计占全国的近3/5（见图5.1）。就城市分布看，杭州、上海、北京、温州、沈阳五市的企业数量约占全国的33%②。

从电子信息、生物医药等高科技制造业和新兴产业企业总部分布情况看，2013年，广东、山东、天津、北京、四川五省市入围制造业500强的企业总部数量合计30家，占全国总数的比例近70%（见图5.2）。从城市分布看，天津、北京、杭州、广州、深圳五个城市的企业总部数量位居全国前列，合计19家，占全国的43.2%③。

2. 服务业总部经济

从地区分布看，2013年东部地区共有全国服务业500强企业365家，占服务

---

①　魏明．产业集聚区职业教育专业集群研究［D］．北京师范大学，2016：93.
②　魏明．产业集聚区职业教育专业集群研究［D］．北京师范大学，2016：93.
③　魏明．产业集聚区职业教育专业集群研究［D］．北京师范大学，2016：93.

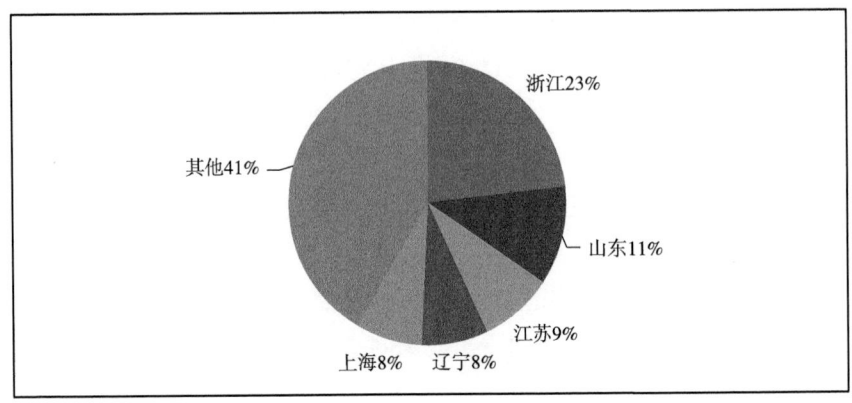

图 5.1　2013 年入围制造业 500 强的机电、交通运输设备制造业企业总部分布

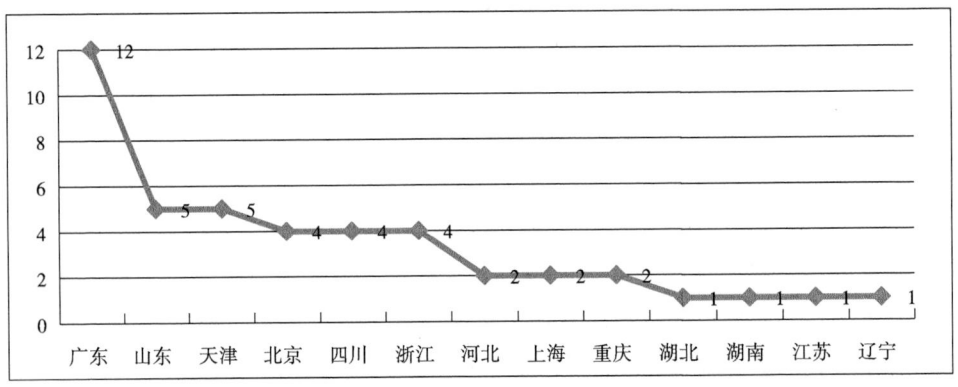

图 5.2　2013 年入围制造业 500 强的电子信息、生物医药制造业企业省份分布

业比重高达 73%。位列全国前 10 名的城市分别为北京、上海、广州、天津、杭州、厦门、宁波、重庆、武汉、南京，上述城市的企业总部为 311 家，占全国的 62.2%。

从行业分布看，2008—2013 年服务业 500 强企业主要集中于批发零售业、交通运输业和邮政业为主的传统型服务业领域。其中，批发零售业入围服务业 500 强企业总部数为 228 家，占服务业 500 强的 45.6%。2013 年，上海、杭州、北京、厦门、天津、广州、宁波、重庆 8 个区域性中心城市入围服务业 500 强的批发零售业企业总部共计 117 家，占入围服务业 500 强的批发零售业企业总数的 51.32%。交通运输业入围服务业 500 强企业总部数为 69 家，占比为 13.8%。房地产业和金融业总部也呈现集中于主要城市的趋势。

另外，2012 年全国共有现代服务业上市公司 392 家，占服务业上市公司总数的 52.6%。从现代服务业上市公司在全国的城市分布情况看，现代服务业企业在全国排名前十的城市分别是北京、上海、深圳、杭州、南京、广州、长沙、福州、重庆和天津（见图 5.3）。总体来看，现代服务业上市公司主要集中在北京、上海和深圳，三个城市上市公司数量占全国上市公司总数的 46.7%，反映了现代服务业集中于大都市兴起的特点，也说明京沪深特大城市能够为现代服务业在新的服务领域和新服务模式中发挥出高文化品位、高技术含量、高增值服务、高智力密集和高服务质量的特性，营造相对完善的环境，从而吸引高素质的从业人员集聚。

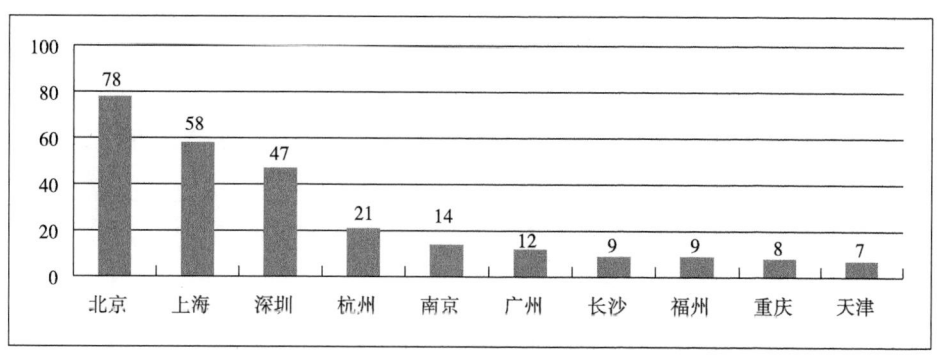

图 5.3　2012 年现代服务业上市公司数量全国排名前十的城市

（二）研发、制造和销售服务

研发环节是技术要求最高的环节，同时也位于产业链价值分配的高端环节。研发环节不但与其他环节紧密相连，共同创造价值，而且由于技术的进步，很多研发环节可以相对独立，例如，电脑、汽车等行业的模块化技术使得很多研发机构可以独立运作。鉴于研发机构的大量存在以及其相对独立性的特征，可以将其称为研发产业。研发产业在选址时，首先考虑的是研发资源状况，同时考虑基础设施、配套设施、生活服务机构等多项条件。研发资源包括科技资源、教育水平、人力资源等方面。一般来说，研发机构选择在科技人才密集、开放程度较高、技术沟通和交通流畅，并且政策环境与公共服务良好的区域。

地区研发产业的发展状况可以通过不同的方法反映，一是直接通过地区研发企业的数量及产值等情况衡量；二是通过与研发产业有关的数据，如研发投入、从业人员的比例等，间接地反映研发产业的发展状况。科研活动从业人员较高的比重，显示了在人力资源、科技成果及研发产出等方面的优势，从侧面反映了该地区研发产业具有较为雄厚的力量。从研发人员所占比重的区域分布情况看，北京具有较明显的研发产业优势，反映了作为首都和全国人才中心的位置，在人才培养和保有量方面突出；天津、上海、江苏、浙江次之，处于相近水平；辽宁、福建、山东、湖北、陕西与全国平均水平相同，占 0.4%，广东则稍高，为 0.6%。

加工制造环节在行业分类中基本集中在制造业领域，因此选取制造业统计数据近似代替加工制造环节企业的汇总数据。同样采用人口指标，即制造业从业人数占地区人员总数的比重，表示制造业的地区专业化程度。总体来看，浙江、江苏、上海、广东是制造业产业优势发展的地区；其次为天津、福建、山东和辽宁，略高于全国平均水平；北京则低于全国平均水平。中国制造业还处于相对较低的发展水平，加工制造业在产业链上处于技术需求相对较低的环节，主要对土地、自然资源及劳动力等普通生产要素的要求较为突出，位于价值链分配相对较低的位置。制造业的产业地区分布状态反映了中国不同地区的资源占有优势，但也受到国家产业调整政策的影响。

销售服务环节处于产业链的末端，包含的行业比较多，技术水平差异大，既有存在于企业内部的部门，也有区域内独立存在的服务行业或部门，统计难度大。因此以批发零售业和商务服务业数据近似的销售和一般服务环节的地区分工情况为依据分析。整体上看，批发零售业在全国地区间并无太大的差别，上海、北京、江浙地区稍高，其余的在全国平均水平上下，说明中国在产业分工的营销环节整体水平不高。20 世纪中叶以来，随着第三次工业革命的推进，西方国家产业结构发生了巨大变化，服务业迅速发展，表现为服务业增加值和就业比重快速持续上升，并逐渐占据主导地位，显示出由工业经济向服务经济或后工业社会过渡的趋势。数据对比显示，1970 年，经济合作和发展组织 16 个成员第三产业的平均就业比重是 23.7%，而到了 1976 年则提高到了 55.6%[1]。租赁和商务服务业是生产性服务业的重要组成部分，主要是为生产、商务活动提供服务的行业，是社会分工深化的结果。一般而言，市场经济的发展水平越高，对租赁商务服务行

---

① IRVING LEVESON, J W WHEELER. Western economics in transition: Structural change and adjustment policies in industrial countries [R]. Hudson institute, U. S., 1980: 46.

业的需求就越大。而目前租赁和商务服务业作为生产性服务业的一个种类在我国还处于比较落后的状况，即使在制造业比较发达的地区也是如此，仅在极少数的特大城市占有一定的比重，如北京和上海地区，因此全国的平均发展水平也比较低下。

表5.4描述了我国研究与实验发展、制造业、批发和零售业、租赁和商务服务业的从业人类及其在全国的比重，从中可以看出我国产业发展的概况。

表 5.4　2013 年全国产业分工地区发展水平

地区	研究与实验发展（万人）	比重（%）	制造业（万人）	比重（%）	批发和零售业（万人）	比重（%）	租赁和商务服务业（万人）	比重（%）	地区全部人口（万人）
北京	33.4	1.6	145.8	6.9	241.8	11.4	165.5	7.8	2 115
天津	14.4	1.0	162.8	11.1	46.6	3.2	16.5	1.1	1 472
河北	13.7	0.2	295.6	4.0	307.8	4.2	27.5	0.4	7 333
山西	7.4	0.2	137.8	3.8	216.7	6.0	21.0	0.6	3 630
内蒙古	0.8	0.0	97.8	3.9	215.0	8.6	20.6	0.8	2 498
辽宁	15.4	0.4	324.1	7.4	358.7	8.2	55.3	1.3	4 390
吉林	7.5	0.3	143.9	5.2	186.6	6.8	19.0	0.7	2 751
黑龙江	9.0	0.2	128.6	3.4	271.6	7.1	32.3	0.8	3 835
上海	22.7	0.9	342.9	14.2	355.4	14.7	160.1	6.6	2 415
江苏	62.7	0.8	1533.5	19.3	809.8	10.2	143.3	1.8	7 939
浙江	41.6	0.8	1196.7	21.8	529.1	9.6	116.1	2.1	5 498
安徽	18.1	0.3	273.9	4.5	336.5	5.6	37.0	0.6	6 030
福建	16.7	0.4	404.3	10.7	293.7	7.8	57.8	1.5	3 774
江西	7.1	0.2	260.1	5.8	316.2	7.0	38.7	0.9	4 522
山东	40.9	0.4	791.4	8.1	731.2	7.5	89.3	0.9	9 733
河南	21.6	0.2	457.7	4.9	406.0	4.3	40.2	0.4	9 413
湖北	20.5	0.4	371.2	6.4	523.0	9.0	53.7	0.9	5 799
湖南	15.1	0.2	234.4	3.5	367.3	5.5	104.1	1.6	6 691
广东	65.2	0.6	1503.7	14.1	1005.9	9.5	177.0	1.7	10 644

续表

地区	研究与 试验发展 （万人）	比重 （%）	制造业 （万人）	比重 （%）	批发和 零售业 （万人）	比重 （%）	租赁和商 务服务业 （万人）	比重 （%）	地区全部 人口 （万人）
广西	6.6	0.1	145.0	3.1	266.8	5.7	35.7	0.8	4 719
海南	1.2	0.1	23.4	2.6	63.8	7.1	15.2	1.7	895
重庆	8.4	0.3	165.2	5.6	288.1	9.7	59.6	2.0	2 970
四川	17.4	0.2	330.3	4.1	468.2	5.8	72.4	0.9	8 107
贵州	3.6	0.1	84.1	2.4	172.2	4.9	22.0	0.6	3 502
云南	5.0	0.1	145.0	3.1	279.8	6.0	38.8	0.8	4 687
西藏	0.2	0.1	3.7	1.2	22.6	7.2	3.1	1.0	312
陕西	13.3	0.4	155.8	4.1	243.2	6.5	29.4	0.8	3 764
甘肃	3.7	0.1	66.6	2.6	140.1	5.4	10.4	0.4	2 582
青海	0.7	0.1	22.1	3.8	27.7	4.8	2.3	0.4	578
宁夏	1.4	0.2	22.7	3.5	47.0	7.2	8.0	1.2	654
新疆	2.7	0.1	66.6	2.9	102.0	4.5	22.8	1.0	2 264
全国	497.8	0.4	10 036.8	7.4	9 640.2	7.1	1 694.4	1.2	13 6072

资料来源：根据 2014 年《中国科技统计年鉴》和《中国统计年鉴》整理计算。

注：制造业、批发和零售业、租赁和商务服务业人数为城镇单位与私营企业、个体就业人员之和。

二、中国产业类别与技能形成模式

中国产业类别多样，产业发展的情况比较复杂，应该综合考虑不同类别产业发展的不同阶段选择技能形成模式。前面已经依据产业类别对技能形成模式进行了分类，包括生命产品再生产类技能形成模式，人工产品再生产类技能形成模式，物质性网络服务类技能形成模式，精神产品再生产类技能形成模式。

一般的第一产业，如农业，需要中等一般技能、较高手工技能和专业技能，需要的人才数量比较多。这类产业应该选择生命产品再生产类技能形成模式。

第二产业，比如制造业，需要较高的技能水平，需要较宽领域复合的技能，需要创新技能，需要中等数量的人才，这类产业适宜选择人工产品再生产类技能形成模式。

研发类的产业，制造业、通信业都有所涉及，对技能形成模式的选择，可以依据需要进行。

第三节　技术创新方式与技能形成模式选择

企业的技术创新方式与技能形成模式息息相关，不同的技术创新方式所需要的技能形成模式是不同的。中国在选择经济发展所需要的技能形成模式时，应该考虑企业的技术创新方式。

一、技术创新方式

霍尔和索斯凯斯将技能创新区分为两种类型：急进式创新和累积式创新。这两种创新方式适合于不同类型的产业或企业，具有不同的鲜明特征。

（一）急进式创新

急进式创新主要是生产技术本质上的改变，包括由此带来的全新产品和全新的生产程序。比较而言，急进型创新模式更具有效率，可满足效率至上的风险资本投资要求，所以，对灵活多变的科技产业很重要，如生物科技、软件行业，这些产业注重创新设计以及快速生产的技术。例如，新加坡没有深厚的工业基础，但新兴科技较为发达，因此，新加坡很多企业采用急进式创新方式，这种技术创新方式更符合其经济发展需求。

（二）累积式创新

累积式创新主要是对现有生产线和生产流程的技术进行持续、渐进的改进，累积式创新模式相对效率较低，见效较慢，比较适用于固定资本投资规模较大、注重持续竞争力的产业，比如，机械加工类、工程或特殊交通设备等装备制造行业。例如，德国有深厚的制造业基础，为了发挥制造业优势，促进经济迅速发展，德国选择了累积式创新方式。

二、技术创新方式与技能形成模式

技术创新分为急进式创新与累积式创新两种方式。依据这种分类，我们将技能形成模式也分为两类，即外部技能形成模式和内部技能形成模式（见表5.5）。

表5.5　技术创新方式与技能形成模式

技术创新方式	技能形成模式	人才培养模式
累积式创新方式	内部技能形成	学徒制
急进式创新方式	外部技能形成	学校职业教育

（一）急进式技术创新与外部技能形成模式

急进式技术创新的技术创新周期比较短、耗时比较少，速度比较快，这种技能的迁移性较大，员工掌握这种技能以后能够迅速地应用到其他企业。这种技术创新方式的短、少、快、大的特征，决定了其所需要的技能形成模式的主要承担者是职业学校或者专业大学，因此，这种技术创新方式适合采用外部技能形成模式。

对于急进式创新模式而言，时间领先对企业市场竞争优势的获取尤为重要，需要以技能人才不断转换更新的自由劳动力市场作为支点，急进式技能形成模式或者说外部技能形成模式为这种模式提供了匹配的条件。急进式技能形成方式通常注重一般性技能的生产，技术工人的普通教育程度较高，且技能的通适性强，故可以说急进式技能形成方式为经济发展中急进式创新的实现提供了支持。

以新加坡为例，新加坡没有雄厚的工业技术，因此，新加坡的技能形成模式是以职业学校教育和高等教育为主的，值得关注的是，新加坡的职业学校教育和高等教育与企业的联系非常密切，其人才培养目标、课程设置、教学实训等都得到了企业的大力支持。这种急进式技能形成模式有力地支撑了新加坡急进式技术创新方式，支撑了国家的经济发展。

从一定意义上说，美国之所以选择技能替代路径，也是与其技术创新方式相适应的，20世纪，美国一直比较热衷于急进式创新方式，采用福特式生产组织方式，这种创新方式与生产方式对技术技能积累要求并不高，对一线工人的技术水平要求也不高，而对科技研发的水平和创新要求较高。因此，美国选择了与之相适应的技能替代式技能形成模式，大力发展高等教育，注重新科技的研发。因此，一个国家的技能形成制度是与该国的技术创新方式相适应的。

（二）累积式技术创新与内部技能形成模式

累积式技术创新模式的技术创新周期比较长、耗时比较多，速度比较慢，这种技能的迁移性较小，员工掌握这种技能以后不能迅速地应用到其他企业或者不能迁移到其他企业。这种技术创新模式的长、多、慢、小的特征，决定了其所适合的技能形成模式的主要承担者是企业。这种技能形成模式所培养的技能不是一般的职业学校所能够掌握的，这种技能是企业或者行业的特殊技能，只有长期在企业实践锻炼，才能养成。可以看出，累积式技术创新方式适合内部技能形成模式。

对于累积式创新模式而言，需要一个高质量的产品生产线，且必须对生产过程的技术进行持续长期的改良，所以其必须要有稳定的累积式技能形成模式或者内部技能形成方式作为支撑，才能为累积式技术创新模式提供必要的技能储备，推动经济发展方式的创新。

例如，德国具有雄厚的工业基础，技能创新方式主要是累积式的，因此，累积式技能形成模式更适合德国。德国强大的双元制来自德国强大的累积式技术创新方式。

一个产业的技能形成模式与该产业的技术创新方式相互适应。因此，中国技能形成模式选择也要依据不同的企业生产方式和创新方式分类发展。

中国的经济发展情况比较复杂，既有适合累积式创新方式的产业，如机械加工类、工程或特殊交通设备等装备制造业，又有适合急进式创新方式的产业，如生物科技、软件行业。不同的技术创新方式要有不同的技能形成模式与之匹配，因此，建议分类选择技能形成模式，并依据不同类型的技术创新方式与技能形成模式的现状及需求制定各自不同的发展政策。

采用急进式技术创新方式的企业，应实施外部技能形成方式，产教合作以学校职业教育为主，以企业培训为辅。采用急进式技术创新方式的产业，劳动分工较高，技术更新较快，对一线工人个体技能要求水平不高，这种产业的技能形成模式的发展需要严格的规范制度，对学校，尤其是企业行为进行规范，要求企业对学生实行轮岗轮训，避免学生在单一技能上成为廉价劳动力。

采用累积式技术创新方式的企业，应实施内部技能形成方式，产教合作以双元的学徒制为主。采用累积式技术创新的产业，其劳动分工相对不高、技术更新是在原有技术基础上的更新，更新相对较慢，对一线工人个体技能要求较高。这类产业在生产中具有独特的生产技艺，对技能的依赖程度较强，需要具有专业知识、专门技术操作能力的工人。这种人才需求在劳动力人才市场上不能得到很好满足，需要企业和职业学校共同培养，实施学徒制。对于内部技能形成模式需要政府各方面的政策保障机制和相应的规范制度。

当前，中国很多企业的生产方式还是一种高度依赖廉价、低技能劳动力的方式，劳动密集型企业还比较多。有些劳动力密集型企业已经不能适应市场经济的发展需求，在市场竞争中濒临破产。劳动密集型企业为了生存压低工人的工资，无力进行技术创新。对于劳动密集型企业，政府应在其技术创新中给予支持，杜绝其采取降低工人工资的方式降低成本，维持生存。对于即使给予技术支持也不能进行自我技能更新、提高生产附加值的企业，应迫使其破产，将更多的精力用于支持高附加值的企业发展。

综合而言，不同的技能创新方式需要不同的技能形成制度，因此，建议中国分类选择技能形成模式，并制定有针对性的政策、制度，以切实保证技能形成与企业技术创新方式的匹配，培养经济发展所需要的各类人才。

第四节　生产组织方式与技能形成模式选择

一、生产组织方式

生产组织方式是企业组织其生产要素的方式①，也称生产方式。

马克思将资本主义生产方式分为简单协作的手工工场时期，以分工为基础的手工工场时期，以机器生产为基础的工厂制度时期，垄断组织时期②。后来，随着生产的不断发展和对生产方式研究的深入，学者又将生产组织方式分为手工工厂、机器工厂、福特制生产方式、精益生产方式等③。虽然这些生产方式在历史

---

① 谢家平. 生产方式变革 [M]. 上海：上海财经大学出版社，2007：45.

② 谢富胜. 分工、技术与生产组织变迁——资本主义生产组织演变的马克思主义经济学阐释 [M]. 北京：经济科学出版社，2005：64-71.

③ 谢富胜. 分工、技术与生产组织变迁——资本主义生产组织演变的马克思主义经济学阐释 [M]. 北京：经济科学出版社，2005：100-102.

长河中是分步出现的，但在目前中国复杂的经济体中，多种生产方式并存。不同的生产方式，所需人才类型不同，其参与人才培养的方式也不同，其技能形成模式也不同。

生产方式取决于生产技术条件和生产社会条件，不同生产方式下，生产工艺与技术千差万别，生产过程管理结构各具特色。其中，大规模集成生产方式、大批量标准化生产方式、网络化精益生产方式最具代表性（见表5.6）。

表5.6 不同生产方式的特点及差异

生产方式	劳动组织形式	生产劳动特点	代表行业
大规模集成生产	车间工头（主任）制	手工操作机器，分工协调，技能要求高	装备制造业
大批量标准化生产	科学管理 纵向一体化 福特制	流水线作业 连续机械化 僵化重复的劳动过程	纺织业
网络化精益生产	扁平化组织 全面质量管理	生产任务和责任下放，团队工作，生产中开发、能力要求高	汽车生产业

（一）大规模集成生产方式

大规模集成生产方式主要强调生产过程中相互联系的部门协同运行，从而实现整体效果的持续改进。

大规模集成生产方式的企业其生产运行活动主要由制造部、技术部和市场经营部形成的循环系统支撑。市场经营部主要负责市场开拓、经营战略与革新、信息处理等工作，从而实现企业经营目标；技术部在保证产品满足市场需求和企业效益的前提下积极开发高附加值产品，为企业增加更多的经济效益；制造部拥有人员、设备、材料、技术等全部生产要素，根据所承担的任务成立相应的车间、科室、站、仓库等组织，实现预期生产计划。其中，制造部是连接三大部门的中枢部门，同时负责向市场经营部提供库存信息、制造计划周期等，向技术部提供标准件、零部件的库存情况、产品工艺性改进建议等①。

---

① 李振明.工业生产过程与管理［M］.北京：机械工业出版社，2008：134-135.

制造部门的生产主体是技能工人，技能工人的高超技术和完美工艺是大规模集成生产方式企业的制胜法宝。生产环节不同，技能工人操作的机器相异，劳动强度和技术要求也不同。例如，从事车、铣、磨、刨、钻和装配工作的工人往往是一人使用一台机器进行生产，从事锻压、制作模具工作的生产工人则是几个人共同使用一台或一组机器进行生产。所以，大规模集成生产方式下的产业工人既需要具有单技艺独立操作能力，又需要具备多技术协作制造能力。

（二）大批量标准化生产方式

企业大批量标准化生产运营以设立多种类型科层组织控制业务活动。在产品制造过程中，生产概念和执行相分离，生产设计、任务分配、质量监督等工作由不同职能部门的工程人员完成，流水线具体操作由没有技能或技能水平相对较低的原生态工人承担。同时，少量的技术技能型人才负责设备维修、质量检测等工作。

大批量标准化生产具有劳动分工细、流水线生产、产品标准化、生产规模大、科层式组织结构等特征，企业生产运营主要通过设立越来越多的管理部门，建立多种类型的科层组织控制复杂的业务活动，将产品设计、计划、生产、质量检验全部集中于科层组织，一线工人只负责执行各项指标任务。在这种生产方式下，企业生产效率完全依赖于生产线上的专业化设备和工人的流畅操作。设备的运转相对固定，企业为了提升产量，一方面不断扩大规模，雇用更多的劳动力；另一方面最大程度地挖掘一线工人的生产潜力，为此，企业经常使用"科学管理"规则计划每个工人的工作内容和效率，以此提高工人的工作效率，增加生产线的总产量。

纺织业是标准化流水线制造的重要类型，主要经过纺纱、织造和染整三大过程。现代纺织机械发达，自动化水平较高，生产流程主要靠机器完成，具有空间上的固定性和时间上的连续性。在空间上，同一车间和工序内，生产设备配置比较固定，但数量比较多；在时间上，早、中、晚常年交替运转，连续性较强，但是工序间半成品的流转多数是间歇性的，需要人工辅助。设备量多、时间连续、工序流转人工辅助，促使劳动者数量密集[①]。

在纺织工业中，大规模的纺织工人不需要具有专业的技术技能，只需在生产中配合机器执行一两道简单工序便可以完成任务，不过为了降低产品的废品率和

---

① 李振明. 工业生产过程与管理［M］. 北京：机械工业出版社，2008：218-220.

次品率，减少操作时间，保证生产过程中的人身安全，这些工人仍然需要接受操作技巧培训。因此，数量众多、专业技能要求低的劳动力是大批量标准化下一线生产工人的主要特点。

（三）网络化精益生产方式

精益生产方式围绕工作流程建立组织结构，生产过程由人干预，企业资源和权利侧重于基层。生产概念和执行统一于生产团队，由不同技术水平的专业人员组成的项目小组可以全面参与产品设计、采购、生产和销售过程，企业根据长期的团体表现给予员工评价，团队中每个成员的能力在生产中得到充分的彰显和尊重。詹姆斯·沃麦克将精益生产方式概括为"能够把最大量的工作任务和责任，转移到在真正为轿车增值工作的生产线上的工人们身上"①。

精益生产方式起源于日本丰田集团，兼备单件生产和大批量生产方式的优点，其核心是以最小的资源投入创造出尽可能多的价值，为顾客提供及时的产品和服务。其基本特点是：①生产任务和责任下放，由多种技能和相互协作的工人组成的功能交叉工作小组组织生产；②采用准时生产；③广泛分权，构建非中心的劳动组织网络；④在生产中同步开发；⑤产品质量由生产过程中各个环节的工人主动加以保证；⑥小组工作中强调团结互助，紧密协作；⑦顾客至上，面向用户生产周期较短的产品。

精益生产企业要求操作工人是多功能复合型技能人才。多功能复合型工人除掌握特定的岗位知识与技能外，还要具备沟通交流、小组工作、解决问题、主动性与事业心、计划与组织、自我管理、持续学习等能力。以上个体综合知识和技能的获得需要个人努力、企业实践和职业院校学习的有机融合，职业院校学习是个人专业知识和模拟操作演练的基础平台，企业工作场所实践是技能人才感受职业情境、积累工作经验的基本途径。

二、生产组织方式与技能形成模式

三种生产组织方式的特点不同，所需要的人才也不同，因此，其技能形成模

---

① ［美］詹姆斯·P 沃麦克，等. 改变世界的机器［M］. 沈希瑾，等译. 北京：商务印书馆，1999：112.

式也存在很大的差异。

大规模集成生产方式需要的人才要具有单技艺独立操作能力，具备多技术协作制造能力。因此，与此相适应的技能形成模式应该是校企合作模式，既需要企业的特殊培训，又需要职业院校、专业院校的通用技能培训。从内外部技能形成模式分类标准看，需要内部技能形成模式与外部技能形成模式的合作，以培养所需人才。

大批量标准化生产方式需要的人才数量众多，技术水平不是很高。因此，与此相适应的技能形成模式应该是职业院校模式，或者外部技能形成模式。发挥这种技能形成模式普及率比较高，受众比较多，技能传播比较快的优势。

网络精益化生产方式需要的人才应为多功能复合型技能人才。多功能复合型工人除掌握特定的岗位知识与技能外，还要具备沟通交流、小组工作、解决问题、主动性与事业心、计划与组织、自我管理、持续学习等能力。因此，与此相适应的技能形成模式也是职业院校教育和企业培训的结合。职业院校学习是个人专业知识和模拟操作演练的基础平台，企业工作场所实践是技能人才感受职业情境、积累工作经验的基本途径。

总之，在产业发展的初级阶段，对技术工人的技能要求并不高，而对技能工人的数量要求很大，以制鞋工业为例，我国的安踏公司，在开始发展时需要大量的低技术含量的一线技术工人，大部分为手工业工人。我国丰富的劳动力资源满足了这一要求，大量无技能的劳动力通过短期培训之后能够胜任工作，成就了安踏公司的规模。后来，由于技术的变迁和生产工具的更新，批量生产方式逐渐取代手工作业，企业通过对员工进行机械操作培训，使得大量一线技术工人转变为机械操作工。但是，在现阶段，制鞋产业面临着转型升级，信息技术广泛应用于制鞋产业，电脑工作终将取代机械操作。在这个发展阶段安踏走在了产业发展的前端，取得了较好的市场。但是我国该产业中尚存在大量的中低级生产技术及生产方式，为使国家经济持续、长效发展，需要国家鼓励和引导企业升级生产技术、转变生产方式。

技能形成应注重技能培训内容的更新和技能工人基本素质的提高，使技能形成模式与企业的生产方式相匹配，培养具有较高文化素养、较好技能素质的劳动力以促进企业的转型升级与发展。

第六章　中国技能形成的制度建设

第一节　中国技能形成的制度环境建设

一、技能形成的三维制度环境

组织社会学者认为，制度是指"符合合法性行为的社会规则和规范"，"它不仅包括法律、规则程序、规范、传统和习俗，而且还包括为人的行为提供意义框架的象征系统、认知模式和道德模板等"①。因此，制度环境是指对组织及其行为具有形塑作用的外部制度性因素，包含强制性因素、规范性因素、认知性因素三个维度，即斯科特（Scott）提出的制度环境的三维模型。强制性因素包括国家强制性的法律法规、政府的行政命令、制度、政策等；规范性因素包括社会默认的行为准则、规范、标准等；认知性因素包括理所当然的文化认同、价值观念等。制度环境的三个维度在逻辑基础、符号体系、作用机制等方面相互作用并可相互转换②。

制度环境的三维模型理论被广泛应用于社会学的研究中，开拓了社会学研究的新视角。技能形成作为一种国家政策与组织行为，也适用于制度环境理论的研究。将制度环境的三维模型理论应用于技能形成的分析，有利于开拓研究思维、创新实践。

技能形成发展的制度环境也具有强制性的制度维度、规范性维度、文化认知性维度三个方面。强制性维度指政府对技能形成发展的制度支持维度，主要包括

---

① SCOTT W R. The institutional construction of organizations [M]. Thousand Oaks CA: Sage, 1995: 11-23.

② 于飞. 制度环境、企业社会责任行为与利益相关者关系质量研究 [D]. 武汉大学, 2014.

政府层面支持技能形成的相关法律、规定和政策等。规范性维度指社会对技能形成的认同、支持性规范。文化认知性维度指与技能形成相关的认知、情感、价值观的集合，影响着技能形成发展的理念与范式，从而影响技能形成政策的制定与实践行为。

不同国家的制度环境不同，将导致不同的组织行为表现。在技能形成中，不同的制度环境，导致教育界和产业界异质的行为表现。从技能形成发展较好的欧洲国家的经验看，政府致力于促进产教协同发展、建立社会凝聚力、倡导集体责任的努力，有利于推动技能形成的持续有效发展。欧洲国家制定的企业教育责任的法规、形成的企业承担教育责任的社会规范，宣扬的企业教育责任的理念，对企业参与技能形成起到了非常重要的作用。

多年来，我国的产教融合发展一直处于"剃头挑子—头热"状态，没有进入高效、持续发展的阶段，与技能形成发展的制度环境不无关系。企业的行为表现及其行为结果在很大程度上依赖于企业所处的制度环境，强化企业在技能形成中的重要主体作用，需要从企业所处的制度环境中着手。

二、中国技能形成发展的制度环境

从强制性维度、规范性维度、文化认知性维度三维制度环境模型理论出发，探究中国技能形成发展的制度环境，发现中国技能形成发展的制度环境存在制度强制性较弱、规范体系不健全、文化认知环境欠发展等问题。

（一）制度强制性较弱

强制性维度指政府对技能形成发展的制度支持维度，主要包括：政府层面支持技能形成的相关法律、规定和政策等。从这方面看，中国技能形成发展的强制性维度因素主要包括《职业教育法》及政府关于校企合作、技能形成的相关政策。

1. 基本法律的强制性不足

《职业教育法》是中国技能形成发展的基础法律，然而，其法律的强制力尚显不足。

中国《职业教育法》关于技能形成的两个关键主体，行业企业、学校和培训机构实施技能形成的要求仅表述为"应当"。例如，《职业教育法》规定：行业组织和企业、事业组织应当依法履行实施职业教育的义务。这种"应当"的表述欠缺制度的强制性，而且没有明确规定行业企业必须履行哪些职业教育义务。再如，"职业学校、职业培训机构实施职业教育应当实行产教结合，为本地区经济建设服务，与企业密切联系，培养实用人才和熟练劳动者。职业学校、职业培训机构可以举办与职业教育有关的企业或者实习场所"。"应当实行产教结合"的要求与期望的实施效果明显不对等。

另外，与中国高等职业教育相关的《高等教育法》规定："国家鼓励高等学校之间、高等学校与科学研究机构以及企业事业组织之间开展协作，实行优势互补，提高教育资源的使用效益。"但对于如何鼓励高校与企事业组织间的协作没有明确表述，也没有相应的实施细则出台。

2. 政府政策强制性薄弱

改革开放以后，在国家的政策文本中，第一次出现产教融合相关概念是 1991 年的《国务院关于大力发展职业技术教育的决定》，提倡产教结合，工学结合。1994 年《国务院关于〈中国教育改革和发展纲要〉的实施意见》提出"职业学校要走产教结合的路子"。此时政策文本多提倡职业教育走产教结合之路。

1996 年颁布的《中华人民共和国职业教育法》规定："职业学校、职业培训机构实施职业教育应当实行产教结合。"1999 年《国务院关于深化教育改革，全面推进素质教育的决定》提出："职业学校要实行产教结合，鼓励学生在实践中掌握职业技能。"2004 年《关于进一步加强职业教育工作的若干意见》提出："推动产教结合，加强校企合作。"此时政策文本明确了职业教育走产教结合之路。

2010 年《国家中长期教育改革和发展规划纲要（2010—2020 年）》指出："把职业教育纳入经济社会发展和产业发展规划，促使职业教育规模、专业设置与经济社会发展需求相适应。"之后，职业教育与各行业已先后开展了数次产教对话活动。这一时期的产教结合被提到了制度化的高度。

2014 年国务院《关于加快发展现代职业教育的决定》指出，要建立健全产教融合制度。各级政府要把职业教育与经济社会发展同步规划。行业部门和组织要制订与产业发展规划配套的人才同步培养计划。企事业单位要制定与事业发展协调的人力资源同步开发方案。职业院校要制定与产业发展对接的教育教学同步改革措施。各地的产业集聚区、科技创新区等要把职业教育作为重要支撑，推进产教融合机制建设。建立人才需求预测和就业状况定期发布制度。在国家层面上首次提出建立健全职业教育产教融合制度。

从技能形成政策的制定历程看，中国政府越来越重视产教融合的发展，从提倡走"产教结合"之路提升到制度化高度，再到提倡建立健全产教融合制度。但是这些政策规定因缺乏政策的强制力而在实施过程中大打折扣，并没有从本质上改变产教融合的发展局面。

2017 年，国务院办公厅发布《关于深化产教融合的若干意见》，国家首次提出关于产教融合的具体意见，对构建教育和产业统筹融合发展格局，强化企业重要主体作用，推进产教融合人才培养改革，促进产教供需双向对接，完善政策支持体系等进行了详细的规定，对中国产教融合的深化具有指导意义，对改善中国产教融合发展状况具有重要意义。

(二) 规范体系不健全

规范性维度指社会对技能形成的认同与支持性规范，从这方面看，与技能形成相关的各主体的力量并不均衡，支持力度也比较小，没有形成技能形成发展的规范性体系。

技能形成的持续发展需要包括政府、企业、学校、行会、工会等各主体的合作与协调，以形成规范性体系，但目前，由于职业教育和培训中企业的缺位、行业力量的薄弱、工会组织的依附性，使得技能形成的"合作"不具有平等的合作主体，没有形成规范性体系。

1. 社会规范体系缺乏对企业责任的要求与保障

多年来，中国职业教育技能形成、校企合作一直处于"剃头挑子一头热"的状态，企业在合作中的主体作用缺失。调查发现，大部分企业只愿意提供实习岗位（65.5%）或者提供实训基地（53.1%），很少有企业愿意参与校企合作的课程开发（28.1%）或者提供资金（15.6%），这种技能形成模式，企业只起到了辅助作用，处在技能形成的表层。

企业的行为表现及其行为结果在很大程度上依赖于企业所处的制度环境。企业参与技能形成不积极，也与其所处的制度环境息息相关。多年来，企业一直是从学校直接招聘人才，社会规范默认"学校才是人才培养的场所"，而对企业自身培养和培训员工的职责与要求较少。而且中国的社会规范体系缺乏健全而有效的企业行业监管，非营利组织、媒体、学校、工会等组织对企业承担教育责任的预期和关注普遍不高，导致企业对技能形成的低参与率。

从制度环境的角度看，中国的社会规范体系不但对企业承担教育责任缺乏要求与关注，而且对参与技能形成、承担教育责任的企业没有相应的保障机制。调查显示，承担教育责任的企业面临"挖人风险"，企业参与技能形成、培养培训人才，有时不但不能收回成本，反而要承担因自己培养的人才被同行挖走而产生的竞争成本。

2. 行业协会发展的制度环境较差，支持技能形成力量薄弱

从制度环境的角度看，中国行业协会的发展一直没有成为社会的"主体"之一。在计划经济时期，中国的行业协会被政府部门所取代，直到改革开放，社会主义市场经济体制改革时期，才逐渐从政府部门中脱离出来。但由于诸多利益因素所致，到目前为止，中国行业协会还是一个比较薄弱的民间组织，行业协会应有的权利尚不具备，其基本功能的发挥也存在诸多问题。一般而言，我国的行业协会具有维权服务功能、行业自律功能、参与功能和中介功能，如图 6.1 所示。

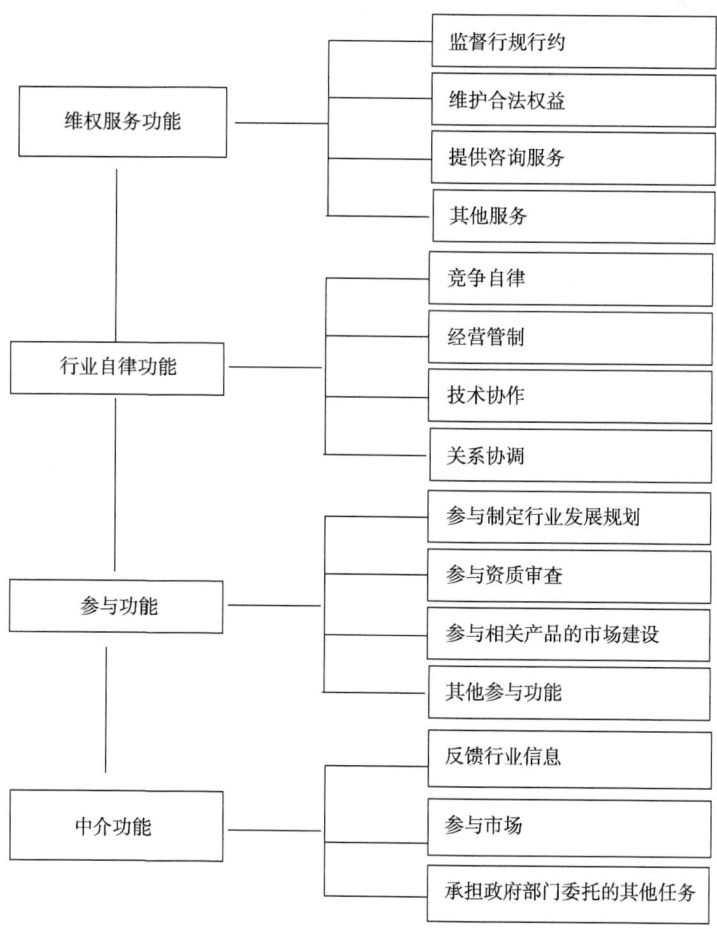

图 6.1 中国行业协会功能

目前，中国行业协会的各项功能发挥还不到位，例如，在企业服务功能发挥方面，服务的针对性不强，对企业的服务仅限于一般的资料收集、信息提供。在企业人员培训方面，没有针对本行业的特点开展各种形式的有实际效果的培训。行业利益代表功能缺失，行业协会是政府行政管理职能的延伸，主要作用是辅助政府进行行业管理，从而忽略了行业协会建立的初衷，即为企业服务，代表企业与政府对话，影响政府做出有利于行业发展的政策。行业自律功能发挥不足，目前的行业协会对企业间竞争自律、经营管制的职能均发挥不足，对于行业企业并没有实际约束力①。

在这种制度环境下，行业协会既有功能的发挥尚且存在问题，对于技能形成的支持功能更是欠缺。有的地区行业协会没有完全参与到技能形成中，有的甚至还没有参与的意识，即使是参与其中的行业组织，其功能也比较单一，没有形成主动互动。

3. 社会规范忽视工会职能

在欧洲国家的技能形成发展过程中，工会是关键角色，而在中国的技能形成发展过程中，工会却少有声音。这些与工会发展的规范体系有关。

从工会发展的制度环境看，中国工会本来就不是为了争取自身利益，自下而上，自发组织形成的。工会在中国的劳动冲突中的作用较小。职工自身对于工会在争取培训权利方面的意识不足，多数劳动者，面对激烈的市场竞争，只想着怎样保住"饭碗"，不敢提出更多的工资要求，更不敢提培训要求了。

在中国，企业的力量很强大，使其"理所当然"地只顾追求企业的当前利益，对于人力资本投资的长远利益，除非企业自身有所意识，否则工会很难起到对企业的约束作用。社会规范体系往往习惯了工会的薄弱力量，没有给予工会足够的重视，也没有形成对工会的支持力量。

在这种情况下，政府虽然有"统合"之心，但由于政府各部门并未"简政放权"，无力形成政府"统合"的工会力量。在社会主义市场经济发展的大环境下，政府也没有计划经济时期的强制力，其协调整合资源的能力也明显减弱。"放权不足""协调能力减弱"的双重因素，使政府无力统合企业、行业协会、工会的力量，以形成有效的技能形成的规范性体系。

---

① 陈荣峰. 中外行业协会功能比较 [D]. 华中师范大学，2010：33.

(三) 文化认知环境欠发展

文化认知性维度指与技能形成相关的认知、情感、价值观的集合。文化认知影响着技能形成发展的理念与范式，从而影响技能形成政策的制定与实践行为。从这方面看，中国技能形成发展的文化认知环境尚处欠发展阶段。

文化是一个国家潜在的、历史的氛围，授予其人民一定的身份[①]。在欧洲国家，学徒制作为一种典型的技能形成方式，是一种文化经历，而不仅仅是简单的获得行业技能和知识的途径，学徒制包括吸收整个行业的生活方式——知识和技能，文化习俗、价值观、互动方式、做事方式、道德标准、期望等。学徒制的工作场所学习，带来的不仅是技能，还是一种潜在的文化和社会结构[②]。德国历史中深厚的学徒文化，深深地影响着学徒制的发展历程与前景。

而在中国，技能形成的制度环境有待改善。虽然政府一直在鼓励和呼吁深化技能形成，但是从社会认可度看，技能形成尚未形成社会舆论的关注点，也没有成为公众的愿望。

三、中国技能形成制度环境的优化

"组织的生存要配合与顺从制度环境，在组织制度化的过程之中，将使组织趋向于制度环境所允许的组织形态，并且透过强制、模仿、规范等制度化机制，促使组织结构趋向同形，借以取得合法性"[③]。由此可见，组织和实践发展的制度环境的优化具有三种机制：强制机制、模仿机制、规范机制。因此，优化中国技能形成发展的制度环境，也应从强制机制、社会规范机制、模仿机制着手。

(一) 强制机制

强制机制是指政治要求（压力）以及政府强迫，政府对组织进行规制、监视和官僚控制。强制机制为技能形成创造一种不可抗拒的制度环境，主要表现为两

---

① LEWIS T. The problem of cultural fit-what can we learn from borrowing the German Dual System [J]. Compare, 2007, 37 (4): 463-477.

② HARRIS R, DEISSINGER T. Learning cultures forapprenticeship: a comparison of Germany and Australia [Z]. Queensland Australia: Griffith University, 2003.

③ 郭峰, 韩延明. 从制度环境的视角探高校自主办学的路径 [J]. 大学教育科学, 2015 (6): 4-10.

种形式。

1. 职业教育法律法规的强制性

立法的强制性支持是技能形成的保障，建议加强以法律为基础的职业教育强制力，修订《职业教育法》，增强《职业教育法》的法律约束力。以《职业教育法》为基础，出台《职业教育产教合作条例》以及相应的实施细则，形成国家主导的，以法律为基础的职业教育强制力。贯彻落实国务院办公厅《关于深化产教融合的若干意见》精神，提高产教融合政策的强制性，发挥法律、法规、政策的强制、明示、引导、预防、惩戒等作用。

2. 政府主导管理体制的强制性

在一个强势且运行良好的管制范围内，政府能够采取积极的鼓励措施，如免税政策等，引导企业积极地参与技能形成活动。正如德国哲学家雅斯贝尔斯在谈论大学的发展时所指出的："大学要在良好的政风民情下才能生存，它的生存要仰仗政治的关照，只有在国家关心的时间和地点它才可能存在。"技能形成的发展同样需要国家的关照。近十年来，国家积极倡导技能形成的发展，随着《关于深化产教融合的若干意见》的出台，政府主导的管理体制强制性的增强，技能形成发展的制度环境正在改变。

（二）社会规范机制

社会规范机制是指组织依从各种社会压力的信念，或是周围社会环境的评价对组织信念的形成产生"潜移默化"的影响作用，促使组织成员形成共有的行为规则和标准。社会规范决定着组织成员的共有信念和价值标准，即世界观和价值观。社会规范可以内化为组织成员的"共享信念"，能够潜移默化地影响组织成员的思维和行为，进而产生自觉的行动，指导组织成员沿着相同或者相似的路径"步调一致"地向前发展。对于技能形成而言，应协调与平衡各方的力量，在各方共同努力的基础上，营造技能形成的制度环境压力，进而形成社会规范性体系[①]。

1. 各方力量的协调与平衡

职业教育技能形成需要多元行动主体共同合作，具体而言，需要政府、雇主、工会、学徒、行会等多元合作者的协商与合作。为此，国家、企业、工会、学生应有所为，形成合力。

---

① 郭峰，韩延明. 从制度环境的视角探高校自主办学的路径 [J]. 大学教育科学，2015（6）：4-10.

政府应引导企业实施长期的发展战略，避免企业采取短期盈利主义、机会主义行为；充分发挥市场的作用，引导企业按照市场需求转变生产方式，更新升级生产技术，实施高技能、高工资战略。企业应从长远考虑，建立和谐的劳资关系，采取柔和的手段处理劳资冲突，积极主动采取长期发展战略，承担国家技术技能积累的责任，承担企业的职业教育责任。企业之间应建立良好的合作、竞争关系，建立企业群体利益代言组织，完善行业协会的建构、发展行业协会力量，一方面为企业群体利益代言，一方面约束企业行为。工会应加强自身力量，真正成为工人的代言人，超越工人个人利益，建立群体自觉，加强工会与雇主博弈的力量，使工人与企业的不对等关系变为对等关系，使松散的工人力量变为强大的工会组织。只有政府、企业、行业协会、工会、学生等实施一种长期的发展战略，产教合作发展才能顺畅，技能形成才能达成。

2. 营造技能形成的制度环境压力

在各方力量协调与均衡、形成合力的基础上，营造技能形成发展的制度环境压力。一是社会环境压力，如公众愿望和媒体关注等。公众和媒体等应对技能形成进行充分关注，尤其应对企业是否参与技能形成，参与了哪些因素或阶段，参与的效果如何进行关注，给予企业承担技能形成的职责更多的期待；二是市场压力，如供应链上下游的行业规范和准则，要求行业协会在发展壮大自身的基础上，积极履行行业自律功能和参与功能，制定行业发展规范与准则，监管企业行为；三是利益相关者压力，包括行业协会、社会利益团体、工会、学徒（学生）等利益相关者给予技能形成以压力，督促技能形成的实施。

（三）模仿机制

新制度主义认为，"模仿"即把其他成功组织视为自己学习的"榜样""楷模"，是一种"由内而外"的作用方式。技能形成的持续有效发展离不开各方力量的积极发挥，需要一种技能形成的文化认同。从国际看，制造业强国德国和日本在其各自的文化认同中都重视技能形成；从国内看，中国传统文化中蕴含着丰富的工匠精神，值得我们挖掘和发扬光大。

1. 弘扬工匠精神

工匠精神是一种文化传承，工匠精神就是对自己的工作和产品精雕细琢、精益求精的精神理念，是一种情怀，一种执着，一份坚守，一份责任。

工匠精神是时代的需要，也是文化的传承。在中国元明清时期营建北京城时，就曾出现过不少"大工匠"，因技艺卓越、业绩突出而受到各种嘉奖。如石匠杨琼曾率领上千石匠参加上都（内蒙古自治区锡林郭勒盟正蓝旗境内）和大都的营建，他所设计的石质构建在雕刻技法上多采用平雕、浮雕、镂雕等工艺，不管是神像、飞龙、舞凤、人物肖像，还是飞禽、走兽、山水等，结构严谨、造型优美、形象逼真。明代的木匠蒯祥精通尺度计算，每项工程施工前都要精确计算，竣工后，位置、距离、大小尺寸都与设计分毫不差，被誉为"蒯鲁班"。在中国历史上这样的"大工匠"还有很多，在中国发展职业教育，积累国家技术技能，应不断挖掘历史中的工匠实践，文化中的工匠精神，并加以弘扬，古为今用。

工匠文化在制造业发达的日本，也有着悠久的历史，已经成为日本传统文化中囊括社会生活各方面的职业操守和负责态度。日本在江户时代就酝酿出了传统的匠人文化，匠人们拥有极强的自尊心。对于他们来说，工作做得好坏，和自己的人格荣辱直接相关。因此，他们对自己的工作极度认真，对于如何使手艺达到熟练精巧，有着超乎寻常的艺术般的追求。他们对自己的每个产品、作品都力求尽善尽美，并以自己的优秀作品而自豪和骄傲。对自己的工作不负责任，任凭质量不好的产品流通到市面上，会被看成是匠人之耻。

因此，从模仿机制上讲，我们可以从中国的历史实践与文化制度中，寻找精华并加以弘扬，可以从国外的先进思路与经验中加以借鉴，形成中国的工匠精神与工匠文化。

2. 构建工匠制度

对于中国技能形成制度的建设而言，工匠文化是底气，工匠制度是基石。只有构建工匠制度，才能激励更多的工匠乃至名匠辈出。建设中国工匠大军，离不开工匠制度的支撑。

中国工匠制度古来有之。战国时期，秦国武器之所以精良于他国，就在于秦国在每件武器上，都刻上工匠的名字。从掌印的工师到每个制作的工匠，通过兵器上刻的名字，可以找到每位兵器制造者，并看出其技能优劣情况。这种制度激励和保障了众多工匠能够大批量制作高质量兵器。元代建立了匠户制度。明代专门对匠人进行统计，将匠人作为宝贵的人才放到突出位置。清代改革匠役制度，使得民间手工艺人可以放手发展。民国时期，著名教育家黄炎培创办了职业教育社，社会上也涌现出王麻子剪刀等众多老字号。中华人民共和国成立以后，企业普遍建立八级工匠制度，出现一批像倪志福、张炳贵等名匠。

模仿机制在于"模仿"，是从模仿中创新，因此，构建工匠制度要借鉴他山之石。德国、日本成为制造强国，就是靠不断积累的先进工匠制度的支撑，才培养了一大批技术工人和领军的高技能人才队伍。

在德国，知名企业和学校共同培养人才的"双元制"职业技术教育，为德国培养了庞大的技工大军，让德国制造在世界站稳脚跟。德国初高中毕业生上技校与中国的情况相似，但和中国不同的是，学生选择职业教育并不是先找学校，而是先找企业和学校联手设置的学徒工岗位。不论是传统的机械制造工艺，还是新兴媒体数码设计，德国都将其纳入政府职业教育大纲中。即使在当下自动化快速发展时期，德国也是根据企业未来发展需求，量身打造技工，培养了一批批"科研学徒"。像宝马等大企业，每年都会设置学徒工岗位；而众多中小企业，大多是家族技能传承，子承父业，代际相传。

改革开放以来，我国已有上百家企业挤进世界 500 强，同时拥有 4 000 多万名技工。随着经济转型，产业升级倒逼产业工人提升技能，中国制造呼唤技能人才。弘扬工匠精神，恰逢其时，建立工匠制度，必不可少。构建工匠制度，支持众多普工转为"技能大军"，将推动我国进入从"速度为王"转到品质至上的时代，从产品转到精品的时代，从中国制造转到中国智造的时代。

第二节　技能形成制度的影响因素

一、利益相关者及其利益诉求

在技能形成的实践发展过程中，具有约束、促进机制的技能形成的发展，促使技能形成的实践越来越走向制度化。那么，技能形成制度的形成受哪些因素的影响和制约呢？

历史制度主义特别关注制度在不同的社会成员或者社会组织中分配权利的状况，关注这种权利分配是均衡的，还是非均衡的；关注不同的利益相关者及不同的社会组织的不同行动选择，以及不同的行动选择是如何形成均衡的利益分配或者非均衡利益分配的。利益相关者及其利益冲突是影响技能形成制度的重要因素。在技能形成制度的演化与变迁中，利益相关者包括政府、雇主及雇主组织、工会、学校和学徒、行会、技能密集型企业等。当然，并不是说这些利益相关者都存在于每个具体国家的技能形成制度中，不同国家的利益相关者会有所差异，但主体的利益相关者不会缺席，包括政府、企业雇主、学校和学徒，他们的利益诉求及其利益冲突成为技能形成制度的影响因素。

（一）企业的利益诉求

企业的利益诉求一般有三种：获取收益、获取自身匮乏的资源、提高自身竞争力。

1. 获取收益

企业参与技能形成希望能够获得更好的技术工人，提高生产效率，希望技能形成是一个收益大于成本的过程。贝克尔（Becker）从人力资本理论出发，认为企业在培训上的花费是一种投资，这种观点吸引很多企业参与职业培训[1]。葛若曼（Grollmann）和劳耐尔（Rauner）的研究结果表明，学徒制可以在不提高花费的情况下提高质量，即使在有新的学徒加入的情况下，企业的生产力也能够达到80%，而企业在学徒的第三年收益大于成本[2]。奥绰姆（Oultram）认为，学校的学生，作为学徒参与企业生产，学生具有很好的生产能力，能够为企业带来好的效益，能够保证或提高产品的质量，而且，企业从学徒阶段开始使用这些学生，学生与企业师傅和谐相处，对企业的忠诚度较高[3]。

2. 获取自身匮乏的资源

企业与学校的合作，源于二者是异质性资源的拥有者，企业赖以生存与发展的人力资源由学校培养和提供，企业技术转型升级、新技术的应用一定程度上也依赖于学校培养的技术人才。总之，企业进行技能形成的主要目的是要获取三个资源：①人力资源，包括技术学徒、知识学徒与专家；②技术资源，如基本技术服务、技术创新、技术升级等；③教育资源，如员工培训。

3. 提高企业的竞争力

从宏观的动态能力角度分析企业参与技能形成的利益诉求，发现有的企业不仅仅关注具体的技术、人才，更关注企业竞争力的提升。企业认为技术和人才是

① BECKER, GARY S. Human capital: A theorical and empirical analysis with special reference to education [M]. Chicago: The University of Chicago Press, 1993.

② GROLLMANN P, RAUNER F. Exploring innovative apprenticeship: Quality and costs [J]. Education & Training, 2007, 49 (6): 431-446.

③ OULTRAM T. Fresh insights into British apprenticeship schemes [J]. International Journal of Organizational Analysis, 2012, 20 (1): 51-67.

企业的短期利益，而长期的企业文化、创新能力、企业形象、企业的综合竞争力等的提高更重要。

（二）学校的利益诉求

学校的利益诉求比较明显，一般而言，学校与企业合作，一方面为了获得企业的资金支持、资源设备支持等；另一方面为了更好地培养学生，为学生寻找实习场所和就业单位。

经历过校企合作教学的学生能够提前做出职业和教育选择，校企合作教育能够帮助学生顺利达到职业目标。学生参与校企合作教育，能够获得更多关于人生的经历，他们加入工作领域，并看到在工作领域中的人们如何交流，如何处理冲突。这是学校参与技能形成的原因之一。

总之，学校寻求企业合作的原因包括：①保证从事研究的科研人员工资和实验室设备的经费；②深入洞察研究领域；③实地检验某个理论的正确性；④弥补研究所需资金的不足；⑤协助高校完成最高使命；⑥帮助学生建立与企业的联系，⑦发现工作机会；⑧获得知识并运用在教学中；⑨寻找商业机会。

（三）政府的利益诉求

政府推动技能形成有两方面原因。第一，政府将技能形成作为国家创新体系的一部分，推动技能形成以提高国家的创新能力；第二，政府认为学生参与技能形成能够提高学生的生存能力、减少社会问题，有利于社会稳定、经济发展。

技能形成能够使学生获得一种中间技能，这种技能能够提高经济绩效。在对理论和实践的学习方面，技能形成比全日制职业教育和单纯的企业培训效果更好。技能形成在早期的市场经历中有更好的结果，尤其是在就业率方面。

在学徒制的功效研究中发现，小企业的学徒最终获得国家专业证书的比例为87%，大企业为93%。与普通教育结果相比较，学徒制的教育效果明显比普通教育好。在16~19岁的学生中，选择普通教育，最后成功完成学业的比例为85%，此学徒制中小企业的成功率略低。

（四）学生的利益诉求

职业院校学生的利益诉求是获得更多的知识和技能，尤其是对可迁移的一般技能的学习更为感兴趣。知识和技能可以为就业奠定宽广的基础，提供更多的机会。

另外，参加学徒培训和企业实习的学生希望获得企业的实习补助或学徒津贴，一方面获得自己劳动所得的报酬；一方面弥补实习或培训给其带来的交通等成本。

技能形成制度的利益相关者除了企业、学校、政府、学生之外，还有社会合作组织，例如，行业协会、工会等。行业协会、工会在技能形成制度中起中间机构的作用，利于制度建设的公平与合理。

二、利益相关者的利益冲突及对技能形成制度建构的影响

政府、企业、学校、学生四个利益相关者存在诸多利益冲突，表现在职业教育和培训由谁投资？谁提供培训，培训内容由谁确定？学生学成之后由谁评价？学生人才由谁使用等。

（一）利益相关者的利益冲突

1. 投资责任冲突

职业教育与培训的投资责任，存在着企业、政府、学生三者的利益冲突。企业认为参加技能形成，企业要提供实习岗位、投入设备、物力和一定的人力，而培训后，学生不一定留在企业，为企业所用，所以，应该补偿参与技能形成的成本。企业还认为，技能形成是为年轻人提供职业教育，属于公共事务，需要国家的资助，例如，德国技术学校委员会（DATSCH）称年轻人培训属于社会公共物品，因而，社会应该承担成本，该委员会试图通过此举说服国家增加投入以分担培训成本。

政府则认为，企业具有承担学徒培训和参与职业教育的社会责任，这是企业不可推卸的社会责任之一。而且，学徒或实训学员为企业劳动，能够为企业带来利润，企业承担技能形成的成本无可厚非。因此，有的国家对企业参与技能形成做出了制度上的规定。例如，1976 年，德国法律规定：企业所提供的学徒工培训岗位数量（全国范围内的）至少要超过申请者数量的 12.5%，否则政府就有权向企业征收培训税。

学徒或实训学生在企业参加实习实训希望得到相应的安全保险和实习津贴。可见，三者在谁投资，投资比例分配方面，存在严重的利益冲突。

2. 培训主体及内容冲突

谁提供职业教育与培训，提供什么样的教育与培训内容，在企业、政府和学校、学生之间的利益诉求也不同。

中央政府从提高国民素质和学生素质的角度出发，希望多提供一些通识教育的内容；地方政府从促进本地区经济发展的角度出发，倾向于传授技术性强的内容以及与当地经济、企业密切相关的内容；企业希望回收更多地参与技能形成的成本，进而希望培训企业的特殊技能；学徒或学生希望得到更多可转移的一般技能。

3. 技能评价冲突

在技能形成中，技能评价主要是各利益相关者对学徒或学生掌握的技能水平的评价，技能评价的冲突在很多国家表现为对技能认证权的争夺。技能认证对于学生而言，相当于就业的敲门砖，可以向企业展示自身的技能水平；对于企业而言，技能认证携带着包括学徒或学生的技能水平、学习工作态度、学习年限等有助于企业考察和招聘合格员工的信息。因此，企业一直比较重视技能认证。

有的国家技能认证权一直由政府掌控，其利益相关者的力量弱小，没有发生认证权的变更；有的国家虽然技能认证权由政府掌控，但政府各部门之间存在利益冲突；有的国家利益相关者的力量比较均衡，经历了技能认证权的权利主体的多次变迁。以德国为例，其技能认证权开始由手工业企业及手工业协会掌管，以后工业企业也获得了技能认证权，1969 年《联邦职业教育法》颁布以后，技能认证由第三方机构——考试委员会掌控。

4. 人才应用冲突

表面上看，人才应用冲突不是职业教育技能形成制度的影响因素，但各国利益相关者的人才应用冲突，建构的不同人才应用制度，却对技能形成制度影响深远，关系着技能形成能否生存与顺畅发展，关系着职业教育是否具有吸引力的问题。

在人才应用方面，主要是企业和学徒或学生在工资待遇方面的冲突。企业试图压低技能人才的工资，以弥补培训成本，而学徒希望得到较高的与自身技能匹配的工资，能否达成双方的满意，关系着人才市场的和谐发展。有的国家二者在工资待遇中的冲突没有得到很好的解决，使得员工的"跳槽现象"严重，企业的"挖人效应"非常普遍。长此以往，愿意承担技能形成责任的企业越来越少，职业教育的吸引力越来越低。有的国家二者的利益冲突得到了较好的解决，双方达成共识，吸引了更多的学生和企业参与到技能形成中。

企业和技能人才的应用冲突的有效解决，需要政府和第三方机构的介入，以保证人才应用制度的公平。

（二）技能形成制度的基本构成

从以上技能形成制度的利益相关者的利益诉求和利益冲突的分析可知，技能形成制度的形成主要涉及五个因素：①谁提供、提供什么教育内容；②谁投入；③谁评价、如何评价；④谁使用、如何使用；⑤利益相关者的合作及其方式，即技能投资制度、技能供应制度、技能评价制度、人才应用制度、社会合作制度。五大制度是分析职业教育技能形成制度的着手点，也是根据中国国情制定适合我国职业教育技能形成制度的切入点。

本文认为技能形成制度基本构成应该如图6.2所示。

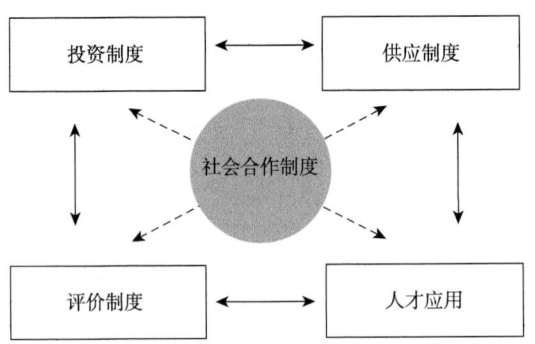

图6.2 技能形成制度的基本构成

技能投资制度主要涉及职业教育投资的钱从哪里来、投资的主体是谁、不同投资主体之间投资比例的分配等制度的规定。

技能供应制度主要涉及职业教育供应体系，哪些机构提供技能培训，主体是谁，技能培训的内容是什么，培训内容如何确定，技能培训与普通教育的关系如何等制度的规定。

技能评价制度是对于职业教育的评价有无特有的、不同于普通教育的评价方式，如技能资格认证方式，评价的主体是谁，评价的影响因素是什么等制度的规定。

人才应用制度主要是对职业教育培养的人才由谁使用，使用的方式如何，使用中有无体现技能水平的差异等制度的规定。

社会合作制度不是与以上四种制度并列的制度，而是在四种制度中均会涉及的制度，在四种制度中会涉及不同的利益相关者如何合作或博弈。社会合作制度还包括社会合作组织在技能形成制度建设中的角色和作用等制度的规定。

以上制度的形成，受利益相关者利益冲突及冲突解决方式的影响，是随着历史中利益相关者利益诉求的变化而变迁的，是由社会建构的。也就是说，职业教育技能形成制度是由社会建构的。所谓建构，实质上是通过行动者之间的磋商达成妥协共识，参与磋商的行动者是多元的，建构是一种双向的互动过程，既包括社会成员之间的互动，又包括社会成员与制度间的互动。各国职业教育技能形成制度均是政府、雇主、学徒、学校、社会合作组织等行动者之间利益相互博弈、相互磋商达成的妥协共识。不同的历史时期，不同的国家，政府、雇主、学生、学校、社会合作组织等多元行动者的行动选择不同，形塑了不同时期的职业教育技能形成制度。

第七章　中国技能形成发展的政策建议

第一节　技能形成的政策选择与国家职责

国家保护是技能形成的保障，有效发挥国家的职业教育职责，并不是国家要事无巨细地参与、主导职业教育的发展，在职业教育技能形成中，国家应该协调与平衡各方力量，形成以法律为基础的职业教育强制力，加强就业保护和雇佣保护、正确处理政府与市场的关系。

一、现代国家技能形成的政策选择

商业集团、劳工集团与国家的力量和三者的关系将导致不同的经济增长率、失业率和通货膨胀率[①]。政府拥有干预市场的至高无上的权力，而是否干预则是政府需要考虑的唯一问题，干预政策的强弱可以将政府区分为强势政府和弱势政府。2008 年的金融危机让全世界的经济体从市场经济的盛宴中苏醒过来，明白了市场的规范有效运行离不开制度的支持。与此同时，2008 年的金融危机给世界带来的另一个教训是，稳固的职业教育体系及夯实的实体经济在应对外部冲击时可能表现出不可思议的韧性。在对社会各行为主体的利益分配问题上，也应该重视资源配置能够在有效的契约基础上进行。市场经济以自愿交易为基础，交易即产权的交换。如果没有对产权的保护，交易就容易出现问题，这一思想卢梭在《社会契约论》中就有论证。若想防止暴力配置资源，社会必须保护产权和保证契约

---

① 霍布森. 国家与经济发展：一个比较及历史性的分析 [J]. 长春：吉林出版集团有限责任公司，2009.

的执行①。

就配置资源而言，制度缺失的市场可能比中央计划的效率还低，强势政府干预可能获得了民间同情，但也可能将经济转型引上歧途，因为，任何政府的干预都无法准确预测未知世界的可能变化。贝克尔的人力资本理论将技能分为一般技能和特殊技能，这一分类从理论上将技能是否为"公共物品"的问题二元化了。后来的经济学者将一般技能视作政府的责任，而特殊技能应该交给私人部门。在理论认识上，将一般技能独立起来并将其作为政府的侧重方向，而将特殊技能划分为企业应当培养的部分。这种对技能的二元化认识不利于技能培训实践的开展。但事实上，技能并不能简单地划分为一般技能和特殊技能，绝大多数的职业技能都介于两者之间。因此，政府在面对具体的职业技能的培养上，是否干预和干预程度并未完全确定。

目前，我国处于市场经济体制取代计划经济体制的后期阶段，在全球分工的大背景下，我国现有的经济发展取得了令世人瞩目的成就。经济改革就是对制度的调整，而制度建设需要更多的顶层设计，深化制度改革也是中国共产党十八大报告中的重要主题，全面深化经济体制改革是加快转变经济发展方式的关键。我国长期形成的廉价劳动力国际优势及基于此产生的"候鸟式"跨国企业迁徙地、"世界代工厂"等，是伴随中国 GDP 不断增长的中国经济的代名词。

曾有学者指出，我国政府应该成为服务型政府，但是在劳动力素质提高的问题上，这些学者却没有给出很好的建议。在职业教育的问题上，笔者认为，政府需要做的事情也可以划分为两个部分：一是直接提供必要的技能。技能是熟练劳动工人的基础，这部分应该归属于政府对教育系统的责任；二是使现有体系保证工商业提供这种技能，这部分应该归属于政府对市场制度的控制。

（一）政府作为技能的供给部门

在职业教育和技能培训的责任上，单纯说政府应该干预或者减少干预并不合适。在某些情况下，政府直接作为技能的供给部门或者技能供给部门的支持者，包括了职前的学校职业教育阶段、就业准备阶段等。

在被称为存在一种集体技能形成体系的国家，政府的大部分职能通过行业协

---

①　卢梭. 社会契约论［M］. 北京：商务印书馆，2002.

会、地区商业及教育部门对职业学校和企业的控制实现。一方面，行业协会规范市场中职业资格的标准及考试行为，以及学徒培养计划的制订；另一方面，通过政府对地区商业及教育部门的调控，使技能供给体系能够精密地运转下去。

（二）政府作为技能市场的监管部门

政府作为技能市场的监管部门更多的时候体现在政府应该保证现有的工商业系统主动提供职业技能，政府关注的重心是对市场规则的建立和维护。在一个完全竞争的市场，企业为了自身利益，对技能的投资必然等于投资所带来的边际收益，而如果技能市场短缺，技能市场的一些无序现象会更加突出。例如，企业间的相互挖人现象，以及企业因为员工跳槽造成的培训损失而不愿意投入到培训当中，这一现象的循环必将加剧技能市场的短缺。在一般情况下，政府侧重于建立制度以防止员工的过度流动，政府通过鼓励良性流动规范技能培训市场。例如，在德国的双元制职业教育体系中，具有教育资格的中小型企业更愿意将培训好的员工送到更大型的企业，这样一来，一方面，这些具有教育资格的中小企业能够留出更多的学徒岗位给新的学徒；另一方面，中小企业能够继续从较低价格的人力资本市场以及政府的投入中获益。

二、国家发挥有效职责

（一）协调与平衡各方力量

技能形成是社会建构的，不同的制度环境形塑了不同的技能形成制度，德国的社会环境形塑了技能形成的社会合作模式，新加坡的国家主导力量产生了技能形成的国家主导模式，美国的联邦社会发展了技能形成的技能替代模式，中国在社会主义改造时期形成了"单位制"的技能形成制度。因此，形成何种技能形成模式与国家的社会环境息息相关，而国家的社会环境是由国家的各个利益相关者相互博弈形成的。因此，国家应该完善职业教育产教合作发展的制度环境，协调平衡各利益相关者的力量，从而形成一种合力，努力营造和谐的社会环境，形成职业教育技能形成制度与社会环境相互依存或相互影响的综合体。

技能形成是一个需要多元行动主体共同合作的活动，具体而言，需要政府、雇主、工会、学徒、行会等合作者的协商与合作。然而，如同前文中阐释的技能替代的美国，雇主一方的力量独大，行业协会、工会等的力量比较薄弱，合作与协商无从谈起。国家政府的职责就是要协调与平衡各方力量，使得政府、雇主、工会、行会之间力量基本达到均衡，具有利益博弈与平衡的基础。在协调与平衡各方力量的基础上，科学分配各方的职责与权利，使各方权责明确、分工合理，以促进技能形成的顺畅发展。

（二）形成以法律为基础的职业教育强制力

党的十八大以来，我们党把制度建设摆到更加突出的位置，强调"全面建成小康社会，必须以更大的政治勇气和智慧，不失时机深化重要领域改革，坚决破除一切妨碍科学发展的思想观念和体制机制弊端，构建系统完备、科学规范、运行有效的制度体系，使各方面制度更加成熟更加定型"。党的十八届三中全会首次提出"推进国家治理体系和治理能力现代化"的重大命题，并把"完善和发展中国特色社会主义制度、推进国家治理体系和治理能力现代化"确定为全面深化改革的总目标。制度化对国家政治经济建设具有巨大意义，对职业教育的发展更是具有不朽的价值。

职业教育制度是为职业教育活动提供服务的，最终目标在于促进职业教育更好、更快和健康地发展。当今时代，职业教育既被赋予着重大使命和热切期待，又深陷根深蒂固的"二流教育"困境，制度性变革的问题成为职教领域最引人关注的问题。2019年，教育部开始就《中华人民共和国职业教育法修订草案（征求意见稿）》公开征求意见。在《中华人民共和国职业教育法》修订的道路上又前进了一大步，极大地推动了我国职业教育制度建设的步伐。近年来，依托《中华人民共和国职业教育法》的修订，职业教育的制度建设不断取得进步，应以《中华人民共和国职业教育法》修订为依托，继续完善校企合作、产教融合制度、职业教育集团化办学制度、职业教育教师专业发展制度、实验实训制度、职业资格制度、职业竞赛制度、现代学徒制、1+X证书制度，等等，形成职业教育的制度强制力。

（三）加强就业保护和雇佣保护

对于国家的社会保护，经济学界有着激烈的争论，新自由主义者认为，社会保护的政策安排不但会增加财政负担，而且更严重的是会伤害劳动利益，鼓励福利依赖，产生"反市场的政治"；而社会政策倡导者则认为，社会保护行为不但不会妨碍市场机制，而且还能够稳定生产秩序，进而促进经济健康和可持续的增长。

前文已经阐释国家的社会保护对技能形成的巨大作用，国家的社会保护（雇佣保护和就业保护），不仅没有妨碍市场机制，反而成为与技能形成制度相互匹配的制度环境。

从技能人才的就业保障说，德国的工资协商制度保障了技能人才的工资待遇，使其处于一种公平的劳动力市场竞争中，不同水平的技术技能对应着不同等级的工资，工资只因技术技能水平而有显著差异，而不会受学历水平等的严重影响，使技能人才有较好的就业前景，也愿意花长时间从事技能学习。在新加坡，工资协商制度并不像德国那样在行业层面达成，而是在国家层面，在国家的保障下形成，新加坡技能工人的工资并不高，但国家提供了大量的住房、保险等社会福利，从一定意义上说起到了工资协商的作用，保护了技能人才的利益。

因此，建议国家协调社会保护和经济发展的关系，在技能形成中，加强雇佣保护和就业保护，以建立技能形成的匹配制度，保障技能的形成与发展。

（四）正确处理政府与市场的关系

处理政府与市场的关系，是全世界政府共同面对的问题，不仅体现在经济领域，同样体现在公共部门的投入上。教育领域作为支持社会发展的公共部门，职业教育和培训当中政府和市场关系的处理显得尤为重要。通过对德国、新加坡、美国等不同国家技能形成制度之间的差异分析，可以发现，不同的政府管理力度和市场自由程度决定了职业教育体系的发展走向。艾什顿等认为，分析不同国家职业教育和培训体系的关键是厘清政府、教育与培训系统、资本以及劳动力之间的关系[1]。四个方面分别代表着社会中的四个利益集团，在各国特定的背景下，在维护和争夺各自利益过程中相互影响，其冲突与合作的结果形成一种特定的制度环境，而技能则是在这种环境中传递、形成的。

在政府与市场的关系中，政府的协调作用因各国国情不同而有大有小，但

---

① ASHTOND D SUNG J. Adopting the market for skill formation: Two Contrasting Approaches [M]. Leicester: Centre for Labour Market Studies, University of Leicester, 2000: 92.

以市场协调为主、以国家有限责任为辅，几乎已经成为各国经济发展的原则，也就是说，国家或政府在技能形成中发挥着重要的有限作用，但这种作用不是事无巨细、统包统管的而是承担有限责任的。政府对教育和培训市场的控制与主导在于，通过高度的规范市场秩序和企业行为达到企业扩大投入培养高技能人才的目的，在技能形成中协调各方力量，提供强力的法律保障，提供雇佣保护和就业保护等。市场在应对技术革命以及制度变迁方面有着政府无法替代的作用，市场制度的形成是各方斗争的结果，这种制度具有自我增强的特征，在技能形成中应充分发挥市场的作用。因此，在技能形成中应正确处理政府与市场的作用。

三、国家保护：技能形成的保障

通过对高技能形成的德国、新加坡，技能替代的美国与中国的历史比较研究发现，在高技能形成的德国和新加坡，以及我国民国政府时期和单位制技能形成时期的技能形成中，国家保护都起到了积极的作用，这些国家保护包括立法的强制性支持与以雇佣保护和就业保护为主的社会保护。

（一）立法的强制性支持

1. 德国

德国在技能形成中，国家强制性的立法保障起到了积极作用。在我国的民国政府时期，也出台了一系列的法律，保障了技能形成与发展。

1897 年，德国《手工业保护法》出台，法律赋予手工业协会监管学徒培训内容和质量以及技能资格认证的准公共权力[1]，为组织化的手工业部门所控制的学徒制培训创立了一个制度框架，使学徒制培训完成了初始制度化。1953 年，德国颁布了《职业教育法草案》，1956 年颁布了《职业培训法草案》，不断追求技能形成的法制化，1969 年颁布的《联邦职业教育法》保障了国家对职业教育的影响力，为职业培训提供了统一的法律基础，强化了国家对职业教育的监管。《联邦职业教育法》为建立由相等数量的雇主、工会及州政府代表所组成的职业教育委

---

① MAYER KARL ULRICH, SOLGA HEIKE. Skill formation：Interdisciplinary and cross-national perspectives [M]. Cambridge New York：Cambridge University Press, 2008：26.

员会提供了条件，保障了雇主、工会、政府在技能形成中力量的均衡；《联邦职业教育法》将工会纳入技能培训管理结构中，使工会在技能形成中的合法权益受到保护；《联邦职业教育法》将工资协商制度在国家层面上确定下来，一方面保护了企业免受技能培训的外部性伤害；另一方面保护了技能工人的待遇。1990 年以后，德国积极进行法律的修订和完善，有力地支撑了德国的技能形成与发展。

2. 中国民国时期

在我国民国政府时期，政府也出台了一系列强制性法律，保障了技能形成与发展。在以学校为主体的技能形成方面，1922 年实施了新学制（"壬戌学制"），注重职业教育，增设职业准备科，在中等教育阶段设立专门职业学校，极大地促进了中等职业学校的发展；1936 年颁发《职业学校与建设机关协作大纲》，使学校与校外实习机关取得联络与协作；同年 4 月 27 日，教育部又颁布《职业学校设置顾问委员会办法》，聘请与学校同性质的农工商界专家或领袖 5 至 7 人参加，使办学适合社会实际需要，避免与农工商界分离①。

在以学徒制为主的技能形成方面，1914 年，民国政府颁布了改造学徒制教育的《商人通例》；1923 年，政府出台《暂行工厂通则》；1929 年，颁布《工厂法》，政府对学徒制的现代化改造全面铺开。《工厂法》第十一章专门对学徒制培训进行了规定。此后，政府又颁布了一系列法案：《工厂检查法》《工厂检查人员养成所规则》《工厂检查人员养成所办事细则》《修正工厂法施行条例》等，对《工厂法》规定的内容进一步细化，规范和保障了学徒制的发展。在这个时期，民国政府通过法律法规的强制约束力，使得内部技能形成方式和外部技能形成方式的技能培训资金来源稳定，技能供应与产业发展需求匹配等，形成了我国早期较为完善、有效的技能形成制度。

3. 美国

20 世纪末以来，美国也连续出台了一系列法案，保障职业教育的发展，如1984 年的《帕金斯职业教育法》，1992 年的《从工作向学习过渡法案》《青年学徒培训法案》等，在现阶段美国的技能形成制度变革中起到了巨大的积极作用。

因此，从高技能形成模式的经验，以及技能替代模式国家的当前改革来看，都能说明具有国家强制力的法律法规是技能形成的保障。

---

① 李澜田，王萍. 中国职业技术教育史［M］. 北京：高等教育出版社，1994：136.

（二）社会保护：雇佣保护和就业保护不可或缺

通过比较研究发现，国家的社会保护对技能形成不可或缺。社会保护主要包括雇佣保护和就业保护，而实现这种保护的基本方式是工资协商制度。

雇佣保护是为企业雇佣员工提供保护，使雇主不会面临同行业间恶意"挖人"行为的威胁，减少企业承担职业教育的外部性。就业保护是对技能人才的保护，是学成后的技能人才就业的有力保障，使其处于公平的劳动力市场竞争中，保障学生或学徒不会异化为企业的廉价劳动力，保障其就业前景。

实现这种保护的措施是工资协商制度，在企业的雇佣保护方面，从德国的发展经验看，工资协商制度意味着同行业之间某种水平的技能工人的工资相差无几，使企业不能通过高工资挖走其他企业辛苦培养的技能人才，工资协商制度还规定，学徒必须为企业服务一定的年限，并且经过技能资格认证方可离开，提前离开便得不到技能资格证书，使自身在就业市场中处于不利地位。这不仅保障了企业投资培训的成本收益，而且保障了技能形成的质量。在技能人才的就业保障方面，德国的工资协商制度保障了技能人才的工资待遇，使其处于一种公平的劳动力市场竞争中，不同水平的技术技能对应着不同等级的工资，工资只因技术技能水平而有差异，而不受学历等影响，使技能人才有较好的就业前景，也愿意花长时间从事技能学习。

在中国的单位制技能形成时期，企业是国家的企业，工人是国家的工人，国家投资技能，并保障技能人才的就业，在国家层面上形成了技能形成的雇佣保护和就业保护。而当前，国家虽然也在呼吁大力发展职业教育，但是没有国家的雇佣保护和就业保护，工资协商制度又非常薄弱，仅从职业教育领域进行的改革收效较差。

美国的现状与我国当前现状相似，美国联邦政府也实施了一系列工程促进职业教育的发展，但是也只是在职业学校教育方面进行改革，建立了完善的学校职业教育体系，对于技能形成的另一种方式，企业内培训方面，则毫无进展。没有工资协商制度，没有国家的雇佣保护和就业保护，雇主面临着"挖人"问题，投资技能风险较大，而技能人才，就业没有保障，在劳动力市场竞争中与四年制本科毕业生相比处于劣势，导致技能学习的积极性不高。因此，国家的雇佣保护和就业保护对于技能形成而言是不可或缺的。

第二节　职业教育校企合作分类发展与政策诉求

校企合作是职业教育实现育人目标的重要途径之一，是技能型人才培养所要求的基本规律。20世纪90年代，中国政府针对行业企业办学的弊端，将大部分中专技校从行业企业中剥离出去。进入21世纪之后，出于培养技术技能型人才的需要，政府大力推动职业院校走校企合作、工学结合的办学模式。在学校本位的基础上开展校企合作、工学结合成为我国职业教育发展的新方向，亟须相关政策的激励与保障。

2012年以来，中国职业教育校企合作取得了明显的成就，但也存在诸多问题，如部分企业将实习学生当作廉价劳动力，实习缺少教育性；学生实习费用难以保障；校企合作缺乏实质内容，难以深入；企业不愿在技术人员和资源方面投入合作育人等，诸多问题的解决，需要国家制定促进职业教育校企合作发展的法律、制度、政策。然而，制定什么样的促进政策才能有效解决校企合作的诸多问题？需要对校企合作进行分类研究。只有在对校企合作进行分类研究的基础上，才能区分不同类型校企合作政策需求的侧重点、层次差异，才能制定出有效的、有针对性的校企合作促进政策。

职业教育校企合作分类是指根据职业教育校企合作的不同特征，采用一定的标准和方法，依据一定的原则，对其进行系统的划分和归类。本研究依据参与主体、企业所依赖的人力资本类型，以及校企合作中涉及的专业类别等对校企合作进行分类，研究不同类型校企合作的特征，并提出不同类型校企合作的政策诉求，为中国制定职业教育校企合作促进政策提供参考，为解决职业教育校企合作实践问题做铺垫。

一、依据校企合作参与主体分类

校企合作具有个人、群体、组织等不同层级的参与主体，依据不同主体，可以将校企合作分为个人层面的合作——工学结合；组织层面的合作——校企合作；区域跨组织层面的集群合作——专业集群与产业集群的合作。三个层面校企合作的内涵与制度是不同的，各自具有不同的内在要求和特征。分析各自的内在要求和特征才能发现其各自的政策关注点（见表7.1）。

表 7.1　依据校企合作参与主体的分类与政策关注点

分类依据	分类	合作主体	内涵与制度	政策关注点
产教结合	个人层面	工学结合	人与人	课程、教学、评价	教学标准
				师生教学规范	教学制度
	组织层面	校企合作	学校与企业	治理结构、利益机制	促进办法
				育人目标	规范、激励、保障制度
	区域跨组织层面的集群	专业集群与产业集群合作	专业集群与产业集群	差序结构	规范制度
				区域两个集群规划与治理	保障整合
					发展规划

（一）工学结合

工学结合作为个人层面的微观合作，是指教育者将企业工作资源和教育资源进行整合，学习者能够将课堂学习与（真实或者模拟）工作情景的任务有机结合、专业知识学习与（真实或者模拟）工作任务完成相互结合的一种培养技术技能人才的教育和学习活动。将工学结合定位于个人层面的合作，有利于简化学习中的互动关系，使目标更具体，便于师生之间沟通和调适。工学结合中的工作情景和工作任务往往是经过改造的、教育化的、服务育人目的的工作情景和工作任务。工学结合的内涵发展更关注两种教育环境下的课程内容、教学方法以及评价方式的建设；在制度建设方面，更关注师生教学规范和标准制度的建立，政策关注点集中在建立健全工学结合课程标准和评价标准，建立健全工学结合教学规范制度等。

（二）校企合作

校企合作是组织层面的合作，是学校组织与企业等组织的合作。职业教育校企合作，是指职业院校与行业企业、事业单位、社会组织等开展的一系列与人才培养相关的学生实习、师资培养、职工培训、课程开发、产品研发、科技应用转化、技术服务、规划与治理等方面的合作。组织层面的校企合作，其内涵建设应围绕育人目标，建立校企合作的治理结构和利益机制。对企业和学校的实力及行为都应有一定的要求及约束；应明确学校、企业和学生三方的权益与义务，激励合理的育人和研发等活动，规范实习合同、实习内容、实习进程以及合作研发等要求；应明确设置校企合作中的违规红线，补偿企业在校企合作共同育人活动中付出的成本。组织层面校企合作的政策诉求更关注合作的利益机制、合作规范、合作保障等，如技术技能的交互积累制度、职业教育学历学位与职业资格衔接制度、双师型教育队伍的人事管理制度等；校企共同编制以企业需求为导向的在校学习教学大纲和在企学习的培训大纲，地市政府负责组织校企双主体共同研究制定合作专业的技能人才培养标准，共同开发相关教材。

（三）专业集群与产业集群合作

跨区域组织层面的校企合作，简单地说就是专业集群与产业集群的合作，即二者在专业及各专业在人才培养的数量、规模、类型、层次、结构等方面展开的合作。

跨区域组织层面的校企合作更加复杂，涉及的利益主体及相互的关系较多。校企合作两个集群的融合对接，与区域整体规划密切相关，受区域发展水平、需求的制约。在政策上，这种合作需要在区域层级上制定合作的发展规划，需要协调整合制度、差序发展结构制度的保障；需要建立区域产业链、人才链与价值链相互匹配的制度，区域产业发展与职业教育同步规划与合作制度

依据参与主体对校企合作进行划分，厘清了工学结合、校企合作、集群发展三个概念的内涵，使三者的关系更明确：工学结合是校企合作的主要内容，是校企合作的着眼点和落脚点，校企合作是工学结合的前提和基础，没有校企合作的平台，工学结合无法实施。专业集群与产业集群合作是工学结合、校企合作的发展壮大，以工学结合和校企合作为基础。

二、依据校企合作中企业所依赖的人力资本类型划分

按企业生产要素集约度，企业可以分为资本密集型企业、劳动密集型企业、技术密集型企业，这种分类方法鲜明地揭示了不同类型企业所依赖的人力资本的不同特征。参照经济学界对企业的分类方法及企业所依赖的人力资本类型，结合职业教育人才供给的特点，本研究将职业教育校企合作分为技能依赖型校企合作、知识依赖型校企合作、素质依赖型校企合作、体力依赖型校企合作，并对上述不同类型校企合作的特征及政策诉求进行了深入研究（见表7.2）。

表 7.2　依据校企合作中企业所依赖的人力资本类型划分

企业分类	合作意愿	合作特点	合作形式	政策关注点差异
技能依赖型企业	强	全面参与	实习、研发、人员培训、专业建设、课程开发等	保障 规范 鼓励
知识依赖型企业	较弱	（新技术新产品）引领性参与	课程更新、师资培训等	鼓励
素质依赖型企业	较强	较全面参与	课程开发、师资、实习等	鼓励、保障、规范
体力依赖型企业	强	单方面关注用工劳动	顶岗实习、重复劳动	制约、规范

（一）技能依赖型校企合作

技能依赖型校企合作，是指职业院校与企业合作的过程中对技能依赖程度较高的合作，包括职业院校与技能依赖型企业或企业中主要涉及技能的岗位、项目的合作。这里的核心因素是技能，包括技能的改进、应用、研发、创新等方面。如职业院校与制造业中的汽车维修、机床加工制造等企业，或企业岗位的合作属于技能依赖型校企合作。

技能依赖型校企合作中企业和学校的合作意愿都较强，企业在生产中具有独特的生产技艺，对技能的依赖程度较强，需要具有专业知识、专门技术操作能力的工人。这种人才需求在劳动力人才市场上不能得到很好满足，而职业院校恰好是这类人才培养的摇篮，因此，技能依赖型企业开展校企合作的意愿较强，方式也丰富多样，企业参与学校的招生、课程建设、教学过程、管理、学生就业等方面。这种合作有人才培养、技术服务、师资培训、企业培训、专业课程设置、学生实习、教师实践等多种。

技能依赖型校企合作的特点，决定了对校企合作的保障机制和规范制度的需求较大。

（二）知识依赖型校企合作

知识依赖型校企合作，是指职业院校在与企业合作的过程中对知识依赖程度较高的合作，包括职业院校与知识依赖型企业或企业中主要涉及运用知识解决复杂问题的岗位的合作。

知识依赖型企业是综合运用先进的、现代化的科学技术成就的工业企业，在这类企业中，一般需要综合运用多门学科的最新科学研究成果，集中着较多的高级技术人员，操作人员也要求有较高的文化科学知识[①]。知识依赖型校企合作中企业的合作意愿较弱、参与校企合作较少、合作形式也很少，集中在课程与师资建设上。对于这类校企合作，政策所能做的就是加强引导。以会计行业为例，可以实施一种特殊的订单制，由于每个企业会计岗位的人才需求并不大，一个班级的学生不可能与单一企业合作，可以尝试与若干个企业合作，虽然存在寻找合适企业的难度和管理的难度，但不失为一种可行的尝试方式。另外，还应在课程标准制定、课程开发、师资培训、学徒制培养等方面，发挥知识依赖型企业拥有较高的技术水平、丰富的知识储备和高技能人才的优势。当然，由于其特殊性，也不应过分鼓励、强制实施。

（三）素质依赖型校企合作

素质依赖型校企合作，是指职业院校与企业合作的过程中对素质依赖程度较高的合作，包括职业院校与素质依赖型企业或企业中主要涉及素质要求的岗位、项目的合作。这里的素质特指文化素质，即人们在文化方面所具有的较为稳定的、内在的基本品质，以及与之相适应的能力、行为、态度、礼仪、情感等，更多的是通过语言、态度、行为举止体现出来的综合气质或整体素质。职业院校与旅游管理企业、航空乘务公司等企业的合作是素质依赖型校企合作。

素质依赖型企业或岗位对人的知识、技术水平要求不高，获取人才的途径较多、也较容易，因此，这类企业参与校企合作不主动。不过一旦其与职业院校合作，便会发现校企合作具有节省招聘和培训成本的优势，因此，也不会排斥校企合作。在我国职业院校办学实践中，已经开拓了一些有效的素质依赖型校企合作形式，在课程设置与开发、专业师资培训、学生实习等方面做出了积极探讨，但仍然存在可开发的空间。技能依赖型校企合作的特征要求国家或地方政府建立相应的鼓励、保障、规范政策。

（四）体力依赖型校企合作

体力依赖型校企合作，是指职业院校与企业合作的过程中对体力依赖程度较

---

① 中国企业管理百科全书编辑部．中国企业管理百科全书 [M]．北京：企业管理出版社，1984：16．

高的合作，包括职业院校与体力依赖型企业或企业中主要涉及体力劳动的岗位、项目的合作。如职业院校与食品加工、纺织工业、服装工业和部分服务业（如零售业和餐饮业）等企业的合作。

　　体力依赖型企业也称为劳动密集型企业，这种企业技术装备程度低、用人多、产品成本中活劳动消耗的比重较大①，即这种企业在生产过程中消耗的主要是大量的工人体力劳动，对技能、知识的要求非常低，因此，这类企业与职业院校合作的意愿很强，但合作内容仅为就业用人，合作形式单一。

　　目前，体力依赖型校企合作的问题比较多，例如，在实习期间，学生与普通工人最大的区别在于要专业对口和岗位轮换，然而，企业一般将学生当成普通劳动力使用，很少进行轮岗，使学生实习失去教育意义。这就需要国家建立校企合作规范制度，规范校企双方行为，应该对企业提出要求：经过一两个星期的岗位实习后，企业就要对学生进行岗位轮换，这样才能让学生的顶岗实习收到效果，使校企合作走上正规的发展道路，因此，体力依赖型校企合作最迫切的政策诉求是规范制度。

三、依据校企合作中学校的专业类别分类

　　加拿大技术哲学家邦格（Bunge）认为，作为应用科学的技术包括物理技术、生物技术、社会技术、思维技术等②。物理技术，即民用技术、机械技术、电子技术、空间技术；生物技术即药物学、医学、牙科学、农艺学；社会技术即法律、管理科学、人的管理、城市规划和军事科学；思维技术即信息科学、计算机科学和人工智能；还有一种心理技术，即精神病学、临床心理学、教育心理学。本研究依据技术哲学的分类，将职业院校的各专业归为五大类：加工制造类专业，对应于物理技术；生命培植类专业，对应于生物技术；社会服务类专业，对应于社会技术；精神产品再加工类专业，对应于心理技术。每个专业类别的校企合作都具有不同的特征及政策诉求（见表7.3）。

---

① 中国企业管理百科全书编辑部. 中国企业管理百科全书 ［M］. 北京：企业管理出版社，1984：15.
② 邦格. 作为应用科学的技术 ［A］. 吴国盛. 技术哲学经典读本 ［M］. 上海：上海交通大学出版社，1993：497.

表7.3　按专业类别划分

专业分类	举例	实训类别	产品类别	实训场地	政策差异
加工制造类	机械专业	生产性实训	梯度产品	现场	A1
生命培植类	护理专业	体验式实训	服务行为	现场	A2
社会服务类	金融专业	流程式实训	仿真产品	非现场/情景	B1
信息技术类	动漫专业	项目包实训	创意产品	非现场	B2
精神产品再生产类 ……	—	—	—	—	—

（一）加工制造类专业校企合作

加工制造类专业校企合作，是企业与学校的加工制造类专业的合作。加工制造类专业在职业学校的专业设置中非常普遍，例如，机械设计与制造、数控技术、模具设计与制造专业等。

加工制造类专业对应于产业中的工业和加工制造业，这些行业生产的产品是梯度产品，产品的生产是分步、分阶段进行的，而且都有自己的生产流程，操作规范，要求工作人员掌握相应的技能。

因此，加工制造类专业校企合作培养的人才多为从事工业、制造业第一线生产、建设的技术人才。在这类校企合作中，突出强调学生学习后的实际操作能力要能够满足工作对职业技能、技艺和运用能力的需要。学生的学习强调工作过程导向，取得真实的工作过程经验，学生参与企业的真实生产任务，在生产过程中，可以实现反复、可操作、可再现、可控的技能训练，达到提升学生实际操作能力的目的。因此，这些专业的实训类别为生产性实训，实训场地是工厂、车间或其他生产一线的生产现场，属于现场实训。

加工制造类专业的校企合作，需要建立校企合作规范政策，规范双方责任；还应加强学生安全意识，建立安全保障措施及相关安全保障政策。

（二）生命培植类专业校企合作

生命培植类专业校企合作，是指企业与学校的生命培植类专业的合作。生命培植类专业在职业学校的专业设置中也比较多，如护理专业。

生命培植类专业对应于产业中的农业、医疗卫生业等行业，这些行业不生产产品、不研究项目，主要提供各种服务。

在这类专业的校企合作中，合作的要点是培养学生的服务能力。服务的对象是有生命的个体及个体组成的社会，主要是对有生命的个体的管理和服务。这类专业的校企合作实训类别是体验式实训。实训场地是工作现场，工作现场的情景和场景存在多样性，难以复制，过程难以重复再现。在这类校企合作中，即使是同一个个体面对同一个服务对象，由于时间、地点、场合、情绪的差异都可能导致不一样的结果。

（三）社会服务类专业校企合作

社会服务类专业校企合作，是指企业与学校社会服务类专业的合作，包括企业与财经商贸类、司法服务类、公共管理与服务类等专业的合作。

社会服务类专业对应于社会中的各种服务行业，这类行业要求从业人员具有一定的专业理论知识，并且能将这些知识应用于实践，能够处理复杂问题，将复杂问题条理化。有些专业还要求学生拥有较为深厚的人文底蕴和综合素质，讲究"杂"，知识体系如同"W"或"M"形，其知识、能力的组成是拼盘式的，强调各个模块的联系①。

在这类专业的校企合作中，要培养学生的应用能力、处理复杂问题的能力，在不断变化的工作情境中参与计划和决策的能力。根据不同的细分专业，这类校企合作的实训分为企业实训和校内实训、社会实训三种。企业实训是流程式实训，学生到企业主要是了解企业情况和岗位工作流程；校内的模拟实训，主要是通过模拟服务行业的真实业务环境、业务流程实现仿真化模拟实训；社会实训，主要以社会为课堂，充分整合全社会的教育资源，通过各类社会实践的形式实现人才培养目标。

（四）信息技术类专业校企合作

信息技术类专业主要是应用计算机科学知识和信息系统知识，构建和管理信息基础设施并为人们提供服务的专业，包括商业服务、科研、沟通等方面，如动漫专业。

---

① 梁绿琦，孙伯杨，李志强 . 高等职业教育需要分类管理 [J]. 北京教育（高教），2010（6）：38-40.

信息技术专业对应于产业中的信息科学行业、科研机构、IT行业等，这类行业要求从业人员具有相应的专业理论基础、基本技术，并在此基础上能够根据实际的项目包进行设计制作。

在这类专业的校企合作中，主要实施"以项目带动教学，以项目检验教学"的项目包实训。以动漫专业为例，学校将企业的真实动画项目引入实践教学，让学生在仿真模拟的工作环境，如工作室中，进行真实项目的实训，使学生能够结合自己的专业知识和技术，在体验企业动漫设计与制作生产流程中完成项目，创造产品。可见，这些校企合作的实训场地一般为工作室，其生产的产品为创意产品。

四、职业教育校企合作的政策诉求

多样化的校企合作，需要多样化的政策支持，有的是宏观层面的，有的是微观层面的。

在宏观政策层面上，需要国家和地方政府制定合作发展规划、建立协调整合机制；在中观政策层面上，需要制定校企合作促进办法，包括建立各种引导、鼓励、保障、规范校企合作的措施和制度；在微观政策层面上，需要制定校企合作促进办法实施细则、行动计划、各专业工作指导意见及课程标准等，全方面、系统化地建立起职业教育校企合作的支持、保障系统。

（一）宏观政策诉求

各类校企合作的顺畅发展，尤其是跨区域组织的专业集群与产业集群合作，需要国家和地方政府在宏观政策层面上制定合作发展规划、建立协调整合机制，尤其需要国家或地区制定职业教育校企合作发展规划。

1. 制定合作发展规划

职业教育与经济发展的关系最为密切，以培养适应区域经济发展的技能型人才为根本任务，并通过人才的培养质量、数量、层级影响着区域的发展。国家或各级政府应在制定国家和地区发展规划时，统筹协调职业教育与经济发展的关系，将职业教育和经济发展同步规划。例如，集群的合作发展，需要一种差序发展制度，政府在制定区域发展规划时，应认真考量每个产业的特征、水平，将有实力的产业确定为主导产业，其他产业围绕主导产业发展，而不能均衡发展每个产业。对应的职业教育的发展规划，将满足主导产业人才需求的专业确定为主导专业，各专业也应差异发展。对于主导专业，可以尝试建立和完善面向产业的品牌专业制度，建立品牌专业建设的评价标准和激励办法，通过品牌专业建设，推进校企深层次的合作。

2. 建立协调整合机制

职业教育校企合作不仅是学校的责任，还是国家、地方政府及各部门、企业、行业等的共同责任，因此，职业教育校企合作的顺利、持续发展需要各级政府、各部门的协调联动。国家及地方各部门应统筹协调国家或地区的职业教育发展规划、资源配置、经费保障、督导评估等工作，并在此基础上建立由各部门代表共同参与的职业教育校企合作组织管理机构或制度，如职业教育校企合作联席会议制度，在制度的约束下建立各部门定期沟通协调制度，出台各部门相互衔接的政策文件，使校企合作协调、顺畅发展。

（二）中观政策诉求

在中观政策层面上，需要制定校企合作促进办法，包括建立各种引导、鼓励、保障、规范校企合作的措施和制度。

1. 职业教育校企合作引导机制

在多样的校企合作类型中，并非所有的类型都是双方积极参与的校企合作，例如，知识依赖型校企合作、信息技术专业的校企合作等，校企的合作意愿低，参与合作的面比较窄，形式比较单一，对这些校企合作，政府及各部门应加强引导，不过分鼓励、不强制实施。具体而言，知识依赖型校企合作，合作的周期长，培养学徒的技能全面、质量基本有保障。在政策上，应引导这类企业参与校企合作，依据行业发展的人才需求，将中高职学生纳入其学徒体系，在三至五年内，将其培养成业内熟练的、水平较高的技术人才。

职业教育校企合作引导机制，还包括应引导各类校企合作的发展方向，使职业教育校企合作朝着健康、持续的方向发展，避免短视行为和危害学生利益、社会利益的行为。

2. 职业教育校企合作鼓励机制

在素质依赖型校企合作等类型的校企合作中，企业持不主动、不排斥的态度，对此，应建立各种鼓励机制，调动行业企业参与的积极性。

鼓励企业参与职业教育，应考虑企业的利益要求，对参与职业教育校企合作的企业付出的人力、物力进行一定的补偿。可以在税费减免、财政支持、政策倾斜、资金补贴等方面做出系统、明确、可操作的政策规定。对此,《宁波市职业教育校企合作促进条例》的思路是,"一旦要求企业部分生产能力用来给学生实训,假设有20%,那这20%就会影响到它的利润,根据这一点,按企业生产能力的20%进行退税"①,这样明确的规定,才具有可实施性。

另外,对参与职业教育校企合作效果较好的企业给予表彰和宣传,一方面,提高企业的社会形象;另一方面,在客观上宣传企业参与职业教育校企合作的优惠政策,吸引更多企业参与校企合作。

3. 职业教育校企合作保障措施

职业教育校企合作的保障措施包括制度保障、经费保障、组织保障等方面。

(1)制度保障。建立学生、企业、学校三者可信任的承诺制度。如果企业将学徒当作长期的廉价劳动力,不对其进行技术传授,则会严重损害学徒的利益;如果学徒期满后,跳槽到工资更高的同类企业,那么该企业不仅要承担培养成本,还要承担跳槽目的企业的竞争成本,严重损害企业利益,这就需要政府的各种约束和保障制度,从法律上规定学徒、企业和学校的责任,保障三方利益共享。因此,国家应以法律法规的形式为促进职业教育校企合作提供宏观制度保障和政策措施,明确参与各方的权利、义务和责任。全面总结校企合作的成功案例经验,围绕关键问题实施制度创新,系统构建职业教育校企合作的国家制度和机制。

(2)组织保障。建立校企合作协调管理机构。让行业企业参与校企合作机构管理与运行,并承担主要责任,是调动行业企业参与校企合作的主动性和积极性的组织保障;应赋予企业一定的权利,让企业参与制定职业教育发展规划,包括教育规模大小、市场人才供需结构预测、专业标准制定等,充分发挥其协调、监督、质量评价作用。

(3)经费保障,建立校企合作专项基金。校企合作是一项系统工程,不仅涉及学校与企业双方利益主体,还涉及国家对人才培养的责任及经济发展对高素质人才的需求等因素,其中国家的责任不容推卸,国家应建立校企合作专项基金,保障校企合作不受资金所困。国家还应调动企业的积极性,建立企业参与校企合作的各种优惠制度:税收优惠、员工培训优惠、政策优惠等,应有效指导和监督

---

① 黄达人,等. 高职的前程 [M]. 北京:商务印书馆,2012:44.

企业职工教育经费的提取和使用。

4. 职业教育校企合作规范制度

各类职业教育校企合作的发展现状，尤其是体力依赖型校企合作等出现了一系列问题，要求中央政府或地方政府建立校企合作的规范制度，规范各方的行为。规范企业的行为应对企业与学生的实习合同签订做出明确要求，对企业为学生提供的实习条件、实习内容和实习报酬提出要求；规范学校的责任应明确学校进行校企合作的目的，应承担的教育、管理职责；学生规范应让学生树立安全意识，在实习实训环节中严格规范操作、遵守企业纪律和要求。

（三）微观政策诉求

在微观政策层面上，需要制定校企合作促进办法实施细则、行动计划、各专业工作指导意见等。

1. 制定校企合作促进办法实施细则

通过对职业教育校企合作的分类研究，发现有些类型的校企合作除了需要宏观、中观层面的政策支持之外，还需要有针对性、具体的政策保障。国家职业教育校企合作促进办法，在具体环节上不可能面面俱到，需要相应的管理部门结合实践再做补充和阐释，使"校企合作促进办法"更详尽、周密和具体，更具有可操作性、易实施性。细则还要对原文不够详尽的地方进行补充，增强促进办法的可行性。

如，个人层面的校企合作——工学结合，需要建立健全工学结合的课程标准和教学制度。然而每个行业的职业资格标准不一样，各专业的课程标准差别很大，需要政府放权给行业协会制定各行业职业资格标准，在教学中参与相对应的专业设置及课程标准、培养方案、教学计划的制订等，这些应作为重要内容补充到职业教育校企合作促进办法细则中。

2. 制订行动计划

各项促进政策的实施与落实，是各项政策发挥作用的必经之路，政策只有真正落到实处，才有价值。为保障各项政策落到实处，应制订职业教育校企合作促进办法的行动计划，将政策实施的任务书、路线图、时间表正式敲定。通过行动计划的制订实施，使各项政策的任务要求细化到具体工作中，落实到实际行动上。

以行业为例，行业应根据自己的职责制订相应的行动计划，制定建立或完善职业资格标准的步骤，支持职业标准与课程标准的转换，引领职业教育校企合作的发展。

3. 制定专业指导工作建议

不同专业的校企合作特征不同，每个专业都有自己的发展路径，每个专业都对应培养某个行业需要的人才。因此，教育部门应会同行业部门、企业人员等，根据行业企业发展需要制定各专业建设的指导工作意见，明确各专业特点、人才培养的方式与特点，是顶岗实习，还是加强社会性实训；是加强技能训练，还是提高文化素养；是采用生产性实训，还是流程式实训等。

以素质依赖型校企合作为例，素质依赖型企业，如旅游管理企业、航空乘务公司需要的是人文素养比较高的人才。这类人才是服务类专业培养的人才，应制定专业建设指导建议，指出专业的特殊性，而不能和所有专业一样，只是要求进行简单的技能训练和顶岗实习，这些专业的教学内容应丰富、多样，让学生具有较宽的知识面，这些专业的实训应多采用社会性实训，让学生多参加各种社会实践活动，体验各种人际交往的过程，在体验中学习等。

第三节　教育现代化与现代学徒制

一、现代学徒制与教育现代化的关系

教育现代化是指与教育形态的变迁相伴的教育现代性不断增长和实现的过程。现代化是指转变成为现代，教育现代化是指转变成为现代教育。而教育现代性是现代教育特征的集中反映，体现了教育现代化过程中教育呈现出的新特点和新性质，如教育的人道性、国家化、民主化、理性化、法制化、生产性、专业性、多样性等方面。教育现代化的本质是教育现代性的增长，理解教育现代化的关键是理解教育现代性，离开了现代性，教育现代化就成为没有实质的空壳，没有内容的形式，没有灵魂的过程。

现代学徒制是一种制度化的教育方式或教育活动，属于教育形态的一种，因此，现代学徒制的本质特征具备了教育现代化过程中的现代性，并随着国家教育现代性的增长而发展，对教育现代化具有依赖性。这种依赖性体现在各方面：没有教育人道性的发展，就没有人自由而全面的发展，现代学徒制也就不可能关注学徒的生涯发展；没有教育民主性的发展，就没有教育方法的个性化，现代学徒制作为个性化的教育方法也只能淹没于班级授课制的浪潮中；没有教育的国家化与法制化发展，现代学徒制将仅仅局限于一种私法关系中，不能得到国家的支持和法制的保障。总之，从各方面来说，现代学徒制的发展依赖于教育现代化的发展，教育现代化的发展，要求现代学徒制逐步形成国家化、法制化、民主化、理性化发展的道路，教育现代化，以及其所在的国家经济社会现代化，要求现代学徒制必须具有"现代性"，并成为现代学徒制具有"现代性"的根本原因。

虽然现代学徒制对教育现代化具有依附性，但并不表示，现代学徒制对教育现代化进程没有积极促进作用。在德国，教育的现代化，很大程度上得益于其双元制的现代学徒制的发展。德国的实例已经证明，现代学徒制能够促进国家教育现代化的发展，二者存在相互促进的关系。

现代学徒制对教育现代化的依赖性及其对教育现代化的促进作用，要求我们从一个更广阔的视角看待现代学徒制，即从国家教育现代化的视角出发，看到其"现代性"的本质特征。

二、现代学徒制的"现代性"特征

教育的现代性主要体现在人道性、国家化、民主化、理性化、法制化、生产性、专业性、多样性、生产性等方面。具体到现代学徒制，与传统学徒制对比，可以发现，"现代性"特征主要表现在国家化、民主化、法制化、理性化、生产性等方面。

（一）现代学徒制的国家化

正如学者在为现代学徒制定义或分析特征时指出的，现代学徒制已经被纳入了国家战略，是政府行为，而不再是传统学徒制的私人亲缘关系或行会行为，也就是说现代学徒制具有国家化的特征。这种国家化表现在：第一，国家立法的保障；第二，国家资金的支持；第三，国家宏观的管理。

国家对现代学徒制的立法保障，是现代学徒制国家化的鲜明特征。国家对现代学徒制的资金支持是现代学徒制国家化的基础，现代学徒制的培训成本不再由学徒个人及其家庭或企业单独承担，国家将其作为一种公益事业，分担了成本，且这种资金支持是多样化的，例如，在德国，参与双元制培训的学生有国家的资助。国家对现代学徒制的宏观管理表现在多方面，包括培训课程的指导、培训师傅标准的制定、培训管理机构或群体的构建、培训项目的认证等。另外，在德国，现代学徒制下企业所扮演的角色，以及企业中师傅的确定也是政府行为。

（二）现代学徒制的法制化

现代学徒制区别于传统学徒制的特征之一是法制化。工业革命之前的学徒制要么是一种私法行为，要么是行会规定，没有上升到法律的高度，而现代学徒制，在许多国家都具有国家法律的支持。以德国为例，19世纪以来，德国有了对建立统一的学徒制培训规范的立法需要。1969年，职业法案最终被国会采用，这个法案调节着德国的各种职业培训，促使学徒制与职业学校教育的结合。除了现代学徒制自身的法律建设得到加强外，相关的法律制度的匹配建设在德国也越来越完善。

1971年，法国颁布了《吉沙德法案》。这是继法国革命以来的第一个管理学徒培训的法律规章，该法案确定了学徒制作为法国职业教育体系组成的法律地位，为学徒赢得了一个与占优势的全日制的职业学校培训同等的地位。1880年，法国议会通过了《关于徒工手工学校和初等补习学校的法律》，该法律的要旨是把市、镇、村和省立的徒工手工学校归属于国家，并纳入国家财政预算。这个法律促使学徒制与职业学校教育的结合。

土耳其政府更是不断革新以求实现对职业培训的改革，1986年，颁布学徒制和职业培训法令，为具有双元定位的现代职业培训系统建立了正式框架，包括现代学徒制的框架。

（三）现代学徒制的民主化

20世纪以来，各国学徒制改革谋求与现代职业教育体系的整合，且在管理上日益强调政府宏观管理下的多元合作、多方参与、内外融通、分工合作、分层监督的复杂运作体制，充分体现了现代学徒制民主化的不断加强，学徒制不再是古代师傅与徒弟或行会时期师傅、徒弟、行会之间的事，考虑到了多方的参与、合作：不同级别政府的管理、行业委员会的支持，职业学校和教师的辅助，第三方培训和中介机构的监管等。如，瑞士近年在职业教育改革中，实施了"参与式管理"，即让利益相关方（行业、职教机构等）参与到职业教育的决策过程中，在地方层面设立工作组，解读和细化新的课程计划，取得了良好的效果。

现代学徒制的民主性还体现在学徒地位的变化上。与传统学徒制不同，现代学徒制中的学徒不再依附于师傅，也不再依附于雇主，学徒也即学生享有平等的权利、受到尊重，其职—普融通的教育内容支持了学徒制的全面发展，并能从学徒培训中获得一定的报酬。

（四）现代学徒制的理性化

现代学徒制不再像传统学徒制那样，单纯是一种经验式的传授，而成为一种具有国家支持、多方指导和参与的职业教育培训制度。其培训内容与行业企业需求密切相关，课程设置具有行业组织的指导，而且现代学徒制在各个行业、企业中有选择性的理性化发展着。

现代学徒制的理性化，还表现在培训内容方面。现代学徒制不仅传授学生技能，还注重学生发展，传授普通知识，各国的现代学徒制，几乎都是一种技能培训与普通教育相结合的教育。例如，在德国，在现代学徒制培训中履行不同功能的两个学习中心之间有着连接，学校传授职业理论的内容，并教授一些普通教育科目，公司主要提供与工作相关的培训并通过实践补充职业理论。

现代学徒制的现代性，即国家化、法制化、民主化、理性化的增长，是现代学徒制区别于传统学徒制的本质特征，代表了它是现代社会的产物，虽然在教学方法等方面是传统学徒制的继承，但更多的是国家支持、立法保障、民主参与、理性发展的现代性创新。因此，笔者认为，现代学徒制是一种培训内容与方法理性设计、施教与学习主体平等民主、参与者多元合作，且有国家立法支持、保障、规划的职业教育培训制度。

三、中国现代学徒制的发展路径

现代学徒制是现代社会的产物，在中国教育现代化的过程中发展现代学徒制，符合国家教育现代化的趋势。

（一）现代学徒制发展的国家职责

现代学徒制作为国家教育现代化发展中的一部分，各国对其干预也呈逐渐增强的趋势。因此，在中国发展现代学徒制也需要国家的介入，应该加强国家统筹规划、立法、整合资源、经费投入、督导等职责。

现代学徒制是一个涉及生产制度、教育制度的复杂制度建设，需要中央政府的宏观科学规划、设计，应该依据中国经济发展方式转变和产业结构转型升级的需求，依据社会民主、法治化需求，依据人的终身发展、自由发展需求，从宏观上科学设计，统筹规划。

现代学徒制的发展，关涉的利益相关者很多，需要中央政府做好各类资源的整合、协调工作，包括政府的教育部门、经济管理部门以及企业、行业、社会组织、科研机构等资源的整合。例如，行业组织掌握着企业的用人需求数量和结构等信息，掌握着大量的企业资源，能够有效与企业沟通，调动企业的专家能手，是支持职业教育发展的主要力量，政府应充分发挥行业的指导作用。

从某种程度上说，现代学徒制中施教者和学习者，是一种教育关系，教育是公益事业，作为中央政府应充分保障职业教育发展的经费，经费投入是实施现代学徒制的重要保障。政府除了应加大对职业教育的投入，提高财政预算内教育经费用于职业教育的比例，逐年按比例提高职业教育生均公用经费水平外，还应鼓励企业履行投资职业教育校企合作的责任。在德国，由企业对职业教育的投资有很多种形式：职业教育基金、培训基金、行业基金等。职业教育基金是所有企业必须向政府交纳的，基金由政府统一分配和发放，只有具有培训资格的企业能够获得职业教育基金，否则不能获得；培训基金是签订了劳资协定的企业要提供的费用，用以培训，费用由劳资双方基金会管理。行业基金是有些行业为了满足特殊需要所设立的，行业内的所有企业向该基金交纳一定费用，作为本行业职业培训的共同经费。我国完善现代学徒制的投资制度，应鼓励和要求企业履行职业教育的投资责任。可以参考德国的经验，在企业缴纳的税收中单列一部分作为职业教育基金，由政府统一分配和发放。对实施现代学徒制的企事业单位进行资格认证，并进行质量监控，只有获得职业教育资格的企业才可以获得政府补助，否则不能获得政府补助。

总之，在中国发展现代学徒制，应切实发挥国家对职业教育发展的主导作用，对于应该承担的职责：统筹规划、立法保障、资源整合、经费投入等应义不容辞，对于不适合国家承担的职责：信息服务、督导等应勇于放权，发挥行业组织职责，建立起国家及行业组织间分工合作、责任共担的职业教育制度。

（二）加强现代学徒制的法律制度匹配建设

西方研究技能政治经济学的学者认为，一个国家政治经济制度或多或少的是一种综合体系，其中各种各样的制度安排（劳资关系制度、金融制度、职业教育和培训体系及企业治理体系等）通过各种途径密切地黏合在一起。这是政治经济学家所定义的"制度匹配"。霍尔和金杰里奇通过分析不同发达国家的数据，已经令人信服地证明了制度体系之间相互匹配的确是存在的。从历史上看，对于一个领域中特定制度的安排，如果在相邻领域中存在着一套与之兼容或匹配的制度安排，那么将会"提高制度的回报"。这是德国在发展现代学徒制的过程中比较重视立法建设和相关制度建设的原因。

因此，中国实施现代学徒制，除了加强其自身法制建设外，还应加强法律制度的匹配建设，主要包括：劳动用工制度、学徒培训合同制度、技能资格认证制度。

1. 改革劳动制度和用工制度

监管企业行为，严格企业用工标准，惩罚因用工标准不合格或用非技术工人而发生安全事故的企业，以及企业的恶意"挖人行为"，避免企业"搭便车"。从法制上，保障技术工人的权益，让他们能够体面地用其所学。

2. 构建学徒培训合同制度

制定培训合同，并赋予国家法律的高度，以保证企业与受训者相互达成可信承诺关系，保障企业很好地开展培训工作，并阻止企业剥削学徒工，也保证学徒工为企业服务足够长的时间以补偿企业的投资成本。否则参与现代学徒制培训的企业会面临竞争对手的"挖人效应"，也可能使现代学徒制退化为企业剥削非技术廉价劳动力的工具。

3. 完善技能资格认证制度

国家、企业、行业协会分工合作设定并执行技能资格的评估和认证程序。技能资格认证制度的完善和严格执行，能够防范企业随意剥削学徒工，如果学徒工的技能资格标准化考试失败，则剥夺企业提供培训的资格，使其失去低工资学徒工从事生产给企业带来的收益。如果学徒工因为没有为企业服务应有的时间而拿不到资格，则无法在将来的工作中得到较好发展。

具体地说，建立技能资格认证体系，应改革当前的职业资格证书体系。

（1）建立职业资格证书分类管理制度。笔者建议分为三类：一是涉及高危、风险较大的特殊工种，这类工种的技能考核涉及社会的安全问题，由国家相关部门组织领导职业资格证书的考核并负责管理，属于强制性职业的资格考核；二是对技术水平有一定的要求、且技术需要长期积累的工种，由国家将职业资格考核和管理的权限下放给行业协会或学会，会同企业、职业学校三方共同组成第三方机构组织领导，这类考核属于非强制性职业资格考核；三是对技术水平要求不高，技能的获得可凭短暂培训获得，并不需要长期学习的工种，由国家下放权利给企业或职业学校组织领导或者同样由第三方组织机构实施，这类也属于非强制性的职业资格考核。

（2）建立第三方职业资格证书考核制度。新的职业资格证书制度实施分类管理之后，有一大部分技术工种，需要由第三方机构组织实施，并负责管理和更新，因此应该建立第三方职业资格证书考核制度，保证证书的公平性、有效性。第三方机构由行业人员、企业人员、职业学校人员共同构成，负责创新行业职业资格标准，提升行业人才标准，更新职业资格证书的考试内容。

（3）以职业分析为基础，建立职业资格证书与学历证书互认制度。一方面，需要职业教育专业设置建立在对职业分类和职业分析的基础上，课程开发建立在职业分析的基础上，职业学校课程内容围绕该职业或职业群中所需要的最基本的能力而设置；另一方面需要职业资格证书建立在职业分析的基础上，建立在国家统一的职业能力标准的基础上，更新和完善现有的职业资格证书体系。只有二者的考核都建立在职业分析的基础上，才能实现二者稳固、长期、有效的衔接，才能实现职业资格证书和学历证书内部根本性的融合互认。

（三）实施普—职融通教育

在德国，现代学徒制已经不再是单纯的经验学习，而转变为一种普—职融通的教育制度，技能学习与普通文化素养学习相结合，工学交替、理论学习与实践并重，培养目标从单纯培养熟练技术工人发展为培养具有发展潜力的高技能人才。

在中国实施现代学徒制，要适应社会发展越来越民主化的趋势，适应现代学徒制民主化发展的要求，培养具有民主精神、人格完善的技术技能人才，要适应文化多元发展的趋势，培养具有开放、包容精神的技术技能人才，保障人才的持续、自由发展。因此，在中国实施现代学徒制，普通教育和技术培训必须同时进行，实施普—职融通的教育并促使二者携手并进，保障学徒不仅能为工作做好准备，还能为工作变换做好准备，最终实现学徒的和谐、自由发展。

联合国教科文组织 2011 版的《国际教育标准分类法》将教育分成 9 个等级，两种类型，其中 0～5 级为普通教育和职业教育，6～9 级为学术教育和专业教育，分别对应前面的普通教育和职业教育，而且各级各类教育之间以课程为基础，是互通的。中国可以借鉴联合国教科文组织对教育的分类，在现代学徒制的发展中，实施普—职融通的教育。保障职业教育的学生和普通教育的学生能够依据自身兴趣和条件在二者间自由转换，自由发展；使职业教育的学生选择的职业教育不再是"断头教育"，保障学生的发展权益、促进现代学徒制的民主化发展。

（四）理性选择现代学徒制的发展领域

鉴于现代学徒制高质量的教育结果、较高的经济效益和社会效益，中国很多地区都开始实施现代学徒制，很多学者也呼吁广泛实施和推广现代学徒制。因此，更应理性发展现代学徒制。在培训内容的制定上，与行业企业需求密切联系，在行业组织的指导下设置课程。

专业设置和课程开发是职业教育发展的基础工作，也是现代学徒制的核心，要根据产业发展动态，根据行业、企业、社会用人标准和劳动力就业市场的需求，及时调整专业设置和方向，建立专业设置的动态机制，开发体现新知识、新技术、新水平、新工艺、新材料的课程，促使专业设置、课程开发与经济社会发展相适应。要以岗位职业能力标准为依据，开发与生产实际紧密结合的课程和教材，要针对职业岗位群设置专业，既要体现具体的岗位需要，又要避免职业能力和应用范围太窄，不利于学生就业和转岗。

具体而言，理性发展现代学徒制应把在学校专业理论和基本技术技能的学习与在企业专业技术技能培养紧密结合起来。学校理论学习和企业技能训练的时间比例，依不同行业和专业的实际情况，由学校和企业灵活掌握。鼓励多种形式的训学交替，在企业培训的时间应多于在学校学习的时间。

校企共同编制以企业需求为导向的在校学习教学大纲和在企业培训的培训大纲，共同组建师资队伍，并建立校企双元的学习评价系统。

现代学徒制是国家现代化过程中的产物，对国家教育现代化的发展具有依赖性，因此，考察其本质特征，应将其纳入国家教育现代化的视野，探究其现代性特征，即：国家化、法制化、民主化、理性化。在中国发展现代学徒制，应将其纳入中国教育现代化的进程，遵循其现代性增长的要求，在国家的支持与指导下，理性化发展现代学徒制；在国家劳动制度、用工制度、工资协商制度，可信承诺的学徒合同制度、技能资格认证制度的匹配下，实现学徒技能学习与素养提高的全面发展；实现现代学徒制的科学、民主、多元、持续发展。

参考文献

［1］［美］约翰・W 巴德．劳动关系：寻求平衡［M］．于桂兰，于米，等，译．北京：机械工业出版社，2013.

［2］［美］R 爱德华・弗里曼．战略管理——利益相关者方法［M］．王彦华，梁豪，译．上海：上海译文出版社，2006.

［3］［美］伯纳德・贝林．教育与美国社会的形成［M］．王晨，章欢，译．合肥：安徽教育出版社，2013.

［4］［美］道格拉斯・C 诺斯．制度、制度变迁与经济绩效［M］．杭行，译．上海：格致出版社，上海人民出版社，2008.

［5］［美］傅高义．亚洲四小龙腾飞之谜［M］．陈阵声，译．北京：中国政法大学出版社，1993.

［6］［美］威廉・威尔斯马，斯蒂芬・G 于尔斯．教育研究方法导论［M］．袁振国，主译．北京：教育科学出版社，2010.

［7］［日］青木昌言．比较制度分析［M］．周黎安，译．上海：上海远东出版社，2001.

［8］［英］安迪・格林．教育、全球化与民族国家［M］．北京：教育科学出版社，2003.

［9］［英］琳达・狄更斯．英国劳资关系调整机构的变迁［M］．聂尔伦，译．北京：北京大学出版社，2007.

［10］［英］罗纳德・多尔．股票资本主义：福利资本主义［M］．李岩，李晓桦，译．北京：社会科学文献出版社，2002.

［11］琳达・约斯，约翰・M 霍布森．国家与经济发展：一个比较及历史性的分析［M］．黄兆辉，廖志强，译．吉林：吉林出版集团有限责任公司，2009.

［12］陈李翔．能力・课程・资格——从工作中来，到工作中去［M］．北京：中国劳动社会保障出版社，2008.

[13] 邓泽民，张扬群．现代四大职教模式 ［M］．北京：中国铁道出版社，2006．

[14] 国家教委职业技术教育中心研究所．历史与现状——德国双元制职业教育 ［M］．北京：经济科学出版社，1998．

[15] 郝克明．当代中国教育结构体系研究 ［M］．广州：广东教育出版社，2001．

[16] 贺国庆，朱文富，等．外国职业教育通史：上卷 ［M］．北京：人民教育出版社，2014．

[17] 贺国庆，朱文富，等．外国职业教育通史：下卷 ［M］．北京：人民教育出版社，2014．

[18] 柯武刚，史曼飞．制度经济学：社会制度与公共政策 ［M］．北京：商务印书馆，2000．

[19] 李路曲．新加坡现代化之路：进程，模式与文化选择 ［M］．北京：新华出版社，1996．

[20] 盛洪．为什么制度重要 ［M］．郑州：郑州大学出版社，2004．

[21] 孙琳．产教结合职业教育发展新途径探索 ［M］．北京：高等教育出版社，2003．

[22] 滕大春．美国教育史 ［M］．北京：人民教育出版社，2001．

[23] 文军，蒋逸民．质性研究概论 ［M］．北京：北京大学出版社，2010．

[24] 吴雪萍．国际职业技术教育研究 ［M］．杭州：浙江大学出版社，2004．

[25] 夏德清．亚洲"四小龙"经济与教育 ［M］．北京：电子工业出版社，1992．

[26] 翟海魂．发达国家职业技术教育历史演进 ［M］．上海：上海教育出版社，2008．

[27] 郑振清．工会体系与国家发展：新加坡工业化的政治社会学 ［M］．北京：社会科学文献出版社，2009．

[28] 李以渝．机制论：含义、原理与设计 ［J］．四川工程职业技术学院学报，2006（4）：56-59．

[29] 陈解放．基于中国国情的工学结合人才培养模式实施路径选择 ［J］．中国高教研究，2007（7）：52-54．

[30] 曹受金，徐庆军，朱玉林，等．国外产学研合作模式比较研究及启示

[J]. 中南林业科技大学学报（社会科学版），2010（3）：84-87.

[31] 陈锡勇，余晓华. 关于校企合作制度建设的思考 [J]. 职业教育研究，2011（5）：9-10.

[32] 刁丽琳，朱桂龙，许治. 国外产学研合作研究述评、展望与启示 [J]. 外国经济与管理，2011（2）：48-57.

[33] 方向阳，丁金珠. 高等职业教育校企合作双方动机的冲突与治理 [J]. 现代教育管理，2010（9）：85-87.

[34] 和震. 国际劳工组织的职业培训政策：框架、特征与问题 [J]. 现代远程教育，2010（4）：15-19.

[35] 和震. 职业教育校企合作中的问题与促进政策分析 [J]. 中国高教研究，2013（1）：90-93.

[36] 侯伯民. 产学合作教育的研究与实践 [J]. 职业技术教育，2007（12）：55-56.

[37] 姜大源，吴全全. 德国职业教育学习领域的课程方案研究 [J]. 中国职业技术教育，2007（2）：47-54.

[38] 姜大源. 教产跨界合作的大手笔 [N]. 中国人民政协报，2012-08-08（C02）.

[39] 赖德胜. 论劳动力市场的制度性分割 [J]. 经济科学，1996（6）：19-23.

[40] 李继延. 构建高职教育产教结合良性互动机制 [J]. 江苏技术师范学院学报，2008（6）：40-42.

[41] 李霞. 企业与高校成功合作创新的影响因素研究——概念模型 [J]. 科技管理研究，2007（7）：40-42.

[42] 李玉珠，韩春梅. 职业教育校企合作的互补性制度 [J]. 教育与职业，2014（17）：12-15.

[43] 李玉珠. 中高职发展踏上"和谐号" [J]. 教育与职业，2011（6）：28-34.

[44] 彭南生. 近代工商同业公会制度的现代性刍论 [J]. 江苏社会科学，2002（2）：132-138.

[45] 彭南生. 近代中国行会到同业公会的制度变迁历程及其方式 [J]. 华中师范大学学报（人文社会科学版），2004，43（3）：14-22.

[46] 邵毅静. 高职院校毕业生就业质量研究——以长沙民政职业技术学院

为例 [J]. 现代商贸工业，2014（22）：85-86.

[47] 汤毅平. 民国前期的劳动立法 [J]. 求索，2004（5）：242-244.

[48] 吴亚萍. 关于学历证书和职业资格证书融通的再思考 [J]. 教育与职业，2009（33）：35-37.

[49] 邢晖，李玉珠. 职教体制改革 行至水深处 [N]. 中国教育报，2014-03-17.

[50] 许竞. 英国教育领域关于劳动者技能形成研究现状综述 [J]. 比较教育研究，2007（12）：85-89.

[51] 闫志刚，李玉珠. 中职免费的背后 [J]. 教育与职业，2009（31）：24-28.

[52] 姚先国，黎煦. 劳动力市场分割：一个文献综述 [J]. 渤海大学学报（哲学社会科学版），2005（1）：84-89.

[53] 余祖光. 职业教育校企合作的机制研究 [J]. 中国职业技术教育，2009（4）：5-11.

[54] 章竟. 新中国成立 60 年来我国行业协会制度发展的回顾与展望 [J]. 经济研究参考，2009（63）：32-39.

[55] 钟名湖，王从容. 周恩来职业教育思想及其启示 [J]. 教育与职业，2012（5）：21-22.

[56] 王星. 制造产业升级路径与产业工人技能形成 [J]. 高等职业教育探索，2019，18（3）：1-5.

[57] 邵程林，袁敏，王书静. 新时代我国产业工人技能形成的升级路径研究——基于德、日、美三国职业教育与培训经验 [J]. 高等职业教育探索，2019，18（3）：6-11.

[58] 李玉静. 技能形成的路径依赖性 [J]. 职业技术教育，2019，40（16）.

[59] 李玉静. 技能形成的全政府治理路径 [J]. 职业技术教育，2019，40（13）.

[60] 邵程林. 基于国际比较的产业工人技能形成体系研究 [J]. 高等职业教育（天津职业大学学报），2019，28（2）：90-96.

[61] 赵宏伟. 浅谈如何构建产业工人技能形成体系 [J]. 南方农机，2019，50（7）.

［62］徐坚．国家主义技能形成制度中高职院校发展困境及现实路径［J］．职教论坛，2019（3）：24-30.

［63］杨大伟．技能的形成方式与学徒制［J］．职业教育研究，2019（3）．

［64］李玉静．技能形成：内涵与目标［J］．职业技术教育，2019，40（7）．

［65］封凯栋，李君然．技能的政治经济学：三组关键命题［J］．北大政治学评论，2018（2）：159-200.

［66］张学英．人工智能视阈下基于劳动就业迭代的技能形成问题研究［J］．中国职业技术教育，2018（30）：17-24，56.

［67］陶志勇．构建技能形成体系的中国路径［J］．中国工人，2018（9）：54-55.

［68］胡悦晗．技能失范：理解技能形成过程中的变异问题［J］．职业教育研究，2018（9）：5-8.

［69］杜学文，邱茜茜．高端制造领域技能形成与匹配的隐性逻辑思考［J］．职业教育研究，2018（9）：9-15.

［70］蒋云．关于沈阳构建产业工人技能形成培训体系的对策建议［J］．中外企业家，2018（24）：90.

［71］李俊．组织、协作关系与制度——从技能形成的不同维度透视职业教育发展［J］．教育发展研究，2018，38（11）：41-47，60.

［72］柯航文．构建技能形成与提升体系　打牢制造强国人才基础［N］．中国劳动保障报，2018-05-09.

［73］王星．技能形成的多元议题及其跨学科研究［J］．职业教育研究，2018（5）．

［74］杨钋，岳铮男．技能形成中校企深度合作的影响因素分析——基于现代学徒制试点的实证研究［J］．职业教育研究，2018（5）：11-18.

［75］王华，武岳．对职业教育中创新技能形成的思考［J］．科教文汇（中旬刊），2018（4）：102-103.

［76］刘晓．国家技能形成体系下的职业教育集团化办学：实践特征与发展思考［J］．中国职业技术教育，2017（30）：67-72.

［77］李玉珠．美国技能形成制度的演变及社会建构［J］．北京劳动保障职业学院学报，2017，11（3）：37-42.

［78］吴俊强，朱俊．结构、治理与效率：跨国视角下技能形成的制度比较

[J]. 中国职业技术教育, 2017 (12): 69-75.

[79] 闫文祥. 影响技能形成的因素及对策 [J]. 中外企业家, 2016 (36): 199.

[80] 金旭球. 基于技能形成的"主题式"教学设计初探 [J]. 中国电化教育, 2016 (11): 100-105.

[81] 李玉珠. 德国技能形成体系: 演化、利益冲突与制度构成 [J]. 职教论坛, 2016 (4): 80-86, 91.

[82] 封凯栋, 赵亭亭, 付震宇. 生产设备与劳动者技能关系在工业发展中的重要性: 从工业4.0模式谈起 [J]. 经济社会体制比较, 2015 (4): 42-55.

[83] 王星. 技能形成的社会建构——德国学徒制现代化转型的社会学分析 [J]. 社会, 2015, 35 (1): 184-205.

[84] 沈群红, 封凯栋. 企业组织战略导向、资源配置与技术创新——对不同企业组织系统的比较研究 [J]. 江苏行政学院学报, 2014 (2): 51-57.

[85] 陈永刚. 高职院校开展校企合作工学结合教育模式研究 [D]. 上海: 华东师范大学, 2010.

[86] 程二奇. 近代中国行业组织的历史变迁 [D]. 郑州: 郑州大学, 2004.

[87] 董仁忠. "大职教观"视野中的职业教育制度变革研究 [D]. 上海: 华东师范大学, 2008.

[88] 耿洁. 职业教育校企合作体制机制研究 [D]. 天津: 天津大学, 2011.

[89] 关晶. 西方学徒制研究 [D]. 上海: 华东师范大学, 2010.

[90] 贾建国. 我国城乡教育流动制度研究——制度变迁理论的视角 [D]. 北京: 北京师范大学, 2010.

[91] 李继延. 高等职业教育产教结合机制与政策研究 [D]. 北京: 北京师范大学, 2008.

[92] 李埒. 农业职业教育校企合作模式研究 [D]. 长春: 东北师范大学, 2008.

[93] 李艳红. 我国中等职业教育投资体制研究 [D]. 秦皇岛: 河北科技师范学院, 2012.

[94] 刘力. 产学研合作的历史考察及比较研究 [D]. 杭州: 浙江大学, 2002.

[95] 刘云旺. 中国劳动力市场分割: 理论与实证研究 [D]. 成都: 西南财

经大学，2004.

[96] 马振华. 我国技能型人力资本的形成与积累研究 [D]. 天津：天津大学，2007.

[97] 邵毅静. 高职院校毕业生就业质量研究 [D]. 长沙：湖南师范大学，2013.

[98] 孙丽军. 行业协会的制度逻辑 [D]. 上海：复旦大学，2004.

[99] 孙玫璐. 职业教育制度分析 [D]. 上海：华东师范大学，2008.

[100] 王星. 从"分配政治"到"生产政治" [D]. 长春：吉林大学，2008.

[101] 王彦军. 日本劳动力技能形成研究 [D]. 长春：吉林大学，2008.

[102] 辛鸣. 制度论——哲学视野中的制度与制度研究 [D]. 北京：中共中央党校，2004.

[103] 臧志军. 职业教育国家制度的比较研究 [D]. 上海：华东师范大学，2013.

[104] 赵正国. 企业技术积累和技术创新的关系研究 [D]. 北京：北京工业大学，2009.

[105] 杨凡. 大学对城市经济发展的影响研究 [D]. 上海：华东师范大学，2019.

[106] ACEMOGLU D, ROBINSON J. Why nations fail: The origins of power, prosperity, and poverty [M]. New York: Crown Publishers, 2012.

[107] ASHTON D N, SUNG J, HALSEY A H, et al. Education, culture, economy and society [M]. Oxford: Oxford University Press, 1997.

[108] ASHTON D N, SUNG J. The state, economic development and skill formation: A new East Asian model? [M]. Centre for Labour Market Studies, University of Leicester, 1994.

[109] BECKER, GARY S. Human capital: A theorical and empirical analysis with special reference to education, 3rd Ed [M]. The University of Chicago Press, 1993.

[110] BERGER K, WALDEN G. Developmental lines of public funding for in-company training in Germany [A]. BURKE G, REULING, J. Vocational training and lifelong learning in Australia and Germany [C]. Australia Centre Series, 2002 (5):

135-149.

　　[111]　BOBOSKY M A. Essential criteria of business/education partnerships perceived to be mutually beneficial by each party in large unit districts in the state of Illinois [M]. Northern Illinois University, 1998.

　　[112]　BRAVERMAN H. Labor and monopoly capital: The degradation of work in the twentieth century [M]. NYU Press, 1998.

　　[113]　BRINT S, KARABEL J. The diverted dream: Community colleges and the promise of educational opportunity in america, 1900—1985 [M]. Oxford: Oxford University Press, 1989.

　　[114]　BROCKMANN M, CLARKE L, WINCH C. Knowledge, skills and competence in the European labour market: what's in a vocational qualification? [M]. Routledge, 2011.

　　[115]　BROWN P, GREEN A, LAUDER H. High skills: Globalization, competitiveness, and skill formation: globalization, competitiveness, and skill formation [M]. Oxford University Press, 2001: 221.

　　[116]　BROWN P. Globalisation and the political economy of high skills [J]. Journal of Education and Work, 1999, 12 (3): 233-251.

　　[117]　CHIANG M. From economic debacle to economic miracle: The history and development of technical education in Singapore [M]. Times Editions, 1998.

　　[118]　CHONG T. Vocational education in Singapore: Meritocracy and hidden narratives [A]. discourse: studies in the cultural politics of education [M]. Routledge, 2014.

　　[119]　CROUCH C, FINEGOLD D, SAKO M. Are skills the answer?: The political economy of skill creation in advanced industrial countries: the political economy of skill creation in advanced industrial countries [M]. Oxford University Press, 1999.

　　[120]　CULPEPPER P D, THELEN K. Institutions and collective actors in the provision of training: Historical and cross-national comparisons [A]. SOLGA H. Skill formation: Interdisciplinary and cross-national perspectives [M]. Cambridge University Press, 2008: 21-49.

　　[121]　DOBBS R, MADGAVKAR A, BARTON D, et al. The world at work: Jobs, pay, and skills for 3.5 billion people [M]. McKinsey Global Institute, 2012.

　　[122]　DOUGLAS P H. American apprenticeship and industrial education [M]. The Faculty of Political Science of Columbia University, 1921.

［123］EBERT, ROLAND. Zur entstehung der kategorie facltarbeiter als problem der erziehungsunssenschaft［M］. Kleine. 1984.

［124］JAKOBI A P, MARTENS K, WOLF K D. Education in political science: Discovering a neglected field［M］. Routledge, 2009.

［126］LOW L. From entrepot to a newly industrialising economy［A］. TOH M H, SOON T W, Tan K Y, et al. Challenge and response: thirty years of the economic development board［M］. Times Academic Press, 1993: 19.

［127］MATTHIAS PILZ. The future of vocational education and training in a changing world［M］. Springer VS, 2010.

［128］NORTH D C. Institutions, institutional change and economic performance［M］. Cambridge University Press, 1990.

［129］RICHARD B. Freeman: New inequality in the united states［A］. FISHLOW A, KAREN P. Growing apart: The causes and consequences of global wage inequality［M］. Council on Foreign Relations Press, 1999.

［130］SCOTT J L, SARKEES – WIRCENSKI M. Overview of vocational and applied technology education［M］. American Technical Publishers, Inc., 1996.

［131］SHIBATA H. A comparison of American and Japanese work practices: Skill formation, communications, and conflict resolution［J］. Industrial Relations, 1999, 38 (2): 192-214.

［132］SOSKICE D. Reconciling markets and institutions: the german apprenticeship system［A］. Training and the private sector［M］. University of Chicago Press, 1994: 25-60.

［133］STREECK W. Skills and politics: general and specific［A］. BUSEMEYER M R, TRAMPUSCH C. The political economy of collective skill formation［M］. Oxford University Press, 2011.

［134］STREECK, WOLFGANG. Skills and the limits of neo-liberalism: The enterprise of the future as a place of learning［M］. Berlin: WZB Discussion Paper FS I, 1988: 88-16.

［135］BOOZER G H. A comparison of recognized and nonrecognized business-education partnership programs utilizing the human resources model in elementary schools in Region II of South Carolina［D］. South Carilina State University, 1994.

[136] CHAS B M. A naturalistic investigation of the operation and benefits of business-education partnerships [D]. Rutgers University, 1992.

[137] ERICKSON M R C. Business-education partnerships a study of evaluation methods [D]. The George Washington University, 1991.

[138] GILSON C D. Attitudes and perceptions of business people and educators involved in business education partnerships about the partnership [D]. The University of Dayton, 1995.

[139] GREEN E K. Employee volunteer and employer benefits from business-education partnerships as perceived by employee volunteers [D]. The University of Southern Mississippi, 2012.

[140] LEHMANN W L. The dual system of vocational training in Germany: Its organization, structure, context, and current debate [D]. University of Toronto, 1996.

[141] LOTZE, CHRISTINE HELGA. The German dual system: Formal policy, theory and practice, and legitimation—What the U. S. can learn from an apprenticeship model in context [D]. University of Virginia, 1994.

[142] MACHOIAN K B. Effectiveness of business/education partnerships on career paths of students: Case study [D]. University of California, Davis, 2011.

[143] MOSHER, JAMES. Labor power and wage equality: The politics of supply-side equality [D]. University of Wisconsin-Madison, 2001.

[144] SPOHN C H. Business-education partnerships in the New York state tech prep consortia [D]. State University of New York, 2003.

[145] STONE L F A. School and work partnerships to promote student success in schools [D]. Roosevelt University, 2001.

[146] ABOWITZ K K. Democratic communities and business/education "partnerships" in secondary education [J]. The Urban Review, 2000, 32 (4): 313-341.

[147] AOKIMASAHI HARAYAMA YUKO. Industry-university cooperation to take on here from research institute of economy [J]. Trade and Industry, 2002 (4): 42-49.

[148] BECKER G S. Investment in human capital: A theoretical analysis [J]. The Journal of Political Economy, 1962, 70 (5): 9-49.

[149] FINEGOLD D, SOSKICE D. The failure of training in Britain: analysis and prescription [J]. Oxford Review of Economic Policy, 1988 (3): 21-53.

[150] NYHAN B. Creating the social foundations for apprenticeship in Ireland [J]. Journal of Education Industrial Training, 2009, 33 (5): 457-469.

[151] O'CONNOR L, HARVEY N. Apprenticeship training in Ireland: From time-served to standards based; potential and limitations for the construction industry [J]. Journal of Europen Industrial Training, 2001, 25 (6/7): 332-342.

[152] ABOWITZ K K. Democratic communities and business/education "partnerships" in secondary education [J]. The Urban Review, 2000, 32 (4): 313-341.

[153] ASHTON D N, GREEN F. Education, training and the global economy [M]. London Edward Elgar Publishing Limited, 1996.

[154] CEDERCREUTZ K, CATES C. Cooperative education at the university of cincinnati: a strategic asset in evolution [J]. Peer Review, 2010, 12 (4): 20-23.

[155] CULPEPPER, PEPPER D. The future of the high-skill equilibrium in Germany [J]. Oxford Review of Economic Policy 1999, 15 (1): 43-59.

[156] CYERT R M, GOODMAN P S. Creating effective university-industry alliances: An organizational learning perspective [J]. Organizational Dynamics, 1997, 5 (1): 45-57.

[157] DANZIGER S, GOTTSCHALK P. Increasing inequality in the United States: What we know and what we don't [J]. Journal of Post Keynesian Economics, 1988, 11 (2): 174-195.

[158] DEBRAH Y A, OFORI G. The state, skill formation and productivity enhancement in the construction industry: The case of Singapore [J]. International Journal of Human Resource Management, 2001, 12 (2): 184-202.

[159] DEISSINGER T. Germany's vocational training act: Its function as an instrument of quality control within a tradition - based vocational training system [J]. Oxford Review of Education, 1996, 22 (3): 317-336.

[160] DEISSINGER T. The cultural foundations of VET and the European qualifications framework: A comparison of Germany and britain [J]. The Australian TAFE Teacher, 2009 (9): 20-22.

[161] FELDMAN G D, NOCKEN U. Trade associations and economic power: Interest group development in the German iron and steel and machine building industries, 1900-1933 [J]. Business History Review, 1975, 49 (4): 413-445.

［162］ FINEGOLD D，SOSKICE D. The failure of training in britain：analysis and prescription ［J］. Oxford Review of Economic Policy，1988：21-53.

［163］ GLOVER R W，BILGINSOY C. Registered apprenticeship training in the US construction industry ［J］. Education & Training，2005，47 (4/5)：337-349.

［164］ GOH E，GREEN F. Trade unions as agents for skill formation：The case of singapore ［J］. Interantional Journal of Training and Development，1997，1 (4)：230-241.

［165］ GOPINATHAN S. Preparing for the next rung：Economic restructuring and educational reform in Singapore ［J］. Journal of Education and Work，2006，12 (3)：295-308.

［166］ GREEN A. East Asian skill formation systems and the challenge of globalisation ［J］. Journal of Education and Work，1999，12 (3)：253-279.

［167］ KAPITZKE C，HAY S. School education as social and economic ［J］. Educational Philosophy and Theory，2010，43 (10)：1104-1118.

［168］ KURVILLA S，ERICKSON C L，HWANG A. An assessment of the singapore skills development system：Does it constitute a viable model for other developing countries ［J］. World Development，2002，30 (8)：1461-1476.

［169］ MUKHOPADHAYA P. Trends in income disparity and equality enhancing (?) education policies in the development stages of Singapore ［J］. International Journal of Educational Development，2003，23 (1)：37-56.

［170］ O'CONNOR L，HARVEY N. Apprenticeship training in Ireland：From time-served to standards based；potential and limitations for the construction industry ［J］. Journal of Europen Industrial Training，2001，25 (6/7)：332-342.

［171］ OULTRAM T. Fresh insights into British apprenticeship schemes ［J］. International Journal of Organizational Analysis，2012，20 (1)：51-67.

［172］ RAGIN C. Comparative sociology and the comparative method ［J］. International Journal of Comparative Sociology，1982 (22)：102-20.

［173］ RAINSBURY E，HODGES D，SUTHERLAND J，et al. Academic，employer and student collaborative assessment in a work-based cooperative education course ［J］. Assessment and Evaluation in Heigher Education，1998 (3)：313-324.

［174］ ROBERT W GLOVER. registered apprenticeship training in the US construction industry [J]. Education & Training, 2005, 47 (4/5): 337-349.

[175] RYAN P, WAGNER K, TEUBER S, et al. Trainee pay in Britain, Germany and Switzerland: Markets and institutions [J]. SKOPE Research Paper, 2010 (96).

[176] RYAN P. The institutional requirements of apprenticeship: Evidence from smaller EU countries [J]. International Journal of Training and Development, 2000, 4 (1): 42-65.

[177] SHIBATA H. A comparison of American and Japanese work practices: Skill formation, communications, and conflict resolution [J]. Industrial Relations, 1999, 38 (2): 192-214.

[178] SIEGFRIED H, BOSSIO S. Costs and benefits of dual apprenticeship: Lessons from the Swiss system [J]. International Labour Review, 1998, 137 (4): 483-500.

[179] YONG S LEE. The sustainability of university-industry research collaboration: an empirical [J]. Journal of Technology Transfer, 2000, 25 (2): 111-112.

[180] ACEMOGLU D, PISCHKE J S. Why do firms train? theory and evidence [R]. National Bureau of Economic Research, 1996.

[181] KLAUS B, DICK M. Financing models for initial and continuing vocational training [R]. Information Service of the Federal Institute for Vocational Education and Training, 2008.

[182] SENG L S. Case study on national policies linking TVET with economic expansion: Lessons from singapore [R]. Education for All Global Monitoring Report, 2011.

后　记

　　劳动者的技能是一个国家经济增长的重要引擎之一，也是千千万万劳动者安身立命、人生出彩的重要凭据。本书围绕着多样的政治经济制度与技能形成模式的关系，我国技能形成模式的现状与问题，我国技能形成模式的选择与制度构建等关键问题展开，以期为中国职业教育与培训的发展、高技能人才的培养贡献绵薄之力。

　　学术研究是一个自我发展的过程，本书是教育部人文社会科学研究规划2016年度青年项目"我国技能形成模式选择与制度构建研究"，北京市教育委员会2020年度社科计划资助项目"人工智能时代北京人才需求与人力资本形成研究"（SM202010037010），北京市博士后科研活动经费资助项目"我国产业工人技能形成路径与机制研究"的主体成果。从2014年博士论文选题开始，到现在我一直关注技能形成问题的研究。其间，我不断思考社会、反思自身，在这个锤炼过程中，我从一个懵懂学生成长为一名尚且稚嫩的副教授，本书即是我成长中的收获。技能形成模式与制度是我国职业教育与培训发展过程中的重要制度支撑，也是我国高技术技能人才培养的重要保障，具有非常重要的意义。近年来，虽然我一直关注此问题的研究，也出版了相关著作，发表了相关论文，但对于技能形成及其理论，尚是一位未出师的"学徒"，技能形成的很多内容还未触及。本书只是逐渐探讨此问题的一个见证，虽然有时力不从心，但一直未放弃努力。

　　学术研究是一个致敬前辈的过程，拙作开始于我的博士论文选题，博士期间，导师和震先生对我的悉心指导和耐心教诲，让我感激不尽。学生愚钝，先生不辞劳苦、循循善诱、因势利导，才使我顺利完成了博士学业。

　　博士毕业之后，继续关注技能形成问题，并且得到了博士后导师杨河清先生的教诲。先生博学儒雅、和蔼可亲，蒙先生不弃收为弟子。先生从学术研究选题、项目申请、研究方法选择、研究报告撰写等方面给予弟子悉心指导，先生还亲自为我修改报告、指出关键问题所在、画龙点睛。在为人处世上，先生亦为我树立了典范。先生从教几十年，对教师身份的独特认知与实践行动，为我做一名优秀教师指明了方向。

在本书的撰写过程中，用到了师弟刘荣民、魏明的相关文献和数据，虽然已经在文中标注，但因文献和数据对拙作的作用较大，故在此特表感谢。师弟刘荣民在我读博士期间，将其收集的文献倾囊相送，使我的研究节省了大量时间，关键文献的获得使我的研究得以顺利开展。师弟魏明提供的数据也是我研究中的关键数据，没有此部分的数据支持，我的研究还要走很多弯路。

在本书的出版过程中，得到了首都经济贸易大学出版社薛捷老师的鼎力支持，书稿在责任编辑的精心修改和润色下，生色不少，特表感谢。

由于资料、精力、水平所限，加之时间仓促等原因，本书难免有疏漏或缺陷，有很多待提升的地方，敬请读者、专家不吝赐教。